ブリッジブック

# 近代日本司法制度史

Bridgebook

新井勉・蕪山嚴・小柳春一郎 著

信山社
Shinzansha

# はしがき

　本書は，近代日本の司法制度の展開について，コンパクトな形で概要を明らかにする。大審院判決が現在の法律実務や法律学の重要な部分を形成しているように，明治以来の司法制度のあり方は，現在の司法制度にも大きな影響を及ぼしている。現在の司法制度は，三権の一つとして国家作用の重要な部分を形作り，個々の裁判のみならず，裁判員制度や労働審判制度など新たな制度の展開が社会的にも注目を浴びているが，その今後を考えるためには，歴史的形成に関する認識が不可欠である。

　本書は，法制史研究者と裁判実務経験者との共同の著作である。司法制度については，例えば，裁判所における事務の分配のあり方などを含め実務経験なしに理解することは容易でない。研究者と実務経験者の共同作業により，近代日本の司法制度の形成過程を，現在の司法制度のあり方との関連で理解できるように努めた。

　本書は，時代区分として，第1編「明治初年から裁判所構成法前まで」，第2編「裁判所構成法の成立」，第3編「明治憲法下の司法制度」，第4編「昭和憲法下の司法制度」とした。第1編の時期では，行政権と分離した司法制度の導入が課題であった。第2編の時期では，大日本帝国憲法及び裁判所構成法制定により，民事・刑事事件を対象とする司法裁判所の体系が確立した。また，行政裁判所も設

置された。第3編の時期では，制度が定着すると共に，大津事件など種々の事件で司法権などの具体的あり方が試された。対外的には，それまで問題であった治外法権が撤廃され，また，台湾，朝鮮半島などに日本の司法制度が展開した。第4編の時期では，日本国憲法の下で，行政事件をも対象とする新たな司法制度が創設された。

　本書は，一冊の書物で近代日本の司法制度の展開を辿るものであり，『裁判所百年史』などの出版物を除けば，これまで試みられたところがない。学生や法律学専攻以外の方々の読みやすさに配慮した。巻頭にプロローグを置いて，司法制度史検討の意義を明らかにしたこと，各編及び各章の冒頭でその要点を示したこともそのひとつである。

　本書作成については，信山社の袖山貴氏及び稲葉文子氏に，全体のレイアウトや読みやすさのための工夫など貴重な助言をいただいた。ここに感謝申し上げる。

　　2011年3月

新井　　勉

蕪山　　嚴

小柳春一郎

# ブリッジブック近代日本司法制度史　Bridgebook

## 【目　次】

### プロローグ

　🍃 裁判官を志して*(2)*／🍃 裁判官の日常を支えるもの*(3)*／🍃 司法権の独立*(5)*／🍃 司法行政への関わり*(6)*／🍃 司法官の育成*(7)*／🍃 国民の裁判参加*(8)*

### ● 第1編　明治初年から裁判所構成法前まで ●

第1章　草創期の司法―――――――――――――――――*13*
　1　草創期の姿 ……………………………………………… *14*
　　🍃 西欧法に倣った国制の改革*(14)*／🍃 三権分立制の相対性*(15)*
　2　中央の司法機関の創出 ………………………………… *16*
　　🍃 刑法事務掛・刑法事務局*(16)*／🍃 刑法官――政体書*(17)*／🍃 刑部省*(19)*／🍃 刑部省と弾正台との争い*(21)*／🍃 刑事法*(22)*／🍃 民事裁判　付．民事法*(24)*
　3　地方の裁判 ……………………………………………… *27*
　　🍃 概　観*(27)*／🍃 中央の統制*(28)*／🍃 裁判機関*(29)*
　　（ column 1：明治前期の法令の形式について ）*(30)*

第2章　司法の近代化を目指して―――――――――――*32*
　1　司法の近代化とは ……………………………………… *32*
　2　司法省の設置 …………………………………………… *34*

*v*

　　　　🍃 明治4年の太政官制改正と司法省 *(34)*／🍃 司法卿の権限
　　　　(江藤新平の就任) *(35)*

　3　地方の裁判権の接収 ………………………………………… *36*
　　　　column 2：江藤新平 *(38)*

　4　「司法事務」の公布 …………………………………………… *39*
　5　司法職務定制の制定 …………………………………………… *41*
　　　　🍃 司法省——その裁判所統括 *(41)*／🍃 裁判所の組織及び権
　　　　限 *(42)*／🍃 裁判の公開 *(46)*／🍃 裁判官 *(47)*／🍃 検察官
　　　　*(48)*／🍃 明法寮 *(50)*／🍃 代言人 *(51)*
　　　　column 3：ブスケ *(52)*

　6　大審院の創設と諸裁判所の整備 ……………………………… *54*
　　　　🍃 大審院の創設 *(54)*／🍃 大審院及び諸裁判所の組織及び権
　　　　限 *(55)*／🍃 裁判の公開 *(63)*／🍃 裁判官 *(63)*

　7　検察制度 ………………………………………………………… *64*
　　　　🍃 明治7年の改正 *(64)*／🍃 明治8年の改正 *(65)*

　8　代言人 …………………………………………………………… *66*
　9　明治10年の制度改正以後 ……………………………………… *67*
　　　　🍃 主要な改正点 *(67)*／🍃 裁判所の構成の改正 *(68)*／🍃 裁
　　　　判官・検察官の職制の簡明化 *(69)*／🍃 代言人制度の改正 *(70)*
　　　　column 4：玉乃世履 *(70)*

第3章　治罪法における裁判所の構成 ──────────── *73*
　1　治罪法の制定 …………………………………………………… *73*
　2　裁判所構成法制定のさきがけとして ………………………… *75*
　3　裁判所の構成 …………………………………………………… *76*
　　　　🍃 治罪法施行に先立つ立法措置 *(76)*／🍃 裁判所の組織及び

権限(78)／◎ 治罪法の裁判所構成規定の諸特徴(80)

4 裁判の公開 …………………………………………………… 86
5 検察制度 ……………………………………………………… 87
6 治罪法の下における代言人 ………………………………… 88

◎ 代言人規則の改正(88)／◎ 裁判所付属代言人(89)／
◎ 治罪法と代言人(89)／◎ 代言人の員数(90)

7 治罪法の変容 ………………………………………………… 90

◎ 違警罪審判の特例(91)／◎ 重罪裁判所陪席判事の員数の削減(92)／◎ 違警罪の裁判機関の特例(92)／◎ 治安裁判所における軽罪裁判所の開廷(93)／◎ 控訴の停止(94)／◎ 小笠原島・伊豆七島・北海道・沖縄県における審判の特例(94)

## 第4章 裁判所官制における裁判所の構成 ―― 96

1 裁判官, 検察官その他の職員 ……………………………… 97

◎ 裁判官, 検察官の職種と配置(97)／◎ その他の職員(98)／◎ 裁判官, 検察官の任用(98)／◎ 裁判官の職務上の独立性及び身分保障(99)

2 裁判所の権限, 裁判官の職務及び「分課」 ……………… 100

◎ 裁判所の権限, 裁判官の職務等(100)／◎「分課」(100)／
◎ 司法行政事務(101)

3 検察官の職務 ………………………………………………… 101
4 裁判官の執務基準 …………………………………………… 102

◎ 裁判体の構成(102)／◎ 合議の非公開及び守秘義務(103)／◎ 合議の主宰及び合議方法, 構成員が意見を述べる順序, 評決の原則, 大審院の総会議(103)

5 裁判所処務規程 ……………………………………………… 103
(付) 公証人制度 ………………………………………………… 103

# 目　次

## 第5章　行政訴訟制度の発足 ―― 104
### 1　明治5年司法省第46号達 …… 104
### 2　明治7年司法省第24号達 …… 105

## 第6章　司法官の養成 ―― 108
### 1　法学教育の始動 …… 108
🌿 法学教育の要請(108)／🌿 司法省省員の「選挙」(109)／🌿 明法寮(110)／🌿 司法省法学校(110)／🌿 東京大学(111)／🌿 私立法律学校(112)
### 2　判事登用規則と御用掛の事務見習 …… 113
### 3　文官試験試補及見習規則と試補の事務練習 …… 115

## ● 第2編　裁判所構成法の成立 ●

## 第7章　裁判所構成法の成立 ―― 121
### 1　裁判所構成法の起草 …… 121
🌿 起草者オットー・ルードルフ――プロイセン裁判官(121)／🌿 ルードルフの基本構想――裁判官の独立性・専門性・中立性(124)
### 2　条約改正交渉と司法制度 …… 126
🌿 井上馨条約改正交渉――領事裁判権と司法制度(126)／🌿 明治20年の裁判所構成法草案――英語案・仏語案(127)／🌿 外国人裁判官問題――ボアソナアドの反対(128)
### 3　憲法起草と司法制度 …… 130
🌿 明治憲法の起草――憲法起草グループによる密行(130)／🌿 憲法草案における司法制度――裁判を受ける権利・裁判官の身分保障(131)／🌿 明治憲法草案の検討――基本的原理の

確定*(132)*／ 枢密院での憲法審議——裁判所構成法案の影響*(133)*／ 明治憲法の成立*(134)*

4　裁判所構成法の成立過程 ……………………………………… *135*

裁判所構成法案の審議——司法省法律取調委員会*(135)*／ 大隈条約改正交渉——外国人裁判官構想の再登場と挫折*(136)*

## 第8章　裁判所構成法の内容 ─────────────── *139*

1　裁判所構成法の内容 …………………………………………… *140*

裁判所及び検事局——通常裁判所の体系と行政事件*(140)*／ 下級裁判所の構成*(142)*／ 大審院*(144)*／ 裁判所及び検事局の官吏*(146)*／ 判事*(147)*／ 司法事務の取扱*(148)*／ 司法行政*(149)*

2　フランスの司法制度 …………………………………………… *150*

フランスの近代司法制度の特徴*(150)*／ フランスの審級制度——通常裁判所と特別裁判所*(153)*

3　ドイツの司法制度 ……………………………………………… *155*

ドイツ司法制度の特徴——フランス法の影響と独自性*(155)*／ ドイツの裁判所組織*(156)*

4　日本の司法制度の特徴 ………………………………………… *159*

## ● 第3編　明治憲法下の司法制度 ●

## 第9章　通常裁判所 ───────────────────── *165*

1　裁判所構成法の施行 …………………………………………… *165*

施行の準備*(165)*／ 裁判官の地位の保障*(167)*／ 司法権の独立*(168)*／ 大津事件 (1)——その真相*(169)*／

🍃 大津事件 (2)――半ば屈服 *(170)* / 🍃 弄花事件 *(171)* /
🍃 司法官の試験 *(172)*

2 裁判所の展開 ……………………………………………… *174*

🍃 4級3審制 *(174)* / 🍃 地方裁判所の支部 *(175)* / 🍃 区裁判所の権限の拡大 (1) *(176)* / 🍃 区裁判所の権限の拡大 (2) *(176)* / 🍃 区裁判所の権限の拡大 (3) *(178)* / 🍃 東京民事地裁, 東京刑事地裁 *(178)* / 🍃 戦時特例 *(179)*

3 裁判官の社会 ……………………………………………… *180*

🍃 明治中期の司法部 *(180)* / 🍃 司法官の同盟罷業 *(181)* / 🍃 老朽淘汰 (1)――判事, 検事, 書記の減員 *(182)* / 🍃 老朽淘汰 (2)――さらに減員 *(184)* / 🍃 法典調査会 *(185)* / 🍃 大審院5人, 控訴院3人 *(186)* / 🍃 判事, 検事の定年退職制 *(188)*

4 検察権力の伸張 …………………………………………… *189*

🍃 司法官扱い *(189)* / 🍃 検事局の附置 *(189)* / 🍃 検事の力 *(190)* / 🍃 日糖事件 *(191)* / 🍃 大逆事件 *(192)* / 🍃 検事総長, 親補職となる *(194)* / 🍃 日本型の司法権独立 *(195)* / 🍃 検事総長, 親任官となる *(197)* / 🍃 検尊判卑 *(198)*

5 弁護士制度 ………………………………………………… *199*

🍃 明治26年弁護士法 (旧々弁護士法) *(200)* / 🍃 昭和8年弁護士法 (旧弁護士法) *(201)*

( *column* 5：横田国臣 ) *(203)*

## 第10章 行政裁判所・特別裁判所 ―――――― *204*

1 行政裁判所 ………………………………………………… *205*

🍃 行政裁判所の設置 *(205)* / 🍃 地位の保障と職務の独立 *(206)* / 🍃 列記主義 *(208)* / 🍃 本尾事件 *(209)* / 🍃 議会の改

正案 (1)——列記主義から概括主義へ(210)／ 政府の改正案(211)／ 議会の改正案 (2)——覆審, 再審の追加(213)／ 臨時法制審議会(214)／ 行政裁判法及訴願法改正委員会(215)

2 特別裁判所 …………………………………………………… 216

 皇室裁判所(216)／ 軍法会議(217)／ 5・15事件(219)／ 2・26事件(220)／ 違警罪の即決(222)／ 特許局審判官の審判(224)／ 領事官の裁判(225)

第11章　調停制度・陪審制度 ─────────────── 228

1 調停制度 ……………………………………………………… 229

 豊田正子の「家賃」(229)／ 借地借家調停法の成立(230)／ 関東大震災(231)／ 借地借家調停の手続(231)／ 施行地区の拡張(233)／ 借地借家調停法の準用(233)／ 小作調停法(234)／ 商事調停法(235)／ 金銭債務臨時調停法(236)／ 人事調停法(237)／ 戦時民事特別法(238)

2 少年審判制度 ………………………………………………… 239

 ジゴマ式不良少年(239)／ 少年法の成立(239)／ 保護処分(240)／ 刑事処分(241)

3 陪審制度 ……………………………………………………… 241

 法の日(241)／ パリの陪審(242)／ 陪審制度設立の建議(242)／ 臨時法制審議会(244)／ 枢密院の妨害(245)／ 帝国議会の審議(246)／ 陪審法の施行(247)／ 陪審法の内容(247)／ 施行の実態と陪審法の停止(249)

（column 6：平沼騏一郎）(251)

## 第12章　外地の司法制度─────────────252

### 1　台湾の司法制度 ……………………………………… 253

🍃 六三問題 (253) ／ 🍃 台湾の司法制度 (1)──法院条例 (254) ／ 🍃 犯罪即決例 (256) ／ 🍃 高野事件 (257) ／ 🍃 台湾の司法制度 (2)──地方法院と覆審法院 (257)

### 2　朝鮮の司法制度 ……………………………………… 258

🍃 司法権の接収 (258) ／ 🍃 韓国併合 (260) ／ 🍃 朝鮮の司法制度 (1)──裁判所令 (260) ／ 🍃 犯罪即決例 (262) ／ 🍃 朝鮮の司法制度 (2)──裁判所令の見直し (263)

## ● 第4編　昭和憲法下の司法制度 ●

## 第13章　憲法第6章の成立─────────────269

🍃 憲法問題調査委員会 (269) ／ 🍃 マッカーサー草案 (270) ／ 🍃 マッカーサー草案の第6章 (271) ／ 🍃 憲法改正草案要綱 (272) ／ 🍃 日本国憲法の公布 (273) ／ 🍃 裁判所法の制定 (273)

## 第14章　司法権と裁判所─────────────276

### 1　司法権の範囲と司法権の独立 ………………………… 276

🍃 裁判所独立運動 (276) ／ 🍃 司法権の範囲 (277) ／ 🍃 法令審査権 (278) ／ 🍃 司法権の独立 (279)

### 2　裁判所法の施行 ……………………………………… 281

🍃 旧制度の改革 (281) ／ 🍃 最高裁判所 (282) ／ 🍃 高等裁判所 (283) ／ 🍃 地方裁判所 (284) ／ 🍃 簡易裁判所 (285) ／ 🍃 家庭裁判所 (286)

日本司法制度史年表(289)

事項索引(301)

人名索引(307)

## 執筆者紹介 (執筆順)

蕪山　嚴（かぶやま　げん）……………………………………第1編
　1925年　東京都生まれ
　1947年　東京帝国大学法学部法律学科卒業
　1950年　裁判官任命
　1987年　東京高等裁判所部総括判事を最後に退官
　　　　　公証人任命（東京法務局所属）
　1995年　弁護士登録（横浜弁護士会）
　〈主な業績〉
　『遺言法体系』（共著，西神田編集室，1995年）
　『司法官試補制度沿革』（慈学社出版，2007年）
　『裁判所構成法』（小柳春一郎と共著，信山社，2010年）

小柳春一郎（こやなぎ　しゅんいちろう）……………………………第2編
　1954年　長崎県生まれ
　1976年　東京大学法学部Ⅰ類（私法コース）卒業
　1982年　東京大学大学院法学政治学研究科基礎法学専門課程
　　　　　博士課程単位取得退学
　現　在　獨協大学法学部教授
　〈主な業績〉
　『近代不動産賃貸借法の研究』（信山社，2001年）
　『震災と借地借家』（成文堂，2003年）
　『裁判所構成法』（蕪山嚴と共著，信山社，2010年）
　　担当部分につき，平成20年度科研費基盤（C）20530511及び
　　全国銀行学術研究振興財団による2009年度助成（コード番号
　　0930）を得た。

新 井　　勉（あらい　つとむ）……………………………第3編，第4編
　1948年　大阪市生まれ
　1972年　京都大学法学部卒業
　1977年　京都大学大学院法学研究科博士課程単位取得退学
　現　在　日本大学法学部教授，日本法制史専攻
〈主な業績〉
『大津事件の再構成』（御茶の水書房，1994年）
「改正刑法仮案の編纂と内乱罪」（日本法学73巻2号，2007年）
「近代日本の大逆罪」（日本法学74巻4号，2009年）

ブリッジブック
# 近代日本司法制度史

# プロローグ

　秋の夕べ，ある法曹が箱根の山荘のベランダにたたずんで眼前の景色を目にしている。左手には小塚山の上に富士の頂上付近が見え，右にいくと，金時山が望まれ，さらに明神ケ岳が大きく視野に入る。数年前，東北の山麓大雄山道了尊から裁判所の同僚らとこの山に登り，明るい空の下，尾根道を歩いて**塔ノ沢**に下った。おのずから思い出に向かう。

　彼，現職の地方裁判所民事部の裁判長に，本書の内容にあらかじめ目を通してもらってあるので，一人称で，裁判官生活を振り返りつつ，テーマを本書が取り組む司法制度史に関わりのあることに絞って語ってもらおう。

＊　＊　＊　＊　＊

## 裁判官を志して

　私の法曹生活は昭和54年（1979年）の司法修習生の任命から始まります。私が司法の分野に進むことを志したのは，**「司法権の優越性」**という観念に接したことが大きく関係しています。それは，法学部の憲法講義で，行政権の作用はもちろん，国会の制定した法律についても，最高裁判所がこれらを審査し，憲法に違反するものは，そ

の無効を宣言するという**違憲立法審査権**に集約された司法権の地位を示すものとして教えられたものでした。

当時は，経済の安定成長期にあったとはいえ，成田空港反対闘争での管制室乱入事件などに象徴されるような秩序の混迷がみられた時代でした。司法権の優越性は，そのような時代の渦中に在った私を導くともしびとして輝かしく映じたのです。そんな観念的なことで，と人は言うかもしれませんが，観念で人生の進路を選ぶのも若者の特権ではないでしょうか。私は，実定法の解釈論などよりも，ただそういった輝かしい観念の魅力に捉えられ，見方によれば，きわめて単純素朴なきっかけで，司法権を担う裁判官を志したのです。しかし，その選択は誤っていなかったと今でも思っています。

読者の皆さんは，最高裁判所の違憲立法審査権というのは，昭和21年（1946年）11月3日に公布された日本国憲法（いわゆる「昭和憲法」）81条に規定されているものであることを，既にご存じでしょう。では，戦前はどうだったのか。本書は，皆さんが，その点を含めて，そもそも戦前において，**裁判所の国制上の地位**はどのようなものであったのかということを考える手助けとなるはずです。特に，戦前の司法制度の基軸であった裁判所構成法の説明が理解に役立つでしょう。

### 裁判官の日常を支えるもの

さて，先ほど私は裁判官を志した選択は誤っていなかったと言いましたが，それは，今までの裁判官生活の中で，裁判に心おきなく携わることができた結果としての，率直な感想です。もちろん，無制限には与えられていない時間の中で，分厚い訴訟記録の検討，法廷での緊迫した審理などを通じて，事件の事実関係を探り，また，入り組んだ法律の規定の中から事件に適応した解釈を導き出すとい

う作業は，容赦なく精力を消耗させる一面を持つものです。それが裁判所の第一線にいる者の日常だともいえるのですが，それにもかかわらず，私が長期にわたって仕事を続けることができたのは，優れた先輩と同僚に支えられていたことによるところが大きいのです。その点で，裁判所は最高の職場です。この先輩の支えは，公私様々な場面で，様々な形で与えられましたが，ここでは，その一つの形として，**裁判の合議**での指導ということを述べたいと思います。

　皆さんは，「合議体」による裁判ということを御存知でしょう。

　地方裁判所の例をとれば，一定の事件は裁判官3人の合議体で取り扱います。合議体では，3人のうちの1人が裁判長となります。裁判長は，合議体を代表する裁判官であり，事件の審理を指揮するなど中心的役割を果たし，審理を踏まえた合議体の**評議**によって得られた結論＝**評決**（例えば，原告の損害賠償請求を認めるか，被告人を死刑に処すかなど）は判決という形で言い渡されます。

　評議・評決は，実務では，一括して「合議」と呼ばれますが，広い意味では，審理の過程でも，例えば，証人を喚問するとか，検証を実施するといった証拠の採否などについても行われます。

　評議は裁判長が開き，かつその進行を整理します。この合議体の裁判長は，裁判部（裁判事務を分配する単位で，合議体を構成する母胎となるもの）の事務を総括する先輩格の裁判官，普通，**部総括裁判官**と呼ばれる裁判官が勤め，合議体はこの裁判長と他の2人の後輩格の裁判官によって構成されるのが一般の形です。

　後者の2人の裁判官は，法廷で裁判長の左右に着席するので，「陪席裁判官」といわれます。この陪席裁判官は，判決内容を決する評決を導く評議においても，審理の過程で決定という形式で決める評議においても，日常的に，裁判長の経験，見識に裏付けされた意見

に接し，これを自らの知見に接ぎ木し，また，未熟な点を繕っていくなどして成長していくのです。

もちろん，評議に基づいてことを決する場合において，裁判長も陪席裁判官も共に平等の1票を持つのです。この原則は裁判長といえども崩すことは許されません。このことは裁判における鉄則として尊重されます。それによって，陪席裁判官も1票を投ずるに当たり自らの意見を述べ，裁判長あるいは他の陪席裁判官の反論に応じ，評議が白熱化するという場面もみられますが，その一方，合議には，先に述べたようなマントゥーマンの指導というすばらしい要素があり，これによって後進裁判官が鍛えられていくことを知ってほしいのです。私自身，若い時代から，このような評議の場において裁判官として訓練され，啓発されて，その仕事を支えられてきたのです。

本書は，**裁判における評議，評決の枠組み**については，戦前から法の規制が行われてきたこと，そして，その規制そのものは西欧法起源のものに加工したものであることに触れることになるでしょう。

### 司法権の独立

ところで，私は，評決における合議体構成員の平等の尊重は，**司法権の独立**と無関係ではないと思うのです。司法権の独立の歴史は古く，それは日本国憲法76条3項の規定に引き継がれている大原則ですが，何としてもこの原則を守るという精神は，わが国の裁判官にしっかりと根付き，日本国憲法のいう，「その良心に従ひ」「憲法及び法律にのみ拘束される」ことは裁判官が常に戒めとしているところです。

そして，その精神は，評決における1票を持つ裁判官の意見は，他の裁判官によって拘束されてはならないという**合議における意見の自由の保障**として現れ，司法の伝統の重要な一つとして維持され

てきているのです。司法権の独立は，そのことを中軸に据えて，司法の歴史を叙述する著作さえ存在する重要な原則であり，本書においても，時代区分という横糸を貫く縦糸の一つとして幾つかの箇所で説明されています。

　今，私は司法の伝統ということを申しました。私自身が見聞し，また，伝え聞いている戦後の裁判所の様々な出来事について，それが司法の伝統に反するとか，それに添わないとかいう評価が下されており，多くの場合，その評価は当たっていたと思うのですが，あらためて司法の伝統というものについて思いを巡らしています。

　「伝統」とは，「前代までの当事者がして来た事を，後継者が自覚と誇りをもって受け継ぐところのもの」と辞書（新明解国語辞典）にあり，これは，tradition の複数義のうちの1．Opinion or belief or custom handed down, handing down of these, from ancestors to posterity．(C.O.D.) を援用した語義と察せられますが，「自覚と誇りをもって」と付加している点が独特で，司法の伝統をいうとき，ぴたりとしたものを感じます。司法権の独立を守ることは，裁判官が時に嵐に身をさらしつつ，「自覚と誇りをもって」，脈々として受け継いできた司法の伝統の最たるものなのです。

## 司法行政への関わり

　司法権の独立は，その環濠(かんごう)として，裁判所の一定範囲の司法行政事務を裁判所長その他特定の裁判官ではなく，裁判官会議に行わせることを求めます。先輩から聞いたことですが，昭和30年(1955年)代の初めころ，下級裁判所事務処理規則が規定する最高裁判所による部総括裁判官の指名をめぐって，東京地方裁判所民事部会で激しい議論が交わされたことがありました。規則は，地方裁判所の各部の部総括裁判官は，毎年あらかじめ，最高裁判所がその地方裁判所

長の意見を聞いて，指名すると定めていますが，これは，戦前の裁判所構成法時代の**部長**制度の復活となるのではないか，指名は辞退すべきではないかというのが問題点でした。

　昭和30年の規則改正以前は，最高裁判所が部総括裁判官を指名する場合，「当該裁判所の意見を聞いて」とされ，その裁判所の裁判官会議を構成する判事全員の意見が反映するようになっていました。それを改めて，裁判所長の意見を聞いて指名するとなったのは，最高裁判所—裁判所長という系列でことが決まることに対する抵抗論であったと思うのです。

　しかし，裁判官会議の活発な運用ということは望ましいとしても，その席で論議された部総括裁判官の指名に関する意見のようなものまでを，裁判官会議で決めるということは，必ずしも当を得たことではなく，結局は議論はそのままになったそうです。

### 司法官の育成

　さて，合議の指導的効果に関連することとして，**司法官の育成**についてですが，後進の育成は，社会のどの分野でも真剣に取り組まれる課題の一つであることは，皆さんも御存知でしょう。司法官の育成も，司法制度における重要な課題として，国が早くから取り組んできました。それは，良質な司法制度が継続的に運営されることに対する社会の期待に応える施策の一つとして，制度の望ましい担い手を切れ目なく確保することを目的とするものです。

　歴史的にみると，これは，**判事試補**から**司法官試補**の制度へ，さらに戦後の**司法修習生**制度へと引き継がれて，今日に至っています。現在，司法修習制度はいわゆる司法制度改革の一環として大きく変容し，いろいろな問題点を抱えながら，その成果が注目されているところですが，司法の枠組みの構築とあわせて，その担い手の育成

制度の成り立ちも，本書の関心事項とされています。

　また，司法の担い手としては，裁判官の他に**検察官**と**弁護士**がいます。**法曹一元**思想の下で，裁判官・検察官・弁護士へと進む者を一体として教育する現行の司法修習制度の中で教育を受けた私などは，検察並びに弁護士制度の沿革についても関心があり，本書でもこれに触れています。なお，先の司法改革では**司法書士**も簡易裁判所の一定額の事件についての訴訟代理が認められました。

### 国民の裁判参加

　ところで，今日的なテーマである**裁判に対する国民参加**についてですが，国民が裁判に関与する陪審，参審の制度が西欧諸国に根付いて久しいことは広く知られているところです。わが国では，ボアソナアドが起草した**治罪法**の草案（明治11年（1878年））に刑事の公判における**陪審**が盛り込まれ，これに基づき司法省が作成した草案などにもそれが維持されていたのですが，内閣において時機尚早であるとして削除され，成法にはなりませんでした。陪審が日の目をみたのは，大正12年（1923年）4月に公布され，昭和3年（1928年）10月から施行された**陪審法**であり，陪審裁判は，同法が昭和18年（1943年）4月に停止されるまで行われました。注目すべきことです。

　なお，広い意味での裁判への国民参加としては，大正11年（1922年）の借家借地調停法に基づく調停を始めとする各種**調停制度**の創設を挙げなければならないでしょう。そこでは，一般の国民から選ばれた**調停委員**が裁判官と共に各種紛争の処理に当たるもので，裁判と並ぶ重要な民事紛争の解決手段として運営されています。私自身，かつて，家庭裁判所の調停事件に調停委員の方々と共に立ち会って，事件を処理した数年間の経験がありますが，それらの方々のものの見方にずいぶんと目を開かされ，事件の解決に役立ちました。

今日，国民の裁判参加は，家庭裁判所の調停委員，家事審判の参与員，労働審判の審判員，刑事裁判の裁判員というように，広く採用されるようになっています。検察審査会の審査員も，同じ流れに沿うものです。なぜこのような国民の参加が行われるようになったのか，その仕組みを歴史のうちに探る，これは今日の制度を理解する上で意義のあることでしょう。さらに，同じように今日の制度の淵源あるいは周辺を探るという問題意識を持って，戦前における**行政裁判所**，**特別裁判所**，**外地の司法制度**を取り上げています。

　このような長年月にわたるわが国の司法の歩みを多角的に捉え，昭和憲法に基づく**新たな司法制度の発足**を描くことで，本書の記述が締め括られています。

　以上回顧談に託して本書についていろいろお話ししましたが，司法制度を史的にみていくということは，単に昔に立ち戻るということではなくて，史的に捉えられるものが現在につながり，現在の司法の様々な仕組みとか，裁判の在り方の原則とされているものとかが歴史の内に源を発していることを見出し，よって得られる認識が現在の司法をめぐる問題を，より的確に照射する用具となるということを指摘し，皆さんが本書を読み進まれる上での参考にしていただきたいと思います。

# 第1編
# 明治初年から裁判所構成法前まで

**本編の時代区分**　日本近代の司法制度史を振り返るとき，**裁判所構成法**（明治23年〔1890年〕2月10日法律第6号）の制定の時を大きな転回点として，時代区分をすることができる。同法の制定に至るまでの時期を取り扱う**本編**は，徳川慶喜の大政奉還（慶応3年〔1867年〕10月）から同法の制定前までの20余年間（これを「明治前期」という）の司法制度の成り立ちを考察の対象とする。そして，この期間を細分して，①大政奉還から版籍奉還（明治2年〔1869年〕6月～）を経て廃藩置県（明治4年〔1871年〕7月）のころまでの4年間を第1期とする。日本の近代司法制度の草創期である。②**司法省の設置**（明治4年7月）から**大審院の創設，諸裁判所の整備**（明治8年〔1875年〕5月）などの諸施策が進められた明治15年〔1882年〕ころまでの11年間を第2期とする。これは司法の近代化に向けて，司法省，裁判所組織の創設・整備，司法の担い手の創出などに着手された時期である，③**治罪法**（明治13年〔1880年〕7月17日太政官第37号布告）の施行（明治15年1月）から**裁判所官制**（明治19年〔1886年〕5月5日勅令第40号）を経て，裁判所構成法の制定を迎える前までの8年間を第3期とする。第3期は，司法組織法がかなり整った形で組み込まれた治罪法が施行され，次いで，その司法組織法の一部分を取り込んだ裁判所官制が裁判所構成法の先駆的役割を果たした時期，言い換えれば裁判所構成法制定の準備段階の時期である。

　**本編**では，第1期から第3期までを第1章ないし第4章で扱い，これらの時期を縦断して，行政訴訟の発足について第5章を，司法官の養成について第6章を充てることとする。

Bridgebook

# 第1章

## 草創期の司法

**LEAD** 明治維新後の新政府の大きな目標の一つは，日本国を西欧列国と並び立つものとするため，国制を西欧法に倣った形に整えるところにあった。その一環として，多かれ少なかれ独立性を保障された裁判所を持つ司法制度が作られなければならない。しかし，実際は，司法は，行政と未分化の形でその歩みを始めた。中央において順次設けられた司法機関も，刑事裁判のほかに，犯罪捜査を行う司法警察事務や行刑事務（刑罰の執行）などを併せ担当するという状態であり，また，別に設けられた弾正台との間で権限の行使について争いを抱えていた。また，中央における民事裁判は，刑事とは別の行政機関の所管とされていた。一方，地方における民刑の裁判は府藩県に委ねられていた。しかし，版籍奉還（明治2年〔1869年〕6月～），廃藩置県（同4年7月）に象徴される新政府の中央集権政策は，地方の裁判権の中央への統合を志向することとなる。この時期には，裁判の基準となる統一的な実体法・手続法は，刑事の分野における新律綱領，改定律例の例外を除いて現れておらず，旧幕時代の法制や慣例に準拠する部分が多く，歴史における断絶性と継続性との交錯の一例をこの時期に見るのである。

## 1 草創期の姿

### 西欧法に倣った国制の改革

　近代日本の幕開けとなった安政5年（1858年）の日米修好通商条約を始めとする諸外国との間の修好通商条約の締結に続く開国・維新の流れの中で，慶応3年10月14日，徳川慶喜が大政を朝廷に奉還し，同年12月9日，いわゆる王政復古の大号令（諭告）が発せられた。既にその諭告の中で，これらの諸条約を指して「癸丑以来ノ国難」（癸丑は嘉永6年＝1853年ペリー来航の年の干支）の現れと述べて，その廃棄への強い意思が示唆されているのであるが，やがて，新政府が高く掲げた列国と「対等竝立ノ国権」を立てるという目標を実現するためには，前記の諸条約及び新政府自身がオーストリア＝ハンガリー国などと結んだ条約により列国に認めた治外法権を撤廃するとともに，我が国の関税自主権を回復することが避けて通れない重要な課題となった。そして，その条約上の不平等関係を改めるには，とりわけ西欧法に倣った国制の改革を行うことが必要とされた。ただ，その実施の道筋は，始めからしっかりと踏み出されたものではなく，新政府発足後数年間は，どのようにして旧制度からの転換を図るかということに関心が集まり，時に復古的な方向にも傾きつつ，模索が行われた時期であった。

　このような状況の中で，改革の重要な一環をなすべき新たな裁判所を中心とした司法の仕組み作りは，その胎動すら不確かなものであった。新たな仕組みの最も中核に据えられるべきもの，すなわち行政・立法と分化し，独立性を保障された司法権という観念などは，法学理論（例えば，幕府留学生津田眞一郎（眞道）が西周助（周）と共に，オランダ，ライデン大学教授シモン・フィセリング（Simon Vissering）から受けた「国法之学」

(Staatsregt) 講義の筆記を訳出した「泰西国法論」(江戸開成所, 慶応4年))の分野にこそ現れていたが, 実際の国政の上では, まだ, そのデッサンも描かれていなかったのである。

### 三権分立制の相対性

ところで, 国家の立法, 司法, 行政の権力作用をそれぞれ別個の機関に受け持たせ, 互いに独立にその権力を行使させつつ, その間の均衡を図り国政全体に調和を保たせることを目的とするのが三権分立の制度であり, その中でも, 司法権を行使する機関が, 行政を担当する政府その他の機関から干渉されないような手段を講ずることによって, その司法作用ないし作用主体に属する司法権の独立性を保障することが要請される。しかし, 裁判法の学説が説いているように, 司法権の独立性も時代, 国情によって一様でなく, 我が国は, 明治22年の大日本帝国憲法 (いわゆる「明治憲法」) によって三権分立を基調とする立憲君主国家となったが, 立憲君主制といってもその初期段階のランクに属するものであり, 司法権の独立性とその不可欠の要素である裁判官の身分保障も最小限度に認められたにすぎなかった。すなわち, 検察官を裁判所に付置し, 公益の代表者として裁判所の法の適用を監視させる機能を担わせたり, 裁判官の任命, 昇進, 監督や裁判所の会計は行政部門に属する司法省が握っているなど司法権には数々の制約が加わっていた。

現行の日本国憲法 (いわゆる「昭和憲法」) の規定するような民主制国家における司法権との隔たりは大きい。まして, 大日本帝国憲法の制定に達する以前の時期, すなわち本編が取り組む明治前期の国制の下においては, 司法権の独立性を定かには確認し難いほどに, 大きな落差があり, そのことがこの時期の諸制度の基層に横たわっていることをあらかじめ指摘しておかなければならない。

## 2　中央の司法機関の創出

### 刑法事務掛・刑法事務局

　先に述べた王政復古の大号令において，①摂政・関白・幕府等を廃止し，仮に総裁・議定・参与の三職を置き，国政のすべてを執行させ，②「諸事ハ神武創業ノ始ニ原キ」，③身分地位の別なく公議を尽くすものとして，中央政府の骨格を明らかにし，翌慶応4年(同年9月8日に明治と改元)1月には三職分課の制として，上記の三職の下に7掛を定め，その一つとして「**刑法事務掛**」を置き，次いで，翌2月には，7掛を改めて8局とし，その一つとして「**刑法事務局**」を置き，それぞれ「刑法事務」を担当させることと定めた。この刑法事務掛(刑法事務科という場合もある)，刑法事務局とも，規定上，「監察・弾糾・捕亡・断獄・諸刑律」という裁判事務を含む刑事に関する幅広い事務を取り扱うものであり，新政府における司法機関の第一走者である。

　しかし，両刑事部局のより詳細な権限などを定めた一般的な法規は見当たらず，特に，どのような裁判事務を行ったか，その内容，件数などの全体像は必ずしも明らかでない。例えば，慶応4年1月に発生した**神戸事件**(神戸外国人居留地を行く備前藩家老，日置帯刀の行列の一行とイギリス軍人らとの銃撃戦)につき，家老は謹慎，藩兵に発砲を命令した瀧善三郎は割腹を申し付けられたが，この裁判は，「朝廷御取扱」とし，評議の末，「宇内ノ公法」に則り行われ，表向きは外国事務総督らが終始ことに当たり，備前藩に対し裁判の言渡しを行い，死罪の執行も同藩に行わせるという経緯を辿り，この間，刑法事務掛あるいは刑法事務局が関わった形跡は見出せない。同年2月に発生した**堺事件**(フランス軍艦デュプレクス号の乗組員が，堺の警護に当たっていた土佐藩

兵から銃撃を受け，士官 1 名，水兵 10 名が死亡した事件）を引き起こした土佐藩士 20 名に対し，「公法ニ依」り割腹を申し付けた裁判の場合も，外国事務総督らがことに当たり，刑法事務局は表面に出てこない。ただ，藩士 20 名のうち 9 名に対するフランス側からの減刑の申出を「刑法係」が扱ったとの記録があるにすぎない（この 9 名には，外国事務局から改めて流罪が申し付けられ，これに基づき，土佐藩が 9 名に対する渡川（四万十川）以西への流刑執行を行った）。これに対し，刑法事務局がその名で裁判したものとしては，イギリス公使パークス（Harry Smith Parkes）襲撃事件がある。これは，慶応 4 年 2 月，宮中に参内途上のパークスに対し浪人三枝蓊と朱雀操こと林田貞堅の両名が抜刀して斬りかかり，警護の者数名を傷つけた事件であるが，刑法事務局は，総裁局に断刑伺を提出し，その指令に基づき，三枝と朱雀（事件現場で斬殺）に対し，斬罪，梟首を申し渡し，その執行を京都裁判所（行政庁）に指令して行っている。

### 刑法官——政体書

さて，慶応 4 年閏 4 月 21 日にいわゆる政体書（官制名は「政體」）が定められ（同月 27 日頒行），国政の大方針は五箇条の御誓文（同年 3 月 14 日）に添うことを目的とすること，政体の仕組みは，まず，中央の機構として太政官を置き，「天下権力総テコレヲ太政官ニ帰ス則チ政令二途ニ出ルノ患無カラシム太政官ノ権力ヲ分ツテ立法行政司法ノ三権トス則偏重ノ患無ラシムルナリ」とした。そして，三権のうち立法は「議政官」（「上局」と「下局」に分かれ，上局は議定と参与で構成し，下局は府藩県から出る貢士が議員となる），行政は「行政」・「神祇」・「会計」・「軍務」・「外国」の 5 官が，司法は「刑法官」がそれぞれ担当するものとする。次に，地方を府・藩・県に分けて政体に組み込み，地方官職として，府に知府事，県に知県事，諸藩に諸侯を置くものとす

る。

　このうち府，県は，新政府の直轄地（旧幕府領，旧朝敵藩領，皇室領，社寺領等）に置かれたが，藩では，旧藩主による統治の体制がそのまま維持された（「府藩県三治の制」の形成）。なお，明治2年4月，行政の機関の一つとして，府県の事務を統合的に担当する民部官が加わった。

　政体書が，太政官の「権力ヲ分ツテ立法行政司法ノ三権トス」とし，それが「偏重ノ患無ラシムル」ものであると述べている文辞自体は，権力の分立が，三権のいずれかを偏重することがもたらす弊害を避ける機能を持つことを指摘したもので，まさしくことの核心に触れる部分であり，それが，『聯邦志略』（アメリカ史書であるBridgman, A History of the United States の著者自身による漢訳本），『萬國公法』（国際法のテキストである Henry Wheaton, Elements of International Law の漢訳本）や福沢諭吉の『西洋事情』の記述により政体書起草者らが得たアメリカの政体に関する知見によるところが大きいとされているが，さらに読み進めば，ただ，「立法官ハ行政官ヲ兼ヌルヲ得ス行政官ハ立法官ヲ兼ヌルヲ得ス」というのみで，「刑法官」の地位に全く及んでいない。これは，刑法官がまだ全国を直轄する機関としての実質を備えていないのみならず，後述のような裁判関係事務のほかに行刑・司法警察事務などを併せて担当するなど行政との分化が十分に計られておらず，司法権の自立性，独立性をいう条件を著しく欠いていたからであるとみることが許されるであろう。政体書をもって，独立した司法像を描いたものとはいえない。

　政体書において，刑法官は，前述の刑法事務掛，刑法事務局と同じく，各種の刑事関係事務（「執法・守律・監察・糺弾・捕亡・断獄」）を幅広く担当するものとされ，これに，監察司，鞫獄司，捕亡司が附属した。しかし，刑法官は，新政府の直轄地（政体書の発布以降は，そこに置か

## 2 中央の司法機関の創出

れた府, 県) のみを所管し, しかも, 後述のとおり, 刑事裁判そのものは原則として府, 県に委ねられていたから, 裁判関係事務としては,「断刑伺」という形をとった地方官からの刑事法適用の質疑を受けること (ただし, これとても刑法官が一元的に処理していたわけではなく, 弁官が担当した事例も少なくない), 死罪に関する勅裁を仰ぐことなどにかなりの分量が割かれていた。戊辰戦争の朝敵奥羽越列藩同盟に加わった会津藩主松平容保以下各藩主ら20数名に対する処置 (新政府側からすれば最大の国事犯の裁判) も, 天皇の直裁 (明治元年12月) という形を採り, 刑法官はそのための審議の一員として列席したにすぎなかったし, 諸藩首謀の臣20数名に対する処分は軍務官 (17頁) に委任されて判決がなされている (明治2年5月)。

しかし, 刑法官が自ら審理裁判したものも見出される。一例として, 慶応3年7月, 長崎停泊中の英国軍艦イカルス号の水夫2名を福岡藩士金子才吉 (後日自刃) が殺害した際, 同行の同藩士7名が被害者を見捨てて逃走した罪に対し, 刑法官の時期に, いずれも禁錮3年の刑に処した事例があり, また, 明治2年1月の政府参与**横井小楠暗殺事件**も刑法官, 次いで刑部省の手で審理判決されているのである。ただ, 刑法官判事佐々木高行の日記 (保古飛呂比) 明治2年3月の条に, 池田章政 (刑法官副知官事) 邸に判事一同集まり, 判事の員数の不足対策を協議したが, 各藩士の中には, 「朝廷ニ出仕スレバ, 二君ニ奉仕スル如ク心得タル」者が少なくなく, それが判事の人材不足の一因をなしているとの記載があり, 所管事務の処理に影響していたもののようである。

### 刑部省

明治2年正月, 薩摩・長州・土佐・肥前4藩主の**版籍奉還**, すなわち封土 (藩) と領民 (籍) を返上するという上奏文が朝廷に提出された。

それは,「天子ノ土」「天子ノ民」の考えに立って,「天下ノ事大小トナク皆一〔朝廷〕ニ帰セシムヘ」きことが急務であり,それにより「始テ海外各国ト竝立スヘシ」としている。この版籍奉還は全国一挙に押し進められたわけではないが,同年6月,薩長土肥藩主その他262名の藩主に対し,版籍奉還の奏請を許す天皇の裁可書が下付され,各藩主は知藩事に任命された。その後,明治3年8月までに奏請を許された藩主12名(先の262藩中の藩のそれぞれ一部から復封した盛岡,磐城平の2藩を除いた12藩の藩主)を加えると計274名となった。奉還された諸藩の領有地は「管轄地」と呼ばれた。藩主が天皇の土地を管轄するという意味である。そして,藩主と家臣との君臣関係は制度上は消滅し,知藩事及び旧臣下(士族)の家禄の改訂など藩の制度に対する各種の改革が中央から指示された。

　明治2年7月,**職員令**が発せられ,同年6月の版籍奉還により全国のほとんどが中央の直轄となったことに伴う国制の整備と集権化を確保する改革の重点として太政官制の改正が行われた。すなわち,「神祇官」と「太政官」の二官,「民部」・「大蔵」・「兵部」・「刑部」・「宮内」・「外務」の六省から成る中央政府の樹立であり,それは大宝・養老の旧制に則したものといわれる(「復古的太政官制」)。このとき設けられた**刑部省**は,明文上,「鞫獄・定刑名・決疑讞」(すなわち,(ア)訴訟の事実審理,(イ)法規を適用して判決すること,(ウ)地方から疑義があるとして送られてきた案件を決すること)を担当し,その実務を判事,解部が処理するものとし,ほかに犯罪人,監獄からの逃亡者などを捕らえる役目の逮部長らが置かれた。なお,同年中に,行刑を担当する囚獄司,司法警察を担当する逮部司が置かれた。約2年間存続した刑部省もまた,規定の表現の違いはあっても,従前の刑法官と実質上同じような形で事務を処理する機関であった。刑部省が自ら審理判決をした刑事

事件として，先に横井小楠暗殺事件を挙げたが，ほかに明治2年9月の兵部大輔**大村益次郎暗殺事件**，慶応3年11月の**坂本龍馬・中岡慎太郎暗殺事件**の加担者の裁判も刑部省がしている。

### 刑部省と弾正台との争い

職員令の発令に先立ち，明治2年5月，刑法官に属する監察司を廃止し，これに代わって**弾正台**を設け，伊以下の官員を置くという官制の改正が行われた。弾正台は，律令制に同じ名称，権限を有する機関があり，新政府がそのような機関を設置したことは，続く同年7月の職員令と同じく，当時の復古的傾向の現れであるといわれている。それが単に律令制の形に倣ったものにすぎないのか，より実質的な設置理由があったのか必ずしも明らかでないが，職員令では，弾正台は，「執法守律」「糺弾内外非違」という以前の刑法官の職務の一部とされたものと変わらない権限を与えられ，しかも，その権限は，宮中，府中にとどまらず，広く府藩県に及ぶものであることも明記された（戸外執務のときの陣笠の定めがあり，背面に20cm長の白色の飾毛の付いたものを用いた）。さらに，明治3年5月に定められた「弾例」は，弾正台は，①非違の証拠がある者を調べても自白しないときは，刑部省に移して捜査させる，②罪状明白又は事情急を要するものは，直ちに刑部省に通告して捜査させる，③刑部省が死罪に決した件も，冤罪であること明白であれば，奏上して執行を停止し，再審させるなどの権限規定を設けるに至った。そして，これらの規定を根拠に行動する弾正台と刑部省との間で，具体的な法の適用に関して争いがしきりであり，例えば，前記横井小楠殺害事件について，弾正台は，横井がキリスト教を唱える国賊であるから，彼の殺害は正当であると主張して，犯人の死刑を相当とする刑部省側と対立し，また，前記大村益次郎殺害事件につき，弾正台が，大村の廃刀論は国家を

乱すものであったとして、犯人の死刑の執行当日、これを差し止め、執行を遅延させるなどしたのが顕著な事例である。

### 刑　事　法

(i) 王政復古の大号令前後　　慶応3年10月14日の大政奉還の奏上をきっかけとする諸藩に対する同月15日の御沙汰(ごさた)は、国家の大事件及び外交問題については、衆議によって決し、その他の大名の伺(うかがい)、朝廷の仰出(おおせいで)は、朝廷の「両役」(議奏(ぎそう)、武家伝奏(ぶけてんそう))が取り扱い、それ以外のことは諸侯上京の上決定するので、「支配地市中取締等」は、おって沙汰するまでは、「是迄之通リ(これまでのとおり)」取り扱うべきものとしており、さらに、同月19日の徳川慶喜の8項目の伺の第6項に、「刑法之儀」は、諸侯上京の上、取り決められると考えられるが、「夫迄(それまで)ノ処(ところ)ハ仕来通(しきたりどおり)ニテ宜(よろ)」しいかとあったところから、諸藩に対し、同月22日、諸侯上京の上で規則を定めるが、「夫迄之処(それまでのところ)ハ是迄之通(これまでのとおり)」と心得るべきものと指令している。この仰出、指令の趣旨は、幕府領では公事方御定書(くじかたおさだめがき)を中心とする刑法を、諸藩ではそれぞれの藩刑法を適用せよという意味にほかならないと解されている。また、明治元年10月晦日(みそか)の行政官布告第916でも、王政復古に伴い諸事の改正を要し、特に「刑律」は、国民の生死に係るものとしてその改正が望まれるが、目下の軍事情勢により国務多忙のため、その機会がなく、よって新刑法の発布までは、「故幕府へ御委任之刑律」によって処理することとし、ただ、磔刑(はりつけ)を「君父ヲ弑(しい)スル大逆」(主殺し・親殺し)に限定し、その他の重罪の刑罰及び焚刑(ふんけい)(火あぶり)を梟首(きょうしゅ)(さらし首)に換え、追放・所払(ところばらい)を徒刑に換えるなど刑罰の体系を改め、あわせて、死刑は勅裁(ちょくさい)(天皇の裁可)を経るため府藩県とも刑法官に伺い出るようにといっている。

この一方において、上記行政官布告も述べているように、「刑律」

の整備は新政府の早くからの課題とされていたのであり，刑法事務掛又は刑法事務局時代（慶応4年1月～閏4月）に原案が編纂され，刑法官時代（同年閏4月～明治2年7月）にたえず修正が行われて完了したとされる**仮刑律**が定められる。仮刑律は一般に公布されたものではなく，刑法官等の部内の執務の準則とされたものであり，しかも，新政府が直接に管轄する旧幕府領等の一部に行われたものにすぎないが，各府藩県からの刑事法規の適用などの伺に対する中央の指令はこれに基づいてなされたものである。53件の伺書とこれに対する指令等を編集した**仮刑律的例**がある。

(ii) **新律綱領・改定律例**　政府は，さらに進んで，新しい刑法典の編纂に着手し，刑法官，次いで刑部省がこの作業を担当し，明治3年12月新律綱領（192箇条）として，天皇の上諭を付して太政官に交付され，第944号として各府藩県に頒布した。そして，新律綱領も，刑部省の手によりさらなる改訂が進められ，新設の司法省によってその作業が継続され，明治6年6月改定律例（318箇条）として，太政官第206号布告をもって全国に頒布し，一般施行を命じた。改定律例は新律綱領を修正増補するものとして，両法令が，明治15年1月1日，**刑法**（明治13年7月17日太政官第36号布告）（**旧刑法**）が施行されるまで，並んで行われたとするのが今日の定説である。そして，以上の経過が示すように，草創期における中央の司法機関は，自ら刑事実体法の制定作業もあわせ担当したのである。この新律綱領，改定律例とともに，その諸条項に関連する単行法令及び伺指令などは，きわめて多数にわたり，当時の刑事実務はそれらに大きく影響を受けつつ運用されていた。

(iii) **刑事手続法**　実体法に対し，刑事裁判の手続（断獄）については，統一的な法典の制定は未定の状況であった。明治3年5月，旧

幕府時代の吟味筋の手続を踏襲したものとされている13箇条の獄庭規則と呼ばれている規則が刑部省によって設けられたが、この規則の適用範囲は定かでないのみならず、規定内容自体刑事手続の全部にわたるものではなかったから、おそらく旧慣によって処理していた部分が少なからずあったのみならず、この分野についても、多数発出された単行法令、伺指令が実務の指針とされていたと考えられる。

　ただ、以上で述べた伺指令の類いについて、明治8年6月8日太政官第103号布告裁判事務心得第5条で、「頒布セル布告布達ヲ除クノ外諸官省随時事ニ就テノ指令ハ将来裁判所ノ準拠スヘキ一般ノ常規トスルコトヲ得ス」と定められたから、事実上はともかく、法的には法規性を否定されたことに留意すべきである。

### 民事裁判　　付、民事法

　(i)　**裁判機関**　　中央における民事裁判機関の整備は、刑事裁判のそれに比べて、極めて流動的であった。大政奉還後における地方の裁判については、後に述べるとおり、府藩県がこれを行っていたが、政府は、始め、諸府県（政府直轄地）における百姓の訴訟で取扱いの難しい事件の処理を政体書で設置した会計官の租税司に、次いで、会計官の訴訟所に担当させ、明治2年4月、民部官の設置に伴って、民部官聴訟司に移管した。民部官は、同年6月、①府県において扱う「山林田質地貸金銀出入等区々ノ裁判」は、「永世ノ御制法」が確定するまでは「旧法ニ寄」るべきであり、ただ、これを改めなければ差し支えがあるもの、あるいは難件は当省に伺い出ること（同月4日第504）、②府藩県所轄外にまたがる公事出入（民事訴訟）も当官に差し出すことをそれぞれ指令した（同日第507）。同年7月、民部官が民部省に代わってからも、別に司を設けずに、府藩県において断じ難

い訴訟に対する裁判を行う権限を行使していた。ただ、以上の時期に、民事訴訟に係る地方の伺が弁官宛てに提出され、指令、回答が出されている事例も見受けられる。

その後、民部・大蔵両省の併合、そして分離の期間（明治2年8月～3年7月）も聴訟事務を継続していたもののようであるが、両省分離後の民部省に改めて聴訟掛を置き、従前同様、府藩県における難件の訴訟を担当した。やがて、明治3年11月28日、府藩県交渉訴訟准判規程（22箇条）（太政官布告第878）が制定され、府県藩の士族平民と他の管内の者との紛議に係る訴訟は、原則として、同規程に従って府藩県において処理することとし、ただ難件については民部省に申請して裁決を求めることができるなど処理の準則を示した。当時の民事訴訟法の大要を窺うことができる規程として重視されている。

上述の民部省聴訟掛は、同規程制定の前月に同省庶務司中に設けられたが、明治4年7月民部省の廃止に伴い、同省の事務は、土木司以外は聴訟事務を含め一切大蔵省に引き継がれたが、さらに同年9月、司法省が大蔵省から聴訟事務の移管を受けた。

(ii) **民事実体法**　政府の民事裁判機関が裁判の基準とし、また、地方の伺に対する指令につき準拠すべき実体法としては、主として慣例が主軸を成し、併せて、太政官布告その他の形式をもって制定された単行規定によっていたのであり、このような状況は、その後、明治31年7月16日に**民法**（明治29年4月27日法律第89号（前3編）、同31年6月21日法律第9号（後2編））が施行されるまで続いた。前掲**裁判事務心得**(24頁)第3条が、「民事ノ裁判ニ成文ノ法律ナキモノハ習慣ニ依リ習慣ナキモノハ条理ヲ推考シテ裁判スヘシ」と定めているのは、当時の民事実体法の状況を如実に示しているものである。

民商事の単行規定の全体像については、民法史ないし私法史の叙

述に委ねることとし，ここでは，その主要なもの二，三を挙げるにとどめる(外国法の裁判基準性の説明は省略)。

①　明治5年2月，土地支配に対する封建的拘束を廃し，自由な近代的土地所有権を作り出すという施策の重要な一つとして，旧来の**土地永代売買の禁止を解除**し，どの身分の者でも自由に土地を取得できるものとした(太政官第50号布告)。

②　土地に関する他の重要な施策である地租改正の準備として，明治4年12月，東京府下の武家地町人地の称を廃し，**地券**を発行して地租を上納すべきことを取り決め(太政官布告第682)，翌5年正月，「地券発行地租収納規則」(大蔵省無号)において，地券を申し受けこれを所持している場合は，その土地の「持主」とするものと定めた。次いで，同年2月，「地所売買譲渡ニ付地券渡方（わたしかた）規則」(大蔵省第25号)により，地券は「地所持主タル確証」であり，売買，譲渡，「代替リ（だいがわり）」，「質地流込（しっちながれこみ）」などで持主が変更したときは，地券の裏面に所定の記載をし，書換の手続を願い出なければならないとした。土地所有権変動に係る物権法制の樹立に向かう道標の一つとみることができよう。

③　金銭消費貸借における利息の規制として，明治4年1月，双方が「相対示談」の上，利息を取り決め，証文に明記することを要するとし，また，前利息引落し(利息の前払)を禁止し(太政官布告第31)，その後幾つかの規制を経て，明治10年9月，**利息制限法**(太政官第66号布告)を制定した。

④　明治31年7月施行された民法典以前の家族法でも，民法典と同じく，戸主と家族から成る家を中心に規律がされており，家は戸籍上に構成された親族団体とされた。このように家の制度と密接な関係を持つ戸籍は，明治4年4月に制定された戸籍法(太政官布告第

170)に基づき翌5年から編成されたいわゆる壬申戸籍をもって始めとする。

(iii) **民事手続法**　他方において，民事訴訟手続は，主として，旧幕府法の出入筋（民事手続を主体とする）によっていたとされている。

## 3　地方の裁判

### 概　観

2で述べた中央における裁判に対し，地方において裁判を行うのは，大政奉還後においても，江戸時代同様，諸藩であった。

まず，地方の統治体制の大要をみれば，慶応4年閏4月の政体書は，太政官という中央の権力機構とともに，地方を府・藩・県に分けて政体に組み込み，地方官職として，府に知府事，県に知県事，藩に諸侯を置き，「各府各藩各県其ノ政令ヲ施ス亦御誓文ヲ体スヘシ」として，地方施政の基準を示すとともに，府藩県による爵位の授与，通貨の鋳造，外国人の雇用，隣藩あるいは外国との盟約は「政体ヲ紊ル」ものとして禁止するという規定を置いている。地方のうち府県は，新政府の直轄地に置かれたものであるが（明治2年末までに設置された府県は40に達している），藩は，実質的に旧藩主による統治の体制がそのまま維持されていた。そこで，さらに藩に対する統制を強め，新政府による中央集権体制を樹立するために，版籍（藩の封土と領民）の奉還が押し進められ，それが明治2年6月までにおおむね達成されたことは，さきに述べたところであり，これにより，藩は法律上は府県と並ぶものとなり，従来藩の統治者であった諸侯は中央政府から知藩事に任命され，ここに府藩県三治の制が確立した（18頁）。明治4年7月14日の廃藩置県の直前の時点で，地方は3府，45県，

261藩を数えたが,それが廃藩置県の結果,中央政府の統轄する3府302県として構成され,続く合併により,同年11月には3府72県となった。

　前述のとおり,大政奉還後も,各地方において裁判を担当していたのは藩であり,新たに置かれた府県も同様で,旧体制がそのまま維持されていたのであり,中央政府が地方の裁判権を全面的に接収するのは司法省の設置以後のことである。刑事裁判の実体法についてみると,明治3年12月府藩県に頒布された新律綱領すら,各府藩県が受領後一斉に施行したのではなく,施行の時期はまちまちであり,廃藩まで施行をしなかった藩,従来の藩法と綱領を折衷し,あるいは藩法と併行して綱領を施行する藩があったという実情であり,新律綱領が全国各地方に全面的に施行をみたのは廃藩置県以後のことと思われると指摘されている。

### 中央の統制

　他方において,様々な局面において,地方の民事,刑事の裁判事務に対する中央の統制が試みられていたことも指摘しなければならない。例えば,次のとおりである。

　① 市政局に民事訴訟を担当する「聴訟方」,刑事訴訟を担当する「断獄方」を設けることなどを定めた京都府職制を各府藩県に配布し,この職制の内容を施行しにくいとするならば,どのような点であるかを問い,より良い法規の案があればそれを差し出すようにとの仰出（慶応4年8月5日第610),

　② 民事刑事共通の一例として,聴訟断獄（民事刑事の審判）は,当分,旧慣によるとしてきたが,府県知事判事上京の際に,従来の取扱いの実情を明細書に記して開示するようにとの府県に対する御沙汰（明治2年3月9日第264),

## 3　地方の裁判

③　民事の一例として，府県において取り扱う「山林田質地貸金銀出入等区々ノ裁判」は，成文法が制定されるまでは「旧法ニ寄リ」判断すべきであるが，府藩県において決し難い件等については，民部官に差し出すこと等の指令 (明治2年6月4日民部官504等) あるいは前掲府藩県交渉訴訟准判規程 (明治3年11月) (25頁)，

④　刑事の一例として，府藩県とも，刑事裁判は，新律の布告あるまでは，幕府に委任した刑律に一定の修正を加えて適用することとし，死刑は刑法官に届け出て勅裁 (天皇の裁可) を経る手続をとるべきものとした前掲行政官布告 (明治元年10月) (22頁)，「死流ノ重刑」(死刑・流刑) は刑部省に伺い出て，決定を申請すべきものとする**府県奉職規則**の規定 (明治2年7月27日輔相第675)，「国事ニ係リ順逆ヲ誤リ犯罪ニ至」った者について，罪の軽重に応じ，管轄府藩県において寛典の処置をとるようにとの御沙汰 (明治3年6月8日太政官第391)，上記府県奉職規則の規定を改め，死刑は「朝裁」(勅裁) を申請し，流以下の刑はとりまとめて年末に報告すると定めた**藩制**の規定 (明治3年9月10日第579)。

ここに挙げただけでも，刑事裁判に関するものが多いのは，激動期における治安の維持に対する中央政府の強い意欲を示すものであろう。

### 裁判機関

地方官による裁判は，明治4年7月の廃藩置県の後でも行われていたのであり，同年10月の**府県官制** (10月28日太政官第560) は，府県に聴訟課を置き，典事以下の職員が事務を担当するが，参事の「許允」〔許可〕を得てその事務を執行すべきものとし，さらに，同年11月の**県治条例** (11月27日太政官達第623) は，県庁に置く聴訟課は，「県内ノ訴訟ヲ審聴シ其情ヲ尽シテ長官ニ具陳シ及県内ヲ監視シ罪人ヲ処置シ

捕亡ノ事ヲ掌ル」が，特に刑事について，「絞以上刑罰人処置ノ事」
は，「令参事コレヲ判決シ処分ノ法案ヲ作リ主務ノ省ニ稟議シ許可
ノ後施行スヘ」きことを原則とし，「徒流以下軽罪ノ事」は，「令参
事専任処置スルヲ得ヘシ」と定めており，これによれば，廃藩置県
後の府県における民刑の裁判については，知事（府）・令（県）もしく
は参事の名においてなされ，実務を典事以下の職員が執るという執
務体制が範として示されていたのである（府県のトップは，初め「知府事」
「知県事」，次いで府県とも「知事」と呼んだが，明治4年11月「県知事」を「県令」と
改めた）。

しかし，廃藩置県は，強力な集権化の一環として従来府藩県が行
使していた裁判権の中央への収束を志向するものでなければならな
い。廃藩置県の直前に設置された司法省は，何よりもまずこれを実
施に移すことを重要な政策課題の一つとしたのである。

---

*column* 1

### 明治前期の法令の形式について

本編では，司法制度に関する法令をしばしば引用する。現在，国
の法令は，憲法の下，国会が制定する法律，国の行政機関が制定す
る命令（内閣が制定する政令，各省大臣が発する省令等）等の形式が確立し
ており，この形式は，敗戦に伴い勅令の形式が廃止されたほか，戦
前期からの長い沿革を持つものである。さらにそれ以前，明治維新
によって誕生した新政府が太政官を頂点として組織されていた時期
（本編の大部分がこの時期をカバーする）に，その施策を法令として国民に
公示し，あるいは国の関係機関や地方庁（府藩県）に示達する場合に，
法令は，仰出・御沙汰・布告・布達・達などの各種の形式を採り，
その形式の採り方も時期により異なることがあったが，明治14年
12月3日太政官第101号布告により，法律，規則は布告の形式で発
行し，それまで各省限りで発行していたものはすべて太政官から布

達の形式で発行し，太政官及び各省より一時的に公布するものは告示により，各省の卿から府県長官に対する指令等は達によると定められた。このうち法律は，明治8年以降元老院が議定権を持っていたが，太政官が発令機関であるため太政官の布告という形式を採っている。

なお，太政官布告等の法令の番号を「第〇〇号」と「号」を付して表示するようになったのは明治5年からのようである。

読者の皆さんは，民法の習い始めに，民法の法源（民法の存在形態）として，「条理」をその一つと数えるべきかというテーマが取り上げられ，「民事ノ裁判ニ成文ノ法律ナキモノハ習慣ニ依リ習慣ナキモノハ条理ヲ推考シテ裁判スヘシ」という項目を含む「裁判事務心得」が引用されていたことを記憶しておられるであろう。この「裁判事務心得」は，明治8年6月8日太政官第103号布告として発せられたものであり，これは皆さんが最初に出会った太政官布告であろうと思われる。

ところで，明治18年12月に太政官制に代わり内閣制度が設けられ，翌19年2月26日勅令第1号公文式が公布された。公文式は，国の制定法を法律と命令の二つに大別し，命令を勅令・閣令・省令に分け，閣令は内閣総理大臣が，省令は各省大臣がそれぞれ発するものとする。ほかに規則，各庁処務細則，訓令という形式のもの（これらも「命令」に組み入れられるが，大日本帝国憲法（いわゆる「明治憲法」）上法律と対置される命令としての性質は有しない）を含めて，発令者，発令方式，起草者，規定内容等を定め，これが明治40年2月1日勅令第6号公式令に代わるまで効力を有していた。公文式，公式令とも，国の法令の形式と併せて，法令の効力発生時期に関する細則を定めており，このうち公式令は，数次の改正を経て，日本国憲法（いわゆる「昭和憲法」）の施行と同時に廃止されるまでその効力を有していた。

第1編では，主要な法令については，公布年月日・法令形式・号数を挙げるが，その他は，公布年月を示すにとどめている。

Bridgebook

# 第 2 章

## 司法の近代化を目指して

**LEAD** 我が国が西欧近代の法に倣った新しい司法制度の構築に向かう軌跡をおぼろげながら描き始めた最初は，司法卿江藤新平が率いる司法省による司法職務定制（明治5年〔1872年〕8月）の制定である。しかし，司法職務定制は，国の裁判所を全国的に配置することこそ構想するが，その裁判所は司法省の省務を分担する一機構であり，同省の統括下に置かれ，しかも，裁判所未設置の府県では，地方官による裁判が行われることを折り込んでいた。やがて，明治8年（1875年）4月の大審院の創設に伴い，同年5月，司法省とは別の国家機関として，大審院を頂点とする諸裁判所の組織が作られ，各審級を結ぶ上訴手続も定められた。始めは，基礎的な裁判所である府県裁判所も一挙に設けられたものではなく，未設置の府県においては，従前に引き続き地方官による裁判が行われていたが，これも間もなく改められ，検察及び弁護を含めて，徐々に近代的な司法制度の整備に向かう動きが明らかになってくる。裁判の公開や法学教育にも着手された。

## 1　司法の近代化とは

　本編の始めに，新政府がその国政の大方針である列国との不平等関係の改正を実現するため，西欧法に倣った国家組織の改革の歩み

を始めた中にあって、その重要な一環を成すべき新たな司法の仕組作りの動きは確かなものではなかったという大筋を述べたが（14頁）、やがて、その動きは徐々に明らかになってくる。目標は司法の近代化である。そして、明治初年の日本において、司法の近代化とは、国の司法作用を担当する機構に関する法（裁判所構成法制）と司法作用がそれに従って運営されなければならない実体法及び手続法のいずれをも、西欧近代に起源を持つ法に添った内容のものとしようとする志向とそれを実現するための法継受の営みを意味する。

　近代化は、さらに、今述べたそれぞれの法が、それらを近代的とみなし得るような個別的具体的な指標（例えば、司法権の独立性の保障、裁判の公開、意思自治の原則、苛酷刑の廃止、訴訟当事者対等主義など、西欧近代の精神に根ざした近代法の特徴）を自らのものとして装着することを求めることとなる。

　このように、司法の近代化を西欧法の継受、移植としてとらえようとするのが一般的な見方であるが、これとても、大きな流れというべきものを見ているにとどまるのであり、その流れにさお差す個別の立法についてみれば、①当時の国情により、西欧法を大きく修正して取り込んでいるため、継受性の度合いが薄いもの（例えば、審級・上訴制度）があり、また、②一見西洋法系に由来するように思われていながらも、実は東洋法系の伝統が根強く浸み込んでいるものを見出すこともある（実体法であるが、前述の旧刑法（23頁））ということは、先学の指摘するところであり、さらに、③立法関係者が、近代への可能性を持つ旧幕期の思想によっておそらく培われたであろう優れた見識に基づき、継受法に対する透徹した取捨選択を試みている事例（例えば、後述の治罪法における陪審制の不採用　85頁）も指摘することができるのである。

以上のようなことを念頭に置きながら，本章は，司法機構の改革に重点を置いてみていくこととしたい。

## 2　司法省の設置

### 明治4年の太政官制改正と司法省

廃藩置県に伴って，明治4年7月29日太政官制が改正され，太政官は，正院，右院，左院の3院から構成されることとなったが，正院は，太政大臣，納言（後に，左右大臣と改める）及び参議から成り，国政の中心に立つものとして左右両院に優越し，「凡立法施政司法ノ事務ハ其章程ニ照シテ左右院ヨリ之ヲ上達セシメ本院之ヲ裁制ス」と定められ，左右両院の奏上する事項の採否，施行等に関しては正院の専権とされた。左院は「諸立法ノ事ヲ議スル」機関であり，議会制の萌芽の一つともみえるが，その議員の撰挙・罷免，議事章程及び院の開閉並びに議決に対する決裁はすべて正院の権限とされ，左院は実質上は単なる諮問機関にすぎなかったと評されている。また，右院は，各省の長官及び次官から成り，各省の長官が担当の事務に関して作成する法案その他の案件を審議して正院の決裁を求め，裁可の上で執行し，また，正院が諮る案件を審議し，異論があれば報告するなどの国務を担当する。省は，外務，大蔵，工部，兵部，司法，文部，神祇，宮内の8省から成り，従来の民部省は大蔵省に取り込まれた。そして，各省の長官である卿は，正院を構成する大臣・参議の下にあって，全体として右院を構成し，右院を通じて正院と対応するという立場に置かれる。ここでも正院の優位は明らかである。このうち司法省は，新太政官制の発足に先立ち，同年7月9日に設置され，従来刑部省及び弾正台が取り扱っていた事務を引き継

## 2　司法省の設置

ぎ，また，同年9月14日，大蔵省から聴訟事務を引き継いだ。

### 司法卿の権限（江藤新平の就任）

　司法省には，卿及び大輔・少輔を置き，卿，大・少輔は，「執法・申律・折獄・断訟・捕亡」の事務を統括するものと定められた。「執法」は法令の執行，「申律」は法令の趣旨，意味内容などの解明，「折獄」は刑事裁判，「断訟」は民事裁判，「捕亡」は犯罪人・逃亡者の捕縛をいうものと解される。司法省は，発足の当初は卿の任命がなく，前刑部大輔佐々木高行，次いで宍戸璣が司法大輔に任ぜられて省務を統括していたが，明治5年4月27日，左院副議長であった江藤新平が初代司法卿に就任した。

　江藤は前年春に立案した官制改革案の中で，司法の在り方について次のように述べている。「刑部は天下司平の処〔社会の平安を維持する機関〕にして，獄訟刑罰の権悉く此の一省に帰すべし。然るに今弾台隠然として刑部司法の権を干し，府県藩亦各断獄聴訟の権を分てり。刑部は只都府一隅の事に任ずるのみ是刑部も亦徒名〔名前だけ〕に近し。宜しく釐正改革して〔制度を改めて〕法律一に出つる〔ママ〕の治に帰すべきなり。（中略）府藩県各所の裁判は，各郡に小裁判を置き，以て一切聴訟捕姦〔民事刑事の裁判〕の事に任し，知事は之に与り知らさるべし。」〔句点は引用者〕。江藤の目は，弾正台による刑部省の権限侵犯に注がれるとともに，各府藩県の有する司法権（この立案の時点では廃藩置県はまだ行われていない）に向けられる。江藤が力説したのは，形成中の新国家への司法権の強力な統合であった。今，江藤はその局に当たる司法省の長官に任ぜられたのである。とはいえ，明治4年7月の改正太政官制の下において，司法の影は余りにも薄い。司法は，司法行政と裁判の未分化のまま司法一省がこれを担当し，しかも，各省の上位にある正院が，立法，施政と同様に，「司法ノ事務

ハ其章程ニ照シテ左右院〔司法卿は右院に属す〕ヨリ之ヲ上達セシメ本院之ヲ裁制ス」というのであり，司法権の独立性などほとんど顧みられていない。このような制約の下で，司法をいかに構築するかが江藤の課題となる。

## 3　地方の裁判権の接収

　前記のとおり，司法卿の任務の一は，「断訟」「折獄」すなわち民事，刑事の裁判をつかさどることにあり，したがって，従来各府県が処理していた聴訟断獄事務は，これを司法省に接収しなければならない。そこで，司法省は，明治4年8月（江藤就任前であるが），まず，東京府の聴訟断獄事務を接収した。すなわち，従来の東京府聴訟・断獄両詰所（同所の聴訟断獄事務の統括者は権大参事玉乃世履）を司法省出張所に替え，司法省官員が同所に出張して，事務を取り扱うこととなった。そして，同年12月，司法省内にこれを移し，別局として，**東京裁判所**と称する裁判所を設けた。その管轄区域である東京府の範囲をみると，東京府が開設された慶応4年（明治元年）7月当時は，江戸南北町奉行所が管轄していた朱引内（北は巣鴨・駒込，東は本所・深川，南は品川・高輪，西は四谷・牛込などに囲まれた範囲）の町地を指したが，やがて，その範囲が拡張されていった。また，従来，鉄砲洲の東京開市場（築地外人居留地）に置かれた運上所で，東京府官員が外国人関係の訴訟（外国人から日本人に対する民事訴訟及び外国人が被害者である日本人の犯罪に対する刑事訴訟）を裁判していたが，明治5年2月，改めて**東京開市場裁判所**と称し，司法省官員が同所に出張して事務を取り扱うこととした。

　さらに，東京府の裁判事務接収の受け皿とした東京裁判所の系列の裁判組織の拡張として，明治5年3月，**各区裁判所章程**を定め，東

京府下6大区に3箇所の区裁判所を置いた。区裁判所は，刑事は笞
刑・杖刑以下に当たる罪に関するもの，民事は「婚姻田宅家屋畜産
貿易借貸等」の事件を審理する。ただし，元金額百両を超えるもの
は東京裁判所に移送する。区裁判所の裁判に対する不服があれば，
東京裁判所に上告することができると定めた。起草に当たった司法
省の伺は，同章程は，東京裁判所が繁忙のため「西洋三等裁判所ノ
例ニ倣ヒ」立案し，民刑の訴訟を迅速に処理し，「人民ノ便」を図っ
たものであり，順次全国的な配置を予定しているとしている。西欧
法に示唆を受けて試作した少額簡易裁判所の始まりとして注目され
る。同章程は，やがて，明治5年の司法職務定制第17章各区裁判所
章程に吸収される。

　明治6年2月には，東京開市場裁判所の刑事裁判事務を東京裁判
所の所管に移した。民事裁判事務は，その後も東京開市場裁判所が
行っていたが，同裁判所は明治8年7月東京裁判所に併合され，そ
の外国掛が「外国交渉ノ事務」を処理することとなった。

　このようにして，東京府の聴訟断獄事務は司法省に接収されたが，
他の府藩県では依然として，府藩県が聴訟断獄事務を取り扱ってい
た。廃藩置県後の明治4年10月の府県官制，同年11月の県治条例
が府県における裁判の執務体制のあり方を示した (29頁) のも，司法
省設置当時，府県が聴訟断獄事務を取り扱っている現実に即した規
制の一端をあらわすものに他ならない。

column 2

## 江藤新平

　江藤新平は，天保5年肥前佐賀藩士の家に生まれた。成人して藩の職務に就いたが，脱藩して勤皇運動に携わり，藩から永蟄居の処分を受け，赦免復職した後，慶応4年1月戊辰戦争勃発のさなかに上京，同年閏4月新政府の徴士に任ぜられ，以後，主として中央にあって，要職を歴任した。彼の生涯，業績を知るコンパクトな著作の一つとして，毛利敏彦・江藤新平〔中公新書〕(中央公論社，昭和62年) を挙げておく。江藤の活動を司法関係に絞ってみてみよう。江藤は明治2年11月に太政官中弁に任ぜられ，3年2月制度取調専務として，国政全般に係る制度の立案を担当することとなり，同年7，8月頃，国政の在り方に関する答申書を大納言岩倉具視に提出した。その中で，三権分立を国政の要とし，三権のうち「司法は此の二体〔立法行政〕と屹然として別れ，自立して他を顧みず，只管律例に準拠して裁断をなす可きなり」と司法の「自立」を強く主張する。同年閏10月，大久保利通と共に右大臣三条実美に提出した「政治制度上申案箇條」の中では，「天下の法」(国家法) を掌る「司法台」の構想を打ち出し，刑部省と弾正台を合わせて一等裁判所である司法台を置き，その下に全国8箇所の二等裁判所，府藩県の三等裁判所，郡坊の四等裁判所を設け，このようにして国の裁判所を組織化し，「天下の法」を適用すべきものとした。さらに，明治4年春に提出した官制改革案の中で，本文で述べたように司法の一元化を強く主張している。これより先，明治3年9月江藤は太政官制度局に民法会議を設け，自ら主宰して民法典の編纂作業を開始した。明治4年7月立法審議機関である左院の設立に伴い，翌8月制度局は左院に移管され，民法編纂事業は左院に引き継がれた。制度局における作業は，制度御用掛を兼ねた大学中博士箕作麟祥が翻訳するフランス民法典の条文を下敷きにして逐次議論を重ねていき，人事

編中，私権の享有及び身上証書に関する「民法決議」を作成している。明治4年7月文部大輔に転じた江藤は，同年8月左院一等議員，次いで左院副議長に就き，左院における民法編纂作業を続行し，明治5年より7年にわたり左院の草案が作成されているが，編纂作業の途中である明治5年4月江藤は司法卿に転じた。そして，その以前から司法省明法寮で始まっていた民法編纂作業が江藤によって再組織され，明治6年3月「民法仮法則」前加条目6箇條，身分証書88箇条が作成された。その後の民法編纂事業の推移は省略するが，以上のように江藤が我が国の民法編纂事業の礎を築いた功績はまことに大きいものがあると評価されている。

江藤が司法卿就任後推進した裁判所の新設等の諸施策は，当然司法省経費の増額を必要とし，明治6年度の予算として要求した96万余両をめぐって，大蔵大輔井上馨との間で激しいやりとりがあり，明治6年1月江藤は断然辞表を提出するに至った。辞表に記された法並びに司法の役割に関する約4000字に及ぶ所見の先見性は時代を抜くものがある。正院は辞表を却下し，司法省の予算要求は大筋において容れられた。やがて，江藤は参議に列せられたが，いわゆる明治6年の政変により参議を辞任した。明治7年1月左院に提出された「民撰議院設立建白書」に署名した翌日，佐賀に向かって離京，同地で佐賀の乱に加わり，同年4月13日死刑の判決を受け，即日執行された。享年40歳，人物について毀誉褒貶相半ばするが，気概をみなぎらせて明治初年を駆け抜けた人生であった。

## 4 「司法事務」の公布

明治5年4月司法卿に就任した江藤新平は，司法事務の在り方に関し，翌5月20日付け「司法事務」と題する司法省伺を正院に提出

した (22日裁可)。次のような箇条から成る。

「第一条　本省ハ全国ノ裁判所ヲ総括シ諸般ノ事務ヲ掌ル但シ裁判ノ事ニ関係スルコトナシ

　第二条　上裁ヲ仰クヘキ事件ハ総テ本省ヨリ奏請スヘシ

　第三条　卿輔〔司法卿, 大・少輔〕ノ任ハ裁判官ヲ総括シ新法ノ草案ヲ起シ各裁判所ノ疑讞〔科刑の疑義〕ヲ決シ諸裁判官ヲ監督シ進退黜陟〔功績の有無による処遇〕スルノ権アリ

　第四条　諸裁判官軽重罪ヲ犯ス時ハ本省ニオイテ論決スヘシ

　第五条　事件政府ニ関係スル犯罪ハ卿輔聴許セサレハ裁判官論決スルヲ得ス」

「司法事務」は，第1に，将来に向けた施策として，国の裁判所の「全国」展開を打ち出す (第1条本文)。構想は壮大であり，その後数年をかけて順次実現されていく。第2に，司法省が全国の裁判所の諸般の事務を担当するが，裁判事務そのものには関係しないとした (第1条ただし書)。しかし，この箇条だけでは，裁判所と司法省の相互的な位置付け，すなわち，裁判所が司法省内の一部局にとどまりながら，司法省が「裁判ノ事ニ関係スルコトナ」きことをどう担保するか明らかでなく，この条項を司法権の独立性を表明したものと評価するのはためらわれる。かえって，第2条，第3条，第5条によれば，裁判に対する本省の統制，指導の権能が留保され，それが裁判官の職務上の独立に対する著しい制約として反応することは明らかであるし，また，裁判官の監督，進退黜陟は卿輔の裁量に委ねられ，その身分保障は不十分である。このように「司法事務」が，幾つかの負の要素を帯びていることを否めないのであるが，新国家による裁判権統合への確乎たる意思を表明した点は開明的といわなければならないであろう。

江藤は，次いで，同年6月9日,「司法省の方針を示す書」を起草している。その要旨は，民事訴訟を迅速衡平に処理し，また，犯罪人を必ず捕らえて，適切に処断することが本省の職務であり，この職務を遂行するために，長官を始めとする本省の役職を設けるとともに，裁判所を置き，判事をして民刑の裁判を担当させ，検事にその裁判の監視をさせ，さらに，明法寮を設けて既存の法律及び新立法の正否を検討させることとするというのである。明法寮の設置を含め，前述の「司法事務」を具体化すべき設計概要を提示したものである。

## 5　司法職務定制の制定

　江藤が司法卿に就任した3箇月後，我が国の司法制度に関する最初の統一的法典である**司法職務定制**（明治5年8月3日太政官無号達）が公布された（9月1日より施行）。司法省において特急作業で作成したものであり，司法省の組織・権限，判事・検事の職務・権限，司法警察，代言人・代書人らの職務，各裁判所の組織・権限，明法寮の職務・権限その他を含む22章108箇条から成る。以下に，その内容を見てみよう。

### 司法省──その裁判所統括

　「司法省ハ全国法憲ヲ司リ各裁判所ヲ統括ス」（第2条),「省務支分スル者三トス　裁判所　検事局　明法寮」（第3条),「裁判所ヲ分テ五トス　司法省臨時裁判所　司法省裁判所　出張裁判所　府県裁判所　各区裁判所」（第4条)。これによれば，司法省は，裁判を含む広義の司法事務を全国的に統一して担当する国家機関であり，裁判所，検事局及び明法寮はそれぞれ省務の一として各職務を分担する。そ

して，**各裁判所**に対する**司法省**の「**統括**」は，司法卿が，①「各裁判所一切ノ事務ヲ総判シ諸官員ヲシテ各々其職ヲ尽サシム」，②裁判所の建設の便宜，科刑の疑義の審査・決定，「重要ナル罪犯ノ論決ヲ総提ス」，③「制可」〔天皇の裁可〕を請う案件は卿が上奏し，専決し得る案件は卿において便宜処分する，④正院が命ずる奏任の進退について意見具申し，判任以下は卿において専決する（第5条卿の項），また，⑤本省に断刑課を置き，各裁判所からの断刑伺に対する指令を担当させる（第21条）などの規定に具体化されている。このような形で各裁判所の裁判事務そのものにも司法省の「統括」が及ぶものとされているのは，前述のように，明治4年7月の改正太政官制において，正院が「司法ノ事務」をも「裁制ス」るという国制の基本的な仕組みの中において，裁判所も，正院「裁制」下の司法省の省務の一分担機関とされていることによる必然的な姿であり，この点において，司法職務定制と明治8年以後の改革による裁判所構成法制との連続性のはっきりとした欠如をみるのである。しかし，他面において，司法職務定制が裁判所の全国的配置と審級制の基本的構図を示すとともに，司法の担い手をこれに配し，その後の裁判所構成法制の整備に向かう第一歩を印したことは十分に評価しなければならない。

### 裁判所の組織及び権限

裁判所の構成として，**中央政府**（＝司法省）**指導型の上訴手続**といわれるものが各審級の連結環となっているほか，**司法省による裁判事務**「**統括**」が様々な局面で顕著にみられる。

（i）**司法省臨時裁判所** これは「国家ノ大事ニ関スル事件」及び裁判官の犯罪を審理するため臨時に開廷する裁判所とされた。したがって，裁判官は常置せず，臨時判事が審判を担当する（第44条，第45条）。さらに，明治6年5月2日太政官無号達による改正太政官職

制章程中の正院事務章程において，太政大臣，左右大臣，参議（「内閣ノ議官」）より成る正院に一層権力を集中することとした一環として，「凡ソ裁判上重大ノ訟獄アレハ内閣議官〔＝参議〕其事ヲ審議シ或ハ臨時裁判所ニ出席シテ之ヲ監視スル事アルヘシ」という重大な条項が加わった。

司法省臨時裁判所と司法省裁判所の関係については，短い期間に綻びを縫うように規定が重ねられる。①明治6年12月，(ｱ)司法省臨時裁判所が司法省裁判所の裁判に対する「覆審(ふくしん)」を担当することが加わり，(ｲ)司法省裁判所の裁判に不服の者は司法省臨時裁判所に「上告」すべきであり，各地方の裁判所及び各地方官の裁判に不服の者は，司法省裁判所に「上告」するにとどまるとされる。②明治7年5月の民事控訴略則は，特に「民事」と限定して，(ｱ)府県裁判所又は同裁判所未設置の県の裁判に不服の者は司法省裁判所に「控訴」することができ，(ｲ)司法省裁判所において初めて受けた裁判に対しては，臨時裁判所に「控訴」することができるとする。(ｱ)の「控訴」に基づいて司法省裁判所がした裁判に対しては，臨時裁判所に「控訴」することはできないという含みである。③明治7年9月には，民事及び行政訴訟に関し，(ｱ)「地方裁判庁」（府県裁判所及び同裁判所未設置の県）が始審の裁判をなし，これに対する「控訴」は司法（省）裁判所において「終審ノ裁判」をなすべき訴訟と(ｲ)司法省裁判所において始審の裁判をなし，（これに対する上訴は）臨時裁判所において「終審ノ裁判」をすべき訴訟という二つの訴訟類型を打ち出し，それぞれに属する訴訟を具体的に挙げて，司法省裁判所と司法省臨時罪判所の審級管轄関係を明確化した点（第5章参照）が実務上有益であったと思われる。

(ii) **司法省裁判所**　　常設裁判所の最上級裁判所であり，別に所

長を置かず，司法卿が所長を兼ねる (第46条　この司法卿の兼務は明治6年12月に廃止)。広く府県裁判所の裁判に対する「上告」を審判することを本務とする (第47条)。他に，府県裁判所の民刑事の難件を「断決」し (第48条)，また，司法卿の命を受け勅任官，奏任官及び華族の犯罪に対する審問を行い，罪によりその位記を奪うべきものは本省を経て奏請するという補充的事務を処理する (第49条)。なお，法律に照らして判断し難い科刑の疑義及び死罪については本省に伺い出て，その指令をまたなければならない (第50条)。

司法職務定制が設ける司法省裁判所以下の裁判所には，民事を取り扱う聴訟課と刑事を取り扱う断獄課が置かれる。現在でいえば，民事，刑事の裁判部である。各課の取り扱う訴訟手続，すなわち，民事では，目安糺、初席、落著、刑事では，初席、未決中、口書読聞せ、落著というそれぞれ一連の手続の細則が設けられている (第51条, 第52条, 第64条, 第65条, 第74条, 第75条)。前者には江戸時代の出入筋 (民事手続を主体とする) の手続の形が多分に残っており，また，後者は江戸時代の吟味筋 (刑事手続) の形式を引き継いだ明治3年の獄庭規則 (23-24頁) と大差がないものであると説明されている。このように，司法職務定制中には，裁判所構成法規と民刑の訴訟手続法規が併存していたのである。

(iii) **出張裁判所**　東京近傍より遠い地方に司法省裁判所から出張する幾つかの裁判所を設ける。出張裁判所という。出張裁判所は，遠隔地方の幾つかの府県裁判所の裁判に対する「上告」などを審判する点で司法省裁判所と同じ権限を持つ (54条, 55条) とされたが，府県裁判所の (全面的な) 設置を待って便宜設置すると定められていたため (第14章前文ただし書)，結局未設置のまま終わった。

(iv) **府県裁判所**　府県に，府県名を庁名の始めに付した府県裁

判所を置く。府県裁判所は、民事の事物管轄は概括的であり、刑事は流以下の刑を科することができるが、他に後述の各区裁判所から送致される案件を取り扱う。「重大ノ詞訟」のほか「他府県ニ関渉スル事件裁決シ難キ者」は本省に伺い出なければならない。死罪及び疑獄(成否が明らかでない犯罪)は本省に伺い出てその「処分」を受ける(後、明治6年8月、「懲役終身」以上は本省に伺い出て処断すべきものと改正された)。府県裁判所の裁判に服しない者は「本省〔司法省裁判所〕ニ上告スル」ことができるが、上告はその裁判所の検事を経由しなければならない(第58条~第60条)。明治7年5月の前掲民事控訴略則は、民事につき府県裁判所又は裁判所未設置の県庁の裁判に服しない者は司法省裁判所に「控訴」することができると定めていた(同じ上訴を「上告」「控訴」と二様に表現している)。

　府県裁判所の設置状況をみると、明治5年中には、神奈川、埼玉、入間の3県(8月)、足柄、木更津、新治、栃木、茨城、印旛、群馬、宇都宮の8県(8月)、山梨、兵庫の2県(9月)、京都、大阪の2府(10月)に府県裁判所が設置され、先に設置された東京裁判所と併せて3府13県にとどまった。その後、新設が続くが、未開庁、統廃合があり、また、未設置の県が残り、これらの県では、依然として地方官による裁判(28頁)が行われていたことがこの時期の特色である。

(v) **各区裁判所**　　各区裁判所は、府県裁判所に属し、地方の便宜により設け、その地名を庁名の始めに付し、その区内の聴訟断獄を取り扱う。民事で元金百両を超えるもの、百円以下であっても裁決し難いものは府県裁判所に送致し、また、「他ノ区ニ交渉ノ詞訟」は被告の(所在地を管轄する)裁判所、「他府県ニ交渉ノ詞訟」は百両以下でも府県裁判所の各管轄とする。刑事の科刑は笞杖に止まり、審理して徒以上の罪と判断される場合は、府県裁判所に送致しなけれ

ばならないし,杖(じょう)以下であっても裁決し難いものも,これと同じである。各区裁判所の裁判に服しない者は府県裁判所に「上告」することができるが,上告はその裁判所の検事を経由しなければならない(第69条〜第71条,第73条)。

各区裁判所の設置状況をみると,明治5年中では,埼玉裁判所管内の行田,粕壁(かすかべ),入間裁判所管内の深谷,大宮,印旛裁判所管内の佐倉,関宿,足柄裁判所管内の韮山(にらやま),新治裁判所管内の小見川(8月),木更津裁判所管内の大網,勝浦,北条(9月),山梨裁判所管内の谷村(10月),兵庫裁判所管内の西宮,京都裁判所管内の淀,園部(11月)の15庁(ただし,同年中,関宿区裁判所廃止)であり,その後新設,廃止が続く。なお,当時,司法職務定制に規定がない府県裁判所の支庁について,明治5年11月,これをすべて区裁判所と改称することとした。

### 裁判の公開

司法職務定制によって新たな裁判所が設けられる以前の明治5年5月,司法省は,同省の裁判所及び前述の東京裁判所における民事の手続の全部及び刑事の手続のうち科刑の申渡しを新聞紙出版人に「差入聴聞(さしいれちょうもん)」(傍聴)を許したいという伺を出し,正院の承認を得た。裁判の公開の始めとして注目されるが,その承認には,各府県に通達することは見合わせるようにとの条件が付いていた。同年11月には,司法省は,戸長(明治5年4月,旧来の庄屋・名主に代わり,町村等の行政及び戸籍事務を担う職制と定められた)及び副戸長に,願いの上,裁判所へ「差入聴聞」を許した。明治6年2月の断獄則例第5則は,刑事法廷にこれらを取り入れた。その後,明治7年5月裁判所取締規則第8条(同年10月改正の正条)は,「裁判ノ時公聴ヲ許サレタル者ハ人々皆沈黙敬聴スヘシ 但裁判官審問ノ際公聴ノ者若シ紛闘(ふんどう)〔騒がしい〕ニシテ審問ノ妨礙(ぼうがい)〔妨げ〕アリト思量(しりょう)スル時ハ便宜ヲ以テ訴訟口詰(そしょうくちづめ)〔延吏〕

ニ命シ公聴ノ者ヲ退カシム可シ」とした。この条文を含み、傍聴の在り方について細かく規定する同規則は、実施の状況に照らしてか、司法省達によって数度にわたり改正の手が加えられている。その後の推移は、後述する(62頁)。

### 🔹 裁 判 官

(i) **職制** 裁判官として、判事と解部(ときべ)が任ぜられる。判事には、**大判事・権(ごん)大判事・中判事・権中判事・少判事・権少判事**がある。判事は、第1に、法律に従い聴断(聴訟(民事訴訟)断獄(刑事訴訟))を担当し、審理の滞り、無実の者を処断することのないようにする責任があり、第2に、天皇の裁可を奏請すべき案件及び科刑の疑義は司法卿の決定をまつこととし、たやすく論決することはできない。第3に、各裁判所に出張して、事務の繁閑により聴訟断獄を分担処理する(第20条第1段)。また、解部には、**大解部・権大解部・中解部・権中解部・少解部・権少解部**があり、各裁判所に出張して聴訟断獄を分担処理する(同条第2段)。各区裁判所は解部の専任である(68条)。これらの裁判官は後述の検察官とともに、司法本省に属し、各裁判所に出張して聴訟断獄に係る事務を処理するという執務形態をとっている。

(ii) **地方官の解部兼任** しかし、以上の要員の確保はなかなか困難であった。司法省は、明治5年8月、司法職務定制の施行に先立ち、①各県に府県裁判所を設置する場合、同裁判所の所長及び判事の「在勤」を申し付けるべきところ、70余箇所(明治5年12月時点で3府69県、他に琉球藩がある)について判事を一時に得ることは難しいため、府県裁判所を設置することとした県に判事の「出張」を申し付けるまで、従来その地方で聴訟断獄課を受け持っていた典事(てんじ)、権(ごん)典事(府県において権参事(奏任官7等)に次ぐ8,9等の判任官)を司法省職員である解部(判任官)に任じ、これを司法事務に当たらせること、②このように

して，裁判所設置の県の司法事務の担当を決めた場合，従来，裁判所未設置の時は，県令，参事が，死刑のみを中央に伺い出，流刑(るけい)以下は委任されたものと取り扱ってきたのを改め，新たに，流刑以上は伺い出，徒刑(とけい)以下を委任されたものとすること，③以上に対し，府県裁判所未設置の府県の権限は従前と変わらないものとしたいとの伺を出し，正院の承認を得ている。

(ⅲ) **裁判官の員数**　当時裁判官の員数は限られており，明治5年5月改訂の官員全書・司法省によると，同省在籍の権大判事2名，中判事4名，権中判事10名，少判事7名，権少判事12名，大解部19名，権大解部9名，中解部8名，権中解部10名，少解部2名，総員83名にすぎない。

## 検　察　官

(ⅰ) **「検事局」の呼称の誕生**　司法職務定制は，裁判所，明法寮とともに司法省の省務を分担するものとして，「検事局」を挙げており (第3条)，明治6年6月の司法職務定制の改正において，第7章の章名を「検事章程」から「検事局章程」に改めているが，「検事局」の所掌事務は明らかでなく，それが，「検事職制章程ニ依リ一切ノ検務ヲ掌ル」と定められたのは，明治10年1月の同省局課分掌の規程になってからである。他方，本省の検事局とは別に，明治6年中，(ア)各府県裁判所へ司法省から出張する検事等の検察職員の一団を「──裁判所出張検事局」と呼び，その職務分担を定め，さらに，(イ)「各府県裁判所検事局」に支局並びに検事臨時出張所を置く旨の措置がそれぞれとられ，これにより，後に明治9年代以降幾つかの裁判所に設置される「検事局」の前駆的な機構が形成されたことが知られる。そして，司法職務定制が，正権大検事が各検事を監督し，各検事検部の上申するところを司法卿に上げ，司法卿の指令を下部

に通達すると定めた点(第23条)が、後に、**検事一体性**の標識の一つとされたものに近く、そこに、統一的組織体としての検察という観念の萌芽をみるのである。

(ii) **検事の職務**　ところで、司法職務定制は、「検事章程」(→「検事局章程」)と題する章(第7章)の冒頭に、「検事ハ法憲及人民ノ権利ヲ保護シ良ヲ扶ケ悪ヲ除キ裁判ノ当否ヲ監スルノ職トス」と述べて、検事を法及び人民の権利の擁護者として位置付け、裁判の当否を監視することをその主要な任務として掲げた。裁判の「稽滞冤枉」(滞り、えん罪)のおそれを検事の監視により防止するというのである。それとともに、「検事ハ裁判ヲ求ムルノ権アリテ裁判ヲ為スノ権ナシ」(第31条)として——必ずしも明確に国家訴追主義の原則、殊に不告不理の原則(公訴の提起がない限り裁判所はいかなる事件についても審理判決し得ないという原則)を表明したものではないとしても——検事が訴追官である立場を打ち出したこと、検察は「罪犯ノ探索捕亡」(司法警察)の総指揮をとるが、予防警察には関わらないとしたこと(第22条)など新時代の検察像を描き出した点は鮮やかである。検察を語るとき現れるこれらのファクターは、後に続く検察立法において、あるものは繰り返し踏襲され、あるものは背景に後退したり、変容したりして、時々に微妙に異なる像を結びながら、治罪法、さらには裁判所構成法上の検察(87, 189頁)へと造型されていくのである。

(iii) **検察官の職制**　司法職務定制において、検察官として、検事及び検部が任ぜられる。検事には、**大検事・権大検事・中検事・権中検事・少検事・権少検事**がある。検事は、第1に、各裁判所に出張して聴断の当否を監視する。第2に、検事の司法警察上の職務は、犯罪の糸口が現れた時に始まり、これに対処することにあり、犯罪の発生を未然に防ぐ予防警察には関わらない。第3に、検事は、罪犯の

探索捕縛（司法警察）の総指揮をとる（第22条第1段）。また，検部には，**大検部・権大検部・中検部・権中検部・少検部・権少検部**があり，各裁判所に出張して検事の指揮を受け，その事務を代行し，聴断を監視し，罪犯の探索を掌る等の職務を行う（同条第2段）。

(iv) **検察官の員数**　明治6年1月改訂の官員録に載っている司法省在籍の検察官は，大検事3名，権大検事6名，中検事4名，権中検事4名，少検事3名，権少検事3名，大検部1名，権大検部13名，中検部16名，権中検部8名，少検部2名，権少検部4名，総員67名であり，特に検部で警保寮（明治5年8月司法省に設けられた行政警察機構）の職員を兼ねる者が半数以上を占めているのは，検察が予防警察に関わらないこととの整合性が問われるところである。後，明治7年1月警保寮は内務省に移管される。

### 明 法 寮

明法寮は，新法令草案の起草，各国法の研究，法令集の編纂，各裁判所の断刑伺いに対する検討結果を，司法卿の印を受けた上，断刑課に交付する職務を担当する。ほかに生徒の教育に当たる（第78条～84条）。明法寮の設置は，司法職務定制以前の明治4年9月27日付け沙汰による。司法省の設置伺は，次のような趣旨を述べている。「法律〔学〕は西洋各国でも専門学科の最たるものであり，それにより，訴訟手続の運用と均衡のとれた刑罰の適用の仕方を会得しなければ司法の任に当ることはできない。しかも，この度の政体の変革により司法官を各地に分けて配置するためには，多数の人材を必要とする。その育成は至急を要し，明法寮を設置し，法律を学ぶ志のある者を集めて業を終えさせ，それらの者を選抜して地方に分遣する基礎となし，本省の事務を活発にする目的を達したい。」というのであり，明法寮の設置は，当初は，司法官の養成を目的としたもの

であった。しかし、司法職務定制においては、明法寮は、上述のような法制の基本的な在り方を検討するこを任務とし、裁判所、検事局と並んで省務を分かつ部局として重視され、司法官の養成のため法学教育を行うことは、その任務の一つとされたものである。明法寮の法学校は、明治5年7月開校され、生徒20名に対し、フランス語を含む一般教養科目に次いで、フランス法の講義が行われたが、明治8年5月明法寮は廃止され、その時点での生徒15名は司法本省に引き継がれた。明法寮の法学校の法学教育は、当時模範とされたフランス法によるものであり、教鞭をとったのは、国が雇用契約を結んで招いたパリ控訴院弁護士ブスケ（Georges Hilaire Bousquet 1846～1937）及びパリ大学法学部アグレジェのボアソナアド（Gustave Émile Boissonade de Fontarabie 1825～1910）であった。

### 代 言 人

司法職務定制は、各区に**代言人**を置き、自ら訴えることができない者のために、代わってその訴えの事情を陳述させ、「枉冤」（おうえん）（ゆがみ、曲がり）のないようには図らうが、代言人を用いるかどうかは本人の自由であるとした（第43条）。

明治6年7月の**訴答文例**（そとうぶんれい）（同月17日太政官第247号布告）は、民事訴訟の訴状、「答書」（答弁書）の作成方式のみならず、訴訟手続に関する事項も含み、代言人に関する規定を設けている。すなわち、原告被告とも代言人を選任して代理をさせることができるが、原告が訴状を作成する場合には、必ず**代書人**（各区に置かれる）を選任して代書させなければならず、被告も答弁書は必ず代書人に代書させなければならないとして、司法職務定制が規定していた代書人選任の自由を実質的に変更した上、原告が代言人を用いる場合でも、訴状を作成するのは代言人ではなく代書人であり、被告の答弁書についても同様

であるとし，代言人の権能を制約していた。しかし，明治7年7月，これらの文書の作成に代書人を用いるか，自書するかは，本人の自由であると改め，さらに，明治9年2月，訴答文例中上記の代言人に関する規定が廃止されるとともに，同月22日，後述の代言人規則（司法省甲第1号布達）(66頁）が公布された。

> **column 3**
>
> ### ブスケ
>
> ブスケ（Georges Hilaire Bousquet）は，1846年3月パリで生まれ，パリ大学法学部を卒業後，パリ弁護士会所属の弁護士になった。明治4年12月3日（1872年1月12日），鮫島尚信少弁務吏との間で，日本政府の法律顧問及び法学教師を勤めるという雇用契約を結び，明治5年2月（1872年3月）来日した。当時26歳の少壮法律家である。ブスケが司法省官員を相手に行った講述をボアソナアドのそれと併せて訳出した司法省蔵版「質問録」という3冊から成る文書があるが，その中で，ブスケは，フランスの裁判所の構成，民事及び刑事訴訟の審級，事物管轄，訴訟手続の概要とその主体，検察官（「目代官員」），フランス司法省及び「司法卿」の職務権限及び省組織の詳細を説くとともに，フランス司法制度の根幹に触れて，「フランスにおいては，革命以来，立法行政司法の『三権ハ皆国民主治ノ本意ニ原ク』ものであり，司法権は，諸裁判所が『仏国人民ノ名ヲ以テ』民刑の裁判を行い，行政もこれを変更することはできないが，裁判所もまた自らその構成を定めることは許されず，裁判所の設置，裁判官の任命，交替，事務取扱の『監察』は司法卿がその任に当たり，その監察は『プルキュロールジュネラル大検事ニ当ル』に指令してこれを行う。」と説明している。述べているところは，今日では自明の，当時のフランスの司法制度とその基本観念であるが，明治初年の我が官員らに啓蒙的に語られた意義は少なくない。

ブスケは，明治5年7月に開校され司法省明法寮において法学の講義を担当することとなった。次いで，司法省の顧問として，立法に参与する目的で雇い入れられ，法学教育の担当も口約したボアソナアドが明治6年11月来日し，やがて，ボアソナアド，ブスケが担当する法律学専門の授業が開始された。以上の講義内容はフランス法中心であるというほか詳細は不明である。明法寮は明治8年5月廃止され，そこでの法学教育は司法省法学校に引き継がれ，ブスケ，ボアソナアドの講義も同校で継続して行われが，ブスケは，明治9年3月帰国の途についた。明法寮の生徒として入学した加太邦憲は，その著「自歴譜」(岩波文庫)の中で，ボアソナアドとブスケの講義を対比し，ボアソナアドは，識見豊富のため述べたい事柄が頭脳に湧き出て止まることを知らず，その講述は初学の者には了解し難く，当初は困ったが，これに反し，ブスケは「年若く，従って学問未だ深からざれば，講義の事項を予め調査し，覚書を作りて講ずることなれば，秩序ありて初学の者にも解し易かりき。もしブ一年有半の薫陶なかりせば，とてもボの講義は予らに了解し能わざりしならん。」と述べている。

　ブスケには，司法関係の他に，広く日本文化を紹介した《現代の日本》(1877)という著書(その翻訳，野田良之＝久野桂一郎訳・日本見聞記(みすず書房，1977年))がある。

　ブスケは帰国後，司法省の役職に就き，1879年コンセイユ・デタ(政府の法令案に関する諮問に応ずるとともに，行政裁判の最上級裁判所としての権限を持つ機関)の調査官となり，1886年同院の常任評定官となる。1898年大蔵省関税総監となり，コンセイユ・デタの方は特任評定官となった。その後も若干の公職に就き，1937年1月逝去した。

## 6　大審院の創設と諸裁判所の整備

### 大審院の創設

　司法職務定制による司法制度は，正院が優越的地位を占める明治4年7月の太政官制とほぼ同時期に発足したが (34頁)，その太政官制が，さらに明治6年5月，太政大臣，左右大臣，参議（「内閣ノ議官」）より成る正院（実質的には，参議によって構成される「内閣」）に一層権力を集中する形で改正され，その中で，「裁判所ノ権限ヲ定ムル事」が正院の掌る事務の一つとされ，また，「重大ノ訟獄」は，内閣議官が審議し，あるいは臨時裁判所に出席してこれを監視し得る (43頁) とされることにより，更なる制約が加えられたのであるが，その後の政治情勢により，司法制度に新たな局面が開かれることとなる。

　明治6年10月，いわゆる「征韓論」を巡る政府内の争いが，西郷隆盛，板垣退助，江藤新平ら5参議の辞職を招き，政府首脳が分裂し（「征韓論政変」），それが収拾されたのに続いて，明治7年4月，台湾出兵を機に，これに反対の木戸孝允(たかよし)が参議兼文部卿を辞任し，政府の弱体化が進むという状況の下で，政権の座を占める大久保利通(としみち)（参議兼内務卿）と木戸，板垣の間を周旋する機運が生まれ，明治8年1月下旬以降，大久保，木戸，板垣，伊藤博文，井上馨らが集まって，いわゆる**大阪会議**が開かれ，木戸と板垣の参議復帰が決まった。その席上，木戸は，国政に関わる機関として，第1に，元老院を上院，地方官を下院とする立法部，第2に大審院，第3に行政部をそれぞれ設けて三権を担わせ，それらの上位に内閣総理大臣，左右大臣，参議を据えるという行政権優位の政体の構想を示し，それを斟酌した上記関係者による取調案が上奏された結果，同年4月14日，元老院を設けて立法を担当させ，「大審院ヲ置キ以テ審判ノ権ヲ鞏(かた)クシ」，

地方官を召集して民情に基づき公益を図り,「漸次ニ国家立憲ノ政体ヲ立テ」る旨の詔勅が発せられ,同日,左右院を廃し,元老院,**大審院が設置される**に至った (太政官第58号,第59号布告)。同年5月9日大審院を旧明法寮の跡に仮設し,同月12日2等判事玉乃世履が大審院事務管掌者となる。

### 大審院及び諸裁判所の組織及び権限

このような新たな国制を具体化するものとして,明治8年5月24日の**大審院諸裁判所職制章程**など諸法令により,大審院を最上級審とする裁判所の組織及び権限が定められた。司法職務定制に代わる新たな裁判所構成法制の出現である。これにより,司法省の省務を分担する裁判所という司法職務定制による従来の位置付けが改められ,大審院以下裁判所は司法省から分れた別個の国家機関とされた。明治8年の改正は,何よりもこの「**司法の行政よりの機構的独立**」といわれる点に重要な意義を持つ。そして,これに連動して,同月8日には,司法省検事職制章程により,司法省及び検察官の組織と権限が再構成された。

裁判所の組織及び権限は,大審院諸裁判所職制章程 (明治8年5月24日太政官第91号布告) を中心に,**上等裁判所の配置及び管轄区域の定め** (同日太政官第92号布告),**控訴上告手続** (同第93号布告) に規定されている。これにより,大審院が最上級の裁判所として置かれ,下級裁判所として,上等裁判所及び府県裁判所が置かれる。このうち控訴上告手続は,民事,刑事の上訴手続法としての内容を兼ね備える。また,明治9年1月には,一種の非常上告の規定が定められた。

(i) **府県裁判所** ① 府県裁判所に,判事長1人,判事,判事補を配する (府県裁判所職制)。府県裁判所は各府県に1庁を置き,一切の民事及び刑事懲役以下の犯罪を審判する (府県裁判所章程第1条本文)。

判事が1人で審判する**単独制**である。ただ，府県裁判所が設置されたのは，3府59県中の3府12県(当初は新治県を含め全60県中13県であったが，明治8年中同県は廃止)及び北海道の函館裁判所管内(北海道11国86郡のうち渡島国〔7郡〕ほか9郡)のみであり，他の47県及び北海道の他の国郡には直ぐには設置されず，このように裁判所を置かない県では，地方官が判事を兼任するとされた(同条ただし書)。具体的には，県の令，権令，参事，権参事ら(いずれも奏任官)が判事を兼任し，判任官である地方官が裁判官を兼任する場合は，判事補を兼任するものとされた。明治8年11月の府県職制 並 事務章程中の職制末段には，これに対応して，「令或ハ参事ノ判事ヲ兼任シタル諸県ニ於テハ裁判事務取扱従前ノ定規ニヨルヘシ」とある。また，北海道の函館裁判所管外の国郡は司法省の統制下で開拓使(北海道の開拓を目的として設置された政府の行政機関)が裁判事務を取り扱った。この地方官らの裁判官兼任という異例な取扱いが解消するのは明治10年2月まで待たなければならなかった。しかも，北海道での例外は，その後もなお続いたし，沖縄，伊豆七島，小笠原島は，さらに長期間にわたり島吏あるいは行政官による裁判事務の取扱いが続いたのである。

② 府県裁判所の民事裁判に対して不服があれば，上等裁判所に**控訴**することができる(府県裁判所章程第2条)。刑事裁判については，「控訴ハ，民事ニ止マリ，刑事ニ及ハス」(控訴上告手続第2条)，違警罪の判決を除き，大審院に対する**上告**のみが許される(同第28条)とする。

③ 府県裁判所は，基礎的な下級裁判所として位置付けられたが，その権限には幾つかの大きな制約があった。すなわち，民刑事を問わず管轄の内外にわたるもののうち軽微のものは直ちに裁決してよいが，重大なものは，これを審理するとともに，司法卿に具申しな

ければならず（府県裁判所章程第3条），また，死罪に当たる事件は，「文案証憑ヲ具ヘ被告人ヲ勾置シ」，後述の上等裁判所の巡回判事を待たなければならず（同章程第4条，巡回裁判規則第4），終身懲役に当たる事件は，「擬律案ヲ具ヘテ」，上等裁判所の審査判断を受け，その後決行する（同章程第5条，上等裁判所章程第4条）。

④ 府県裁判所の支庁についての明文はなかったが，明治8年5月以降，府県裁判所に**支庁**を設ける例が現れ（東京裁判所では，同年9月，3箇所に支庁を設け，その権限を定める東京裁判所支庁管轄区分拝取扱仮規則が制定された），全国的にその権限を平準化しておく必要に迫られてか，同年12月，裁判支庁仮規則が制定された。規則は，支庁は，土地の便宜に従い，その区を画して設置すべきものとし（第1条），支庁の裁判は，民事は金額100円以下，刑事は懲役30日以下のものを取り扱い（40日以上100日以下に係るものは，事実の明白な場合は便宜処分し，明白でないものは「審案ヲ具シテ」本庁所長の決裁を取る）（第2条，第3条），民事において控訴するものは上等裁判所に（第4条），刑事において上告するものは大審院に提出するもの（第5条）とした。なお，民事は，金額の多少，事の軽重にかかわらず，訴訟当事者の求めにより**勧解**〔和解のすすめ〕すべきものとした（第6条）。さきに，司法職務定制においても，被告人から原告人に「和談」し，双方が気持ちを和らげて「解訟」（訴訟の終了）を願うときは，裁判所が双方共に押印した証書を取って，終わりとする手続が規定されていたが（第51条第12，第64条第5，第74条第4），裁判支庁仮規則の勧解は，和解内容の形成に裁判所が積極的に関与するという法意を窺わせる改正であり，後に続く和解手続の制度化の先駆として注目される。

⑤ 明治9年9月13日太政官第114号布告をもって，府県裁判所を改めて**地方裁判所**を置いた。そして，同月27日司法省達第66

号をもって，(ア)地方裁判所管内に**支庁**を設け，代理官を置き，本庁同様に当分府県裁判所章程に照らし事務を取り扱うべきものとし，ただ，死罪及び終審懲役につき上級裁判所の審査判断を求めることは，本庁所長の処分に属し，その他事情繁雑な案件についても所長の決済を得るべきものとし，また，(イ)本庁及び支庁管内に**区裁判所**を置き，前掲裁判支庁仮規則を改めて区裁判所仮規則とし，これに改正を加え，原則として，民事は金額100円以下，刑事は懲役3年以下のものを取り扱い（第2条，第3条），民事において控訴するものは上等裁判所に（第4条），違警罪を除くほか刑事において上告するものは大審院に提出するもの（第5条）と定め，なお，区裁判所においては，民事は，金額の多少，事の軽重にかかわらず，詞訟人の請願に任せ勧解すべきものとし（第6条），同年11月，司法省は，「民事ノ詞訟ハ可成丈ケ〔成可丈ケ〕一応区裁判所ノ勧解ヲ乞フ可」という積極的な運用指針を示した。

⑥　明治9年9月に置かれた**地方裁判所**は23庁であり，この地方裁判所が3府35県及び北海道函館裁判所管内を管轄することとした。したがって，東京裁判所は東京府と千葉県を，京都裁判所は京都府と滋賀県をというように1庁で2府県以上を分轄する庁もあった。ただ，明治9年中には，地方裁判所の本庁が置かれなかった16県すべてに支庁が設置され，また，本庁が置かれた県にも，支庁が置かれる例もあったことは，先行研究が指摘しているところである。

(ii)　**上等裁判所**　①　上等裁判所に，長1人，判事，判事補を配する。所長は「随時各庭〔民刑の審判廷〕ニ臨ミ重要ノ事件ヲ聴理」することができる（上等裁判所職制）。上等裁判所は東京，大阪，長崎，福島（明治8年8月宮城県に移る。）の4箇所に置き，府県裁判所の裁判に対する控訴を審判する（上等裁判所章程第1条）。上等裁判所の審判は，**判**

事3人以上の合議制**である（同章程第6条，判事職制通則第2条）。ただし，前述のとおり，府県裁判所の裁判に対する控訴は民事だけが許される。上等裁判所の控訴審としての民事の裁判に対しては大審院に**上告**することができる（上等裁判所章程第7条）。また，刑事の死罪事件の審判は上等裁判所の権限とされるが（同章程第2条），死罪相当と判断した後，大審院に「案ヲ具ヘ批可〔審査許可〕ヲ得テ」，その後に「決行」する（同章程第3条，大審院章程第7条）。死罪事件は，後述のとおり，管内を巡回して裁判する。また，上等裁判所は，府県裁判所より送られてくる終身懲役の案を審査判断する（上等裁判所章程第4条，府県裁判所章程第5条）。さらに，管内の代言人，代書人の法律違反を裁決する（上等裁判所章程第5条）。

② 上等裁判所の権限とされる**死罪事件**につき，原則として年2回，管内を**巡回して裁判を行う**ものとし，上等裁判所より判事及び判事補合わせて2名を派出し，これに各府県の判事1名が列席して審判廷を構成する（上等裁判所章程第2条，巡回裁判規則第1，第2，第5，第6）。府県裁判所において罪犯の下調べをしてその証憑を得，死罪に当たると判断したものは，「案ヲ具ヘテ」巡回を待つ（巡回裁判規則第4，府県裁判所章程第4条）。後に，明治8年12月，府県裁判所は，「罪案証憑擬律案ヲ具シ」上等裁判所に差し出し，上等裁判所において審査して，罪跡明白で巡回再審を要しないと判断したものは，直ちに大審院の批可を得て，府県裁判所へ還付し，決行させることができると改正された。

死罪の判決に対しては，上告することができない（控訴上告手続第28条）。

③ 以上に対し，北海道に関しては，明治8年6月に定められた特例がある。第1は，北海道民で函館裁判所管外の者に対し（開拓使

がした民事)裁判に対する控訴は,函館裁判所に対してすべきであり,同裁判所は裁判官3人で審判廷を構成し,上等裁判所章程に従い覆審し,第2は,函館裁判所管内の者は,同裁判所の(民事)裁判に対して福島(→宮城)上等裁判所に控訴し,内外人民交渉の訴訟については,東京上等裁判所に控訴すべきであり,第3は,北海道民で函館裁判所管外の者に対して函館裁判所が審判する死罪は,一般の例により大審院において批可し,また,開拓使が審判する終身懲役は函館裁判所において批可するものとされた。

(iii) **大審院** ① 最高の裁判所である大審院は,「民事刑事ノ上告ヲ受ケ上等裁判所以下ノ審判ノ不法ナル者ヲ破毀シテ全国法憲ノ統一ヲ主持スルノ所トス」(大審院章程第1条),「審判ノ不法ナル者ヲ破毀スルノ後它ノ裁判所ニ移シテ之ヲ審判セシム又便宜ニ大審院自ラ之ヲ審判スルコトヲ得」る(同章程第2条)。上告は,(a)管轄違い,(b)聴訟断獄に関する確立した規則違背,(c)裁判の法律違背の三つのいずれかを上告理由としなければならない(控訴上告手続第10条)。

この大審院の裁判に至る審級の進み方を改めてまとめてみると,(ア)基礎的な下級審裁判所である府県裁判所は,一切の民事及び懲役以下の刑事の裁判を行う。民事の裁判に対しては上等裁判所に控訴を申し立てることができるが,刑事の裁判に対しては,上等裁判所に対する控訴はでぎず,大審院に対する上告ができるだけであり,しかも,違警罪は除かれる。(イ)上等裁判所は,府県裁判所が初審としてした民事の裁判に対する控訴及び死罪事件の裁判を行う。上等裁判所の民事の控訴審裁判に対しては大審院に上告を申し立てることができるが,上等裁判所の死罪の裁判に対しては上告することができない。

このように明治8年の裁判所構成法制は,府県裁判所,上等裁判

所，大審院という3層の審級を構え，民事については，この3層の審級において順次審判を行うという仕組みを作り，最上級審の大審院に，事件の本案について審理し，原判決を破毀差し又は自判する権限を付与することによって，大審院が**第三審**として機能することを認めているのである。ただ，刑事については，上述のように二審級となっているので，大審院を純然たる第三審とすることはできない。

② 大審院には，長及び判事を配する（大審院職制）。民事課と刑事課を設け（大審院章程第12条），判事は各課に配置されるが，院長は「随時各庭〔民刑の審判廷〕に臨ミ重要事件ヲ聴理」することができる（大審院職制）。大審院の審判は**判事5人以上の合議体**によることを原則とする（大審院章程第8条，判事職制通則第2条）。審理の結果として，事件を破毀差し戻した場合において，差戻審裁判所もまた大審院の判断に従わないときは，再度の上告を受けた大審院は改めて自ら審判をするが，この場合は，大審院判事「合員会議シテ」判決しなければならない（大審院章程第3条）。

③ このほかに，(ア)国事犯及び内外交渉の事件で重大なもの並びに判事の犯罪（違警罪を除く）を審判することが，大審院の特別権限として定められた（同章程第5条，第6条）。また，(イ)上等裁判所から送られてくる死罪の案を大審院判事総員が会議して「審閲シテ批可」することが大審院の職務とされる（同章程第7条，上等裁判所章程第3条）。さらに，(ウ)大審院司法省の共同作業による判例集の編纂（大審院章程第11条）の所産として，民事商事判決録全70冊，刑事諸罰則判決録全90冊が最初の判例集として刊行された。

(iv) むすび　　以上みてきたように，明治8年の裁判所構成法制が，司法職務定制の裁判所と異なり，司法省から機構上独立した裁

判所を設け,大審院以下諸裁判所の組織化を図り,審級制度を整備した点は,積極に評価しなければならない。また,明治8年6月8日太政官第103号布告裁判事務心得により,裁判の在り方の基本に触れる事柄5項目を示した点も重要である。その第3条「民事ノ裁判ニ成文ノ法律ナキモノハ習慣ニ依リ習慣ナキモノハ条理ヲ推考シテ裁判スヘシ」は,裁判官は,法律に規定がないからといって裁判を拒むことはできず,その場合には,自分が立法者ならば規定したであろうと考えられるもの,すなわち条理に従うのほかはないのであるから,この条項は,裁判の本質上当然なことを規定したにすぎないと説明されているが,同じ思想を述べる1907年12月のスイス民法第1条の規定に先立って,我が国法上に成文化されたことの意義は少なくない。しかし,他方において,第1に,最も基礎的な下級裁判所である府県裁判所がいまだ全国に行き渡らず,未設置の多くの県では地方官の裁判が行われていたこと,第2に,先行研究が指摘するように,控訴上告手続が,審級制度を介して,できるだけ多くの事件を最上級審に集中させる機能を担い,司法職務定制の**司法省指導型**(42頁)に替わり,**上級審指導型**の上訴手続を組み込んだ司法制度を成り立たせたこと,第3に,府県裁判所にせよ,上等裁判所にせよ,一定の事件については,上級裁判所の審査判断を仰がないと自ら決着を付けることができないという制約を受けており,裁判官の職務上の独立性が上下級裁判所間ルートにおいて貫徹されていないこと,第4に,刑事については,控訴を許されず,上訴理由の制限された上告のみが認められ,国民の権利保護が十全でないことを重要な問題点として指摘すべきであり,我々はその後の法制の動向を追跡していかなければならない。

## 6 大審院の創設と諸裁判所の整備

### 裁判の公開

　裁判公開の制度として，さきに説明した明治7年5月の裁判所取締規則 (46頁) に次いで，明治8年2月，太政官第30号布告で，「民事訴訟審判ノ儀人民一般傍聴」を許し，「但男女ノ間ニ起リシ風儀ニ関スル訴訟ハ此限ニアラス」として，一般公開の原則と例外を明らかにし，これを受けて，同年4月，司法省甲第2号布達の各裁判所傍聴規則が制定された。このようにして，裁判の公正を公開によって担保しようとする政策が徐々に採られてきた。

### 裁　判　官

　(i)　**職制**　　明治8年5月4日，司法職務定制が定めた正権の大中少判事及び大中少解部という裁判官の階層的な種別に替えて，**1等ないし7等の判事及び1級ないし4級の判事補**を置いた。大審院諸裁判所職制章程中の判事職制通則もこのことを規定している（第1条）。

　さきに述べたように，大審院に長及び判事が，上等裁判所に長及び判事，判事補が，府県裁判所に判事長及び判事，判事補が配置される。上等裁判所判事補は，判事の命を受け控訴の下調を担当し，かつ，判事に従い巡回裁判の構成員となり，また，府県裁判所判事補は，判事が欠けた場合の補欠を担当する（各裁判所職制）。

　(ii)　**判事職制通則**　　判事職制通則は，さらに，合議制である大審院及び上等裁判所の裁判体の構成員数，上等裁判所の判事が欠けた場合に判事補を補欠に充てること，訟庭課長（「訟庭」は裁判部,「訟庭課長」は裁判部の長を意味する）とその指名，訴訟手続の指揮権，民事訟庭・刑事訟庭の設置，裁判の評議（多数決制），大審院長及び上等裁判所判事長による随時の訟庭課長執務，重罪及び犯情繁雑な事案などの下調べといった裁判の実務において不可欠な運営条項を規定している。

63

後年の裁判所官制，裁判所構成法中の規定 (100, 142頁) にもつながるものである。ただし，大審院長及び上等裁判所長が随時民刑を問わず裁判部の長を兼務できるとした点は，裁判に介入する危険をまねくことから，後の法制には踏襲されていない。

 (iii) **裁判官の身分保障**　明治8年5月司法省検事職制章程中の司法省職制によると，「裁判所又ハ各裁判官ニ指令」し，「諸裁判官ヲ監督シ」，「判事及司法諸官奏任ノ任免進退」の権限は，司法卿が有しており，裁判所は司法省から機構上は分かれたものの，裁判官の身分保障はまだその緒に就くに至っていない。

## 7　検察制度

### 明治7年の改正

　司法職務定制の検察制度は，明治6年6月に一部改正され，次いで，明治7年1月の検事職制章程司法警察規則によって，検察が法憲及び人民の権利を保護するという目的も，検事が各裁判所に出張して裁判の当否を監視するという役割も規定上から消え，「検事ハ犯人ヲ検探シ良ヲ扶ケ悪ヲ除クノ職トス」という犯罪の捜査機関としての性格をいっそう明瞭にするとともに (検事章程前文)，「検事ハ原告人ト為テ刑ヲ求ムルノ権アリテ裁判ヲ為スノ権ナシ」(同第7条) として，犯人を裁判所に訴迫する機関 (「原告人」) としての性格を色濃くした。これとともに，本章程規則は，司法警察事務について詳細な規定を設けるとともに，**司法警察における検事の位置付けを明示する**。すなわち，「司法警察ハ行政警察予防ノ力及ハスシテ法律ニ背ク者アル時其犯人ヲ探索シテ之ヲ逮捕スルモノトス」る (司法警察ノ事第10条) がゆえに，行政警察とは「判然区域アリトス」として両者を区画

し（同第11条），その上で，司法警察の中心を占める犯罪捜査の手続を定める（同第12条以下）。そして，司法警察事務の総括は，警保寮（本章程規則制定以前に内務省に移管），東京警視庁の長その他の官吏，地方知事・令・参事が検事の「叶示（きょうじ）」（指示）を受けて「兼行」し（司法警察職務ノ事第28条），それぞれの下部職員が司法警察官吏として司法警察事務を「兼行」する（同第29条）という全体像の中にあって，検事は，犯罪の端緒を捉え，司法警察官吏を「総摂」して犯人の探索逮捕を監督指令するものとしたのである（検事職制第1条）。従前の検部，逮部は廃止された。しかし，以上のような**検事の司法警察官吏「総摂」権**は，明治7年10月，司法警察事務が開拓使及び府県に委任されることとなって，実質上消滅した。ただ，同月，司法省が「派出検事相止候（あいとどめ）」と示達しながら，明治8年1月には，犯罪の状により司法省検事局より検事を派出し，地方の警察官吏を指揮することがある旨の太政官達が出ている。

### 明治8年の改正

　明治8年5月，さきに述べた裁判所組織の独立化，体系化と並行して制定された司法省検事職制章程の中の検事章程第4条で，「大審院及各裁判所ニ検事及検事補数人ヲ置ク」と規定し，検事が司法省所属の官吏として，同省から各裁判所に出張して執務するという従来の形を改めた。この簡単な表現に，後に明治9年以降逐次各裁判所に置かれる**検事局**の当該時期における成法上の基礎をみる。ただ，前述のとおり，裁判所が設置されたのは府県全体の半分にも満たず，それに従って，検事が置かれない県及び北海道開拓使の所管地域あるいは裁判所が置かれても検事の派出が未了の県においては，「地方警察官ハ直チニ検事ノ務ヲ行フ者」として事務を取り扱うようにとの司法省達（明治8年12月，同9年1月）が出ているというのが，

当時の実情であった。

そして，検事職制章程は，検事の職務として，「検事ハ非違ヲ案検シテ之ヲ裁判官ニ弾告スルコトヲ掌ル」（検事職制），「検事ハ弾告シテ判ヲ求ム判事ノ裁判ニ服セサレハ上告スルコトヲ得」（検事章程第2条）と規定し，検事の訴追機関性にアクセントを置いて繰り返す。検事が司法警察官吏を「総摂」して犯人の探索逮捕を監督指令するという前年1月の検事職制に定められていた権限は，前年10月の司法警察事務の使府県への委任との関連から，取り除かれているが，地方の警察官吏の検事事務に対する補助者的立場だけはなお残されている（検事章程第7条）。この検事と司法警察との関係は，その後，曲折を辿って治罪法に至るのである。

検察官を大検事以下権少検部とする司法職務定制の職種別は，明治8年5月4日，**大検事・権大検事・中検事・権中検事・小検事・権少検事及び1級ないし4級検事補**に変更され，上記司法省検事職制章程中の検事職制にもその旨明記された。

## 8 代言人

明治9年2月22日公布された代言人規則（司法省甲第1号布達）は，代言人を職業的資格として公認し，現在の弁護士制度につながる最初の法令である。代言人となろうとする者は，代言を行おうとする裁判所を特定した願書を記して所管地方官の「検査」（一種の試験）を求め，地方官は行った検査の詳細を司法省に上申し，司法卿は免許相当とする者に免許状を下付する。地方官の検査は，法令並びに裁判手続の概略に通じている者であること並びに本人の品行，履歴について行う。司法卿の**免許**は1年限りとし，引き続き職務を行おう

とする者は，満期の際に，更に免許を受けなければならない。代言人は，原則として，免許された裁判所の外では代言をすることができない（上訴の場合に関する規定の表現は判りにくい。上等裁判所に出廷するには別途の免許状が必要であるが，大審院への出廷は自由であったという解説がある）。代言人は，法廷において，訴状，「答書」及び往復文書中の趣旨を弁明し，裁判官の問いに答えることを本務とする。そのほか職務の内容につき詳細な規定が設けられた。

この代言人規則の前文のただし書で，代言人がなく，かつ本人の疾病，事故でやむを得ない場合は，近い親族（父子兄弟又は叔姪）の者が本人の**代人**になることができ，これらの親族がない者は，区戸長の証書をもって相当の代人を出すことが認められた。

## 9　明治10年の制度改正以後

### 主要な改正点

明治10年2月，大審院諸裁判所職制章程及び控訴上告手続が改正された（同月19日太政官第19号布告）。主要な改正点は，**上等裁判所による巡回刑事裁判，判事職制通則及び地方官による判事の兼官制度**をそれぞれ**廃止**したことである。地方官による判事の兼官制度を廃止したことは，司法権独立史上注目すべき事実として高く評価されている。ただし，兼官廃止の時期を地方官の判事兼官を明文化した前掲府県職制末段（56頁）が明治9年9月に削除された時とする見解がある。なお，北海道の函館裁判所管轄外の区域に，開拓使に代わり，札幌・根室2始審裁判所が設置されたのは明治15年になってであり，また，明治10年代において，沖縄では，琉球藩時代は内務省出張所官吏，次いで県令，伊豆七島では，警視庁出張所官吏，次いで島吏，

小笠原島では，内務省出張所官吏，次いで東京府出張所官吏，さらに島吏によって，それぞれ裁判が行われ，正規の裁判所が設置されるようになるのは，いずれも後年のことである。

### 裁判所の構成の改正

まず，地方裁判所は，地方官の判事兼官規定（地方裁判所章程第1条ただし書）が削除されて，一切の民事及び刑事懲役以下を審判する下級裁判所として，すっきりした姿になった。前述の裁判所網の整備（58頁）による。また，死罪については，さきに明治8年12月の改正について述べたが（59頁），さらに，明治10年の改正により，死罪は，地方裁判所において審訊をして，「文案証憑及ヒ擬律案ヲ具ヘ」上等裁判所に送り，上等裁判所が死罪の判決をし，これについて大審院の批可（審査許可）を得，その後，地方裁判所にこれを宣告をさせる（同章程第4条，上等裁判所章程第2条，大審院章程第7条）と改まった。地方裁判所から送ってくる終身懲役に関する上等裁判所の審査は，そのままである。なお，以上の死罪，終身懲役に関する取扱いが明治12年12月に一部修正され，地方裁判所において懲役終身以上のものと見込む件について「文案徴憑及ヒ擬律案ヲ具ヘ」上等裁判所に差し出すときは，「宣告案」も副えなければならず，大審院，上等裁判所で改めて「律ヲ擬スル」（法を適用する）ときは，地方裁判所の宣告案をも改めなければならないと定められた。以上の諸修正にかかわらず，上級審指導型（62頁）の本筋に変更はない。

上等裁判所が判事3名の合議制であることは，従前の同裁判所章程に定めがあったが（旧6条），改正章程では同旨の規定を欠く。また，大審院による破棄差戻しを受けた裁判所が大審院の考え方に従わず，再度の上告があった場合，大審院が自ら裁判することは，従前と同様であるが，この場合，大審院判事総員が関与して判決するとの従

前の大審院章程の規定(旧第3条)及び通常の場合,大審院の審判には,判事5人以上列席しなければならないとする従前の規定 (旧8条) はいずれも消滅した。これらは,司法省予算の縮減を理由とするものであり,元老院で激しい反対論が出たが,結局,成法とされた。ただ,司法省は,東京上等裁判所の伺を容れて,事件の難易により適宜掛判事の人員を加減することができるとの指令を発している。

なお,大審院諸裁判所職制章程及び控訴上告手続の改正とは別に,同じ明治10年7月,民事刑事を通じ,既に上告審の裁判を経たものについて,司法卿がその裁判を「允当ナラス」(いんとう)(道理にかなわない) と判断した場合,検事をして再審を求めることができるという規定が作られた。司法省による裁判統制が危惧される規定であるが,明治14年3月に廃止された。

### 裁判官・検察官の職制の簡明化

裁判官について,明治10年6月,1等判事以下4級判事補までの職種別を廃し,新たに**判事,判事補の2職種制**とし(判事を勅任官及び奏任官,判事補を判任官とした。),裁判官の煩瑣な階層的職種別を簡明化した。

検察官について,明治10年3月の司法省職制章程 并(ならび)検事職制章程改正で,検事職制において,上級官として「検事長」を設け,検事長は,「検事ノ長トシテ検弾及公訴ノ事ヲ掌ル」とし,検事も,検弾及び公訴を掌り,検事補は検事長若しくは検事の命令で「検弾及公訴」を掌るものとした。検事章程の規定は,従前と大体において同じである。同年6月,従前の大検事以下4級検事補の階層的職種別を**検事,検事補の2職種制**に改めた。明治12年12月には,検事長を廃して,勅任検事を置くというように組織を固める改正が試みられている。なお,明治11年6月,訟廷内の犯罪及び審問上から発覚する付帯の犯罪を除くほかは,全て検事の公訴により処断すべきも

のとする司法省の達が発せられている。

### 代言人制度の改正

特別の代言人として，明治10年12月に設けられた**司法省付属代言人**があった。これは，司法卿の命を受け各裁判所に出張して代言の職務を行う有給（月俸）の代言人であり，①官庁に関わる訴訟（その訴訟の種類は明らかでない）につき官のために代言をすること，②資力のない人民のために謝金なく代言をすることなどを職務とするものであり，特色のある制度であるが，明治14年2月廃止された。

明治11年2月，代言人規則に，代言人免許のための検査は，適当の時期に司法省が直接行う旨の追加がされ，また，明治12年5月には，東京大学法学部で「法律学卒業ノ者」は，代言人の免許を受けるに当たっての検査項目（66頁）のうち法令並びに裁判手続の概略に通じていることの検査を免除されるものとされた。

この時期の代言人は民事事件に携わるのみであり，刑事事件の代言人は治罪法をまたなければならなかった。

代言人の員数は，全国を通じて，明治9年174人，同10年457人，同11年577人，同12年677人である。

---

*column* 4

### 玉乃世履

玉乃世履（たまのせいり）は，文政8年岩国藩士の家に生まれ，藩校養老館の儒学者玉乃九華の養子となる。藩の役職を務めた後，明治2年新政府の役職に就き，転じて東京府に勤務した。明治4年司法省が東京府の裁判事務を接収した際，東京府権大参事として聴訟断獄事務を統括していた玉乃は，同年8月司法中判事として司法省入りをした。以来，司法省において裁判事務に就き，明治8年大審院創設の際，大

審院事務管掌者、11年9月には初代大審院長に就任した。その後、司法大輔に転じ、元老院議員を兼ねたが、14年7月第2代大審院長岸良兼養の後を継いで再び大審院長に就任した。

　玉乃が司法省時代から関与した著名な事件は少なくないが、まず、広沢真臣（天保4〜明治4）暗殺事件がある。広沢は長州藩出身の参議。明治4年1月私邸で何者かに刺殺された。警察（東京府）が逮捕した容疑者は、明治5年4月司法省に送致され、松本暢、玉乃、大塚正男の係で審理を開始したが、警察における自白は拷問の末になされたことが判明し、司法省の名で東京府に証拠不十分の旨を通達した。これに対し、東京府側が反発画策し、司法省が折れて、担当判事を交替させることとし、玉乃らは審理から退いた。玉乃らが直視したのは拷問による自白の強要であった。当時の法制上では拷問は正面から認められていたのであるが、これを否としたのである。津田眞道の「拷問論の一」明六雑誌第7号5によれば、玉乃が、拷問の害について、拷問を用いて取り調べれば、勲功のある大臣や将軍すら有罪に陥れることは、手のひらを返すよりも易しいと述べたという。この事件は、その後も幾多の曲折を辿り、8年7月に無罪が申し渡され、玉乃らの判断の正しさが裏付けられた。

　玉乃の大審院長再任後の明治15年1月に施行された治罪法中に特別裁判所として高等法院の規定が設けられ、内乱罪など重大犯罪に対する審判を行うものと定められたことは、後に説明するが、玉乃は、最初に開かれた高等法院の裁判長として、自由党福島事件の審理を担当した。これは、福島県令三島通庸が、明治15年1月着任後に計画した道路工事について、会津6郡による負担金議決を強制し、さらに住民に夫役若しくはこれに代わる夫役賃の支払を強いるなどの処置を執ったことに反発していた県民が、夫役賃不払者に対する財産公売処分の取消しを求める出訴の費用を徴収したことを詐欺取財として関係者を逮捕したことに対し、同年11月、抗議のため

集まり、警察署に押しかけたことから、自由党員で県会議長の河野広中を始め、多数の県会議員を含む千数百人を逮捕したという事件である。このうち河野らについては、内乱の盟約があり、事件は高等法院の管轄に属するものとして東京に送り、ここに高等法院の開廷という運びになった。予審手続で50余名は証拠不十分として釈放になり、河野ら6名に対して、明治16年9月1日、河野につき軽禁獄7年、他の5名につき同6年の判決があった。別に附帯犯で起訴された2名についても拘留5日、8日の判決がなされた。被告らの厳罰を期待していた政府は、河野ら6名について、附和随行者若しくは「雑役ニ供シタル者」以外の者の内乱罪としては最も軽い軽禁獄に処した判決に衝撃を受けたためであろう、同年12月28日太政官第49号布告をもって、「治罪法第83条ニ記載スル事件ニ付高等法院ヲ開カサル時ハ通常裁判所ニ於テ裁判スルコトヲ得」との規定を新設し、これにより内乱罪につき高等法院の裁判ではなく、通常裁判所の裁判を受け得る方便を講ずるとともに、自由党関係事件をできるだけ内乱罪以外の罪名で処断する方針を採ったとされている。玉乃が裁判長を務めたこの判決の効果の程が知られるのである。

　明治19年8月8日夜、玉乃は自宅で自刃。享年60歳。大審院長の異例の死であった。

Bridgebook

# 第3章
## 治罪法における裁判所の構成

**LEAD** 　本章及び次章が扱うのは、治罪法（明治13年7月17日太政官第37号布告）、次いで裁判所官制（明治19年5月5日勅令第40号）による裁判所の組織、権限を中心とする司法制度であり、それは、時期的には、治罪法の施行から明治23年の裁判所構成法の公布に至る8年間に当たる。そのうち本章は、我が国における初めての統合的な刑事訴訟法典である治罪法中に規定された裁判所構成法規を取り上げる。治罪法は、司法省顧問ボアソナアドがフランスの治罪法を基調に作成した草案に基づき、明治13年〔1880年〕中に制定され、同15年〔1882年〕1月から施行されたが、その中に含まれた裁判所構成法規は、通常裁判所として、治安裁判所（違警罪裁判所）、始審裁判所（軽罪裁判所）、控訴裁判所、大審院の4裁判所及び重罪事件を審判する重罪裁判所を設け、また、特別裁判所として高等法院を設け、併せて予審手続及び控訴上告手続を整備した。本章では、治罪法中の裁判所構成法規の特徴を述べるとともに、その諸規定が、当時の我が国の実情のため大きく変容を余儀なくされた状況を中心に説明する。

## 1　治罪法の制定

治罪法というのは今日では耳慣れない言葉であろうが、もともと

刑事訴訟法規を内容とする法典の呼び名であり，刑法（明治13年7月17日太政官第36号布告「旧刑法」）とともに，明治15年1月1日から施行された。

　治罪法の制定は，旧刑法の制定と不即不離の関係にあった。司法省提出の旧刑法の草案が太政官の刑法草案審査局，治罪法の草案が太政官の治罪法草案審査局によってそれぞれ審査，修正された結果，いずれも明治13年3月中，刑法審査修正案，治罪法審査修正案として相次いで元老院に付議された際，刑法案担当の内閣委員村田保は，刑法案の提案理由として，①従前の刑法は，明清律の精神を根拠に作られているため，「犯人ヲ処スルニ外面上ヨリシ本心ニ立チ入ラ」ず，また，法律に適用すべき条文がないときは，他の条文を引き合いに出し，裁判官の考えで犯罪に該当するものとするなど「欧州刑法ノ原則」に反すること，②刑律の改廃が入り乱れて，全体像の把握が容易でないことなどを指摘したほか，③「自今外国條約改正ノ機ニ臨ミ治外法権ノ堅塞〔堅固なとりで〕ヲ打破センニハ各国ト同様ナル刑法又ハ治罪法民法訴訟法商法等ヲ制定セサルヲ得ス中ニ就キ刑法ハ尤モ国ノ開化ノ度ヲ知ル者トスレハ首トシテ之ヲ改正セサル可ラサルモノナリ」と述べて，刑法のみならず治罪法制定の必要にまで言及しており，また，治罪法案担当の内閣委員清浦奎吾も，治罪法の提案理由として，「治罪法ハ刑法ヲ運用活動スルノ要器〔必要な手段〕ニシテ相待テ効用ヲ為スモノナレハ此二法ハ国法中至大至要〔極めて重要〕ノ地位ヲ占ムル者ナリ」とし，従来の治罪関係諸法が要点を示すに止まり，その運用に当たる者の疑義を招いたのみならず，人民の権利保護にも欠けるものがあったために，治罪法制定の運びとなったとした上，法案の特色を説明し，「治罪法ハ内治外交ニ関シ一日モ忽諸ニ付ス〔なおざりにする〕可ラサルモノタルハ論ヲ待ス」と

結んでいる。以上が，刑事訴訟法規としての治罪法の立法理由である。治罪法以前にも，刑事訴訟法規として，司法職務定制が規定する断獄手続を受けて，さらに細則を定めた明治6年2月の断獄則例，明治8年5月の判事職制通則第8条（起訴前予審に当たる「下調」），明治9年4月の糺問判事職務仮規則及び司法警察仮規則，明治10年2月の保釈条例が先行し，また，証拠法の領域では，明治6年6月の改定律例（第318條）で定めた「凡ソ罪ヲ断スルハ。口供結案〔自白を記録した供述書〕ニ依ル。」という原則を明治9年6月に改正して「凡罪ヲ断スルハ証〔物証，証言等〕ニ依ル」と大転換し，この改正後は，拷問は無用となったので，明治12年10月，拷問（拷訊）に関する法令はすべて廃止すると布告する（同月8日太政官第42号布告）というように，個々の法規が定められていたが，治罪法は，以上のような断片的な法規の集まりを取り込み，統合的な一つの法典としてまとめ上げたものである。

この治罪法草案の全体がボアソナアドによって起草されたこと，その体系及び内容が1808年のフランス治罪法（Code d'instruction criminelle）の大きな影響の下に形作られたことは，広く知られているところである

## 2　裁判所構成法制定のさきがけとして

ところで，治罪法は，刑事訴訟法規とともに，裁判所の組織及び権限に関する規定を設けており，後者の規定群，言い換えれば裁判所構成法規は，明治8年の大審院諸裁判所職制章程等から成る従前の法制に大きな変革をもたらすものであった。

治罪法に次ぐ裁判所官制は，明治18年12月22日，太政官制を廃

して**内閣制度**が創設されたのに即応して，司法制度を改良することを目的として制定したものとみられる。規定内容を検討すると，ドイツ法の影響が色濃く，同じ系列の裁判所構成法の前身という意味合いを持つという見解が有力である。もっとも，裁判所官制は，第13条で，「裁判所ノ権限及裁判官ノ所掌ハ訴訟法治罪法及其他法律命令ノ定ムル所ニ依ル」と規定し，法系を異にする治罪法の裁判所構成法規を取り込んでいるという特異点に気付かされるのであり，それにもかかわらず，裁判所官制が，全体としてまとまった司法制度の仕組みを作り上げていると評価できるかは，なお検討の余地があるが，裁判所官制及びその重要な一部として取り込まれている治罪法中の裁判所構成法規は，裁判所構成法の制定に先立ち，これを準備するものであり，司法の近代化の目標 (33頁) は，次第にその形姿を整えるに至った。

## 3 裁判所の構成

### 治罪法施行に先立つ立法措置

治罪法の施行に先立ち，これに備える立法措置が講ぜられた。その1として，明治14年10月，**各裁判所の位置及管轄区画**が改正され，治罪法が規定する控訴裁判所，始審裁判所，治安裁判所の位置と管轄の区画が定められた (明治15年1月1日施行)。明治14年12月には，従前の布告布達中で上等裁判所とあるのは控訴裁判所，地方裁判所とあるのは始審裁判所，区裁判所とあるのは治安裁判所と改称すると公示され (同月28日太政官第2号布達)，また，治罪法が新設する**重罪裁判所の管轄区画** (41区画　複数の始審裁判所管轄の地方を併せ管轄するものがある) が定められた (同日太政官第78号布告)。これらの裁判所が大

審院を頂点として，民事刑事の裁判権を行使するというのが，治罪法の構図である。この時，設けられた裁判所は，控訴裁判所は東京，大阪，長崎，宮城のほかに名古屋，広島，函館を加えた計7庁，始審裁判所は90庁，治安裁判所は180庁であった。地方裁判所の支庁は廃止された。後に，明治16年1月，77庁ある始審裁判所を43庁に減らし，47の支庁を始審裁判所に置き，本庁と同一の権限をもって事件処理に当たるものとした。

その2として，「治安裁判所及ヒ始審裁判所ノ権限」(明治14年12月28日太政官第83号布告) により，両裁判所が行使する**民事裁判権の仕組み**が定められた。治罪法本体と併せて，治罪法の下における裁判所構成法規の重要な一部を成すものである。

「第一条　治安裁判所ハ訴訟事件ヲ勧解ス但諸官庁ニ対スル事件及ヒ商事ニ係リ急速ヲ要スル事件ハ勧解スルノ限ニ在ラス

　第二条　治安裁判所ハ請求ノ金額及ヒ価額百円未満ノ訴訟ニ付始審ノ裁判ヲ為ス

　第三条　治安裁判所ハ人事其他金額ニ見積ル可カラサルモノヲ裁判スルコトヲ得ス

　第四条　始審裁判所ハ請求ノ金額及ヒ価額百円以上並ニ第三条ニ掲ケタル治安裁判所権外ノ訴訟ニ付始審ノ裁判ヲ為ス

　第五条　始審裁判所ハ其管轄地内ノ治安裁判所ノ始審裁判ニ対スル控訴ニ付終審ノ裁判ヲ為ス

　但控訴ノ手続ハ明治十年第十九号布告控訴手続ニ照準スヘシ」

この第1条の治安裁判所による勧解は，明治8年12月の裁判支庁仮規則，同9年9月の区裁判所仮規則に定める勧解 (57, 58頁) の系譜につながる。勧解については，既に明治9年ころから**勧解前置主義** (訴えを起こす前に勧解を経なければならない) が行われていたという見方

と上記布告第1条の勧解の規定により一定の事件を除く紛争について勧解前置を強制する運用が進行し，明治16年頃から全国的に勧解前置が行われるようになったとする見方がある。なお，明治14年10月に，出仕(しゅっし)（裁判官，書記でない裁判所職員）を勧解のみに使用することは差し支えないとする司法省の達が出ているが，これは，同年度全国の勧解の終局事件数をみても，願下，却下，棄却，勧解成立，不調，刑事廻しを含め，71万件にも達していたのであるから，処理要員確保のためのやむを得ない措置であったと思われる。この勧解の制度は，勧解略則（明治17年6月24日司法省丁第23号達）により整備されたが，やがて民事訴訟法（明治23年4月21日法律第29号）の和解規定（第221条，第408条，第444条，第130条第2項第1号）が設けられることにより，裁判法の領域からは消えていくこととなる。

### 裁判所の組織及び権限

(i) **通常裁判所**　治罪法は，「刑事裁判所ノ構成及ヒ権限」を定めた第2編（第31条～第91条　以下，条項数は特記しない限り治罪法のそれを指す）において，通常裁判所として，治安裁判所，始審裁判所，控訴裁判所，大審院の4裁判所び重罪事件を審判する重罪裁判所を設け，また，特別裁判所として高等法院を設ける。そして，治安裁判所が違警罪裁判所として違警罪事件を裁判し（第49条），始審裁判所が軽罪裁判所として軽罪事件を裁判し（第54条第1項），かつ重罪及び軽罪の予審を行い（同条第2項），違警罪裁判所の始審の裁判に対する控訴を裁判し（同条第3項，338条），控訴裁判所に刑事局を置き，軽罪裁判所の始審の裁判に対する控訴を裁判する（第63条本文，365条）。重罪裁判所は，控訴裁判所又は始審裁判所において，原則として3か月毎に開き，重罪事件を裁判する（第70条～第72条）。大審院に刑事局を置き，上告，再審の訴え，裁判管轄を定める訴え，公安又は嫌疑のため裁判管轄

を移す訴えを裁判する(第77条)。いかなる裁判に対し控訴，上告できるかに関する規定は，かなり複雑であるが，このうち**上告の対象**となるのは，控訴裁判所の対審裁判言渡し(第371条)，重罪裁判所の対審裁判言渡し(第403条)のほか，軽罪裁判所が違警罪につき終審としてなした対審裁判言渡し(第359条，第371条)，違警罪裁判所が同裁判所の公廷において犯した違警罪について終審としてなした裁判(第274条第1項，第346条)などであり，さらに予審上訴といわれる上告(第236条第2項，第257条)がある。**上告理由**は，11項目にわたる(第410条)。その幾つかを挙げれば，「裁判所ノ構成規則ニ背キタル時」(第2号)，「法律ニ於テ無効ノ記載アル規則ニ背キタル時」(第4号)，「裁判所ニ於テ請求ヲ受ケタル事件ニ付キ判決ヲ為サ」ざる時(第7号前段)，「擬律ノ錯誤アル時」(第10号)である。

治罪法がこれら刑事裁判所の権限を分ける標準とした**犯罪の種別**は，旧刑法が定めているところであり，違警罪は拘留，科料を，軽罪は重禁錮，軽禁錮，罰金を，重罪は死刑，無期徒刑，有期徒刑，無期流刑，有期流刑，重懲役，軽懲役，重禁獄，軽禁獄をそれぞれ主刑とするものである(旧刑法第7条ないし第9条　主刑の具体的な処分方法は，同法第12条ないし第30条)。重罪裁判所を特設したのは，フランス治罪法に倣ったものである。

(ii)　**高等法院**　　以上説明した裁判所のほかに高等法院がある。高等法院は，司法卿の「奏請」(奏上して裁可を請う)により「上裁」(天皇の裁決)をもって事件及び開院すべき場所を特定して開き(第84条)，①旧刑法第2編第1章第2章に規定された重罪事件，②皇族の犯した重罪事件及び禁錮の刑に該当する軽罪事件，③勅任官の犯した重罪事件を裁判し，④前記②③に記載した者の正犯及び従犯(旧刑法第104条～第110条参照)は，身分の如何を問わず当院において裁判する(第

83条)。①の旧刑法第2編第1章第2章に規定した重罪事件とは,「皇室ニ対スル罪」(第1章)及び「国事ニ関スル罪」のうちの重罪に該当する事件をいう。②の皇族は別として,③の勅任官の犯した重罪について特別裁判所で裁判するのは旧思想の残存を思わせるという批判がある。事件によっては高等法院でなく通常裁判所で裁判することを許すかについて議論があったが,明治16年12月,治罪法第83条に記載する事件につき高等法院を開かないときは,通常裁判所において裁判することができることとした(コラム「玉乃世履」参照)。

(ⅲ) **民事裁判所**　民事裁判所の仕組みは,前掲太政官布告「治安裁判所及ヒ始審裁判所ノ権限」に規定するところであり,その規定が触れていない上告及び大審院の権限は,明治10年太政官第19号布告改正控訴上告手続(67頁)の規定によるものと解され,**上告理由**は,「第一　裁判所管理ノ権限ヲ越ユ　第二　聴断ノ定規ニ乖クそむ
第三　裁判法律ニ違フたが」の三つとなる。

### 治罪法の裁判所構成規定の諸特徴

治罪法がフランス治罪法の強い影響の下に制定された結果,フランス法の基本原理の多くが踏襲され,治罪法の特徴となっている。そのためもあってか,当時の裁判官は,舶来の法典の解釈適用上の疑問にしばしば遭遇したようであり,数多くの伺指令を収めた治罪法申明類纂などの資料が今に遺されている。

(ⅰ) **民刑裁判所の合一**　民刑裁判所の合一とはフランス治罪法起源の概念である。それは,裁判官の配置の一方式であり,勤務の交替という手段によって,裁判官に民事裁判と刑事裁判のいずれをも経験させる執務体制を採ることを意味する。草案起草者ボアソナアドの言によれば,「刑事裁判のみに携わる判事は,起訴が慎重になされる結果として,無実の被告人よりも有罪の被告人に多く接する

ため，扱う事件について有罪の推測をすることに傾き，被告人の保障に欠けることとなる。刑事裁判で陪審を設ける理由もそこにあるが，民刑両裁判所を合一にするときは，判事は民刑いずれの職務にも当たるため，刑事の判事も，民事の事件を取り扱うことによって，刑事事件における精神を転じて平衡を得ることができる。」というのである。我が治罪法の下で，治安裁判所＝違警罪裁判所のように単独制の判事が執務する裁判所に裁判官1名が配置され，民刑の両事件の処理に当たる場合は，合一の目的は自動的に実現されるが，複数の裁判官が民事担当(部)と刑事担当(部)のそれぞれに専属的に配置される裁判所にあっては，交替制によって合一を実現する。すなわち，軽罪裁判所の判事の職務は，裁判所長が始審裁判所判事1名又は数名に順次満1年間(場合により更に満1年間)これを命じ(第55条)，これにより職務の交替が生じ，また，控訴裁判所刑事局判事の職務は，裁判所長が同裁判所判事数名に順次に満1年間(場合により更に満1年間)これを命じ，刑事局判事に差し支えがあるときは，民事局判事をして刑事局判事の職務を行わせ(第64条，第65条1項)，これによる職務の交替が生じ，いずれの場合の交替も民刑間に生じ得るのであって，これらの場合を合一の思想に基づくものであるとするのが立法関係者(治罪法草案審査委員村田保)の説明である。

(ii) **職務の分離**　治罪法は，第1に，「予審ヲ為シタル裁判官ハ其公判ニ干預ス可カラス」(第47条第1文)として，**予審と公判の分離**を規定した。最初有罪と認定して予審を終結し，「裁判所ニ移スノ言渡」(第225条及び第226条，第227条各第1項)をした裁判官が同一事件の公判を担当すると仮定した場合，従前の意見を変えることがないことは人情の免れないところであるというのがボアソナアドの理解である。

第2に，**犯罪捜査における検察と予審の分離**である。検察官は，「告訴告発現行犯其他ノ原由ニ因リ犯罪アルコトヲ認知シ又ハ犯罪アリト思料シタル時ハ其証憑（しょうひょう）及ヒ犯人ヲ捜査シ第百七条以下ノ規則ニ従ヒ起訴ノ手続ヲ為ス可シ」（第92条）とされる。この規定は，検察官が，告訴告発現行犯等の理由により犯罪を認知し又は犯罪があると判断した場合に，その証拠，懲憑を保全しあるいは犯人の身分に関し一応の取調をなし，これにより，犯罪を証明して有罪判決を得る蓋然性があるとした場合に起訴の手続をとるべきことを意味するものであり，さらに進んで，その被告事件を公判に付すべきかを決するために，広く犯罪取調のため探索をし，あるいは随時に物件差押え，証人尋問等をなし，証拠を集めることは予審判事の権限に託す（予審手続は第113条～第200条，201条第2項）という形で，検察と予審の分離が図られる。治罪法は，「現行ノ重罪軽罪ヲ除クノ外予審判事ハ前章ニ定メタル規則ニ従ヒ検事又ハ民事原告人ノ請求アルニ非サレハ予審ニ取掛ルコトヲ得ス此規則ニ背キタル時ハ其請求ヨリ以前ニ係ル手続ノ効ナカル可シ」（第113条）として，予審手続を開始するためには検事らの請求を必要とするという職務の牽連性を認めているにすぎない。以上の検察と予審の分離は，市民を起訴する権力を有する者がその起訴を正当化する証拠を収集する権力を併せ持つことに対してフランス治罪法が与えた処方箋を治罪法が踏襲したものである。

　(iii)　**審級制**　　治罪法が立ち上げた審級制の概要は，先に述べたとおりである。その特徴を挙げれば，大審院を**第三審**として位置付けた点である。

　民事裁判については，前掲「治安裁判所及ヒ始審裁判所ノ権限」並びに控訴上告手続によって規律された審級制度により，大審院に

第三審性が付与されている。

　刑事事件においては，大審院が原裁判（予審又は公判の言渡し）を破毀する事由があるとするときは，その言渡しの全部を破毀し，その事件を「原裁判所ニ接近シタル同等ノ裁判所」に移すのを原則とする（第428条，第433条）。しかし，①「擬律ノ錯誤」（刑罰法規適用の誤り）（第410条第10号）若しくは公訴の受理不受理の違法（同条第5号）を理由に原裁判を破毀したときは，その事件につき大審院において直ちに裁判言渡しをしなければならない（第429条）。②原裁判の一部に対し上告が申し立てられ，申立てに理由がある場合において，他の部分に関係がないときは，大審院は，その上告に係る部分を破毀し，法律に従い直ちに相当の裁判をなし，又はその事件を原裁判所と同等の他の裁判所に移す（差し戻す）（第431条，第433条）。この①②は治罪法上例外的な措置とされるが，大審院自らが事件の本案（訴訟の主要又は中心となる事項，すなわち，訴訟費用の裁判以外の実体的・形式的裁判事項）について審判するこの例外のゆえに，実質上第三審として位置付けられるのである。

　治罪法の三審級制の成分の一つである控訴，具体的には，違警罪裁判所及び軽罪裁判所の各始審の裁判に対する控訴は，訴訟関係人がするときは訴訟費用の予納をしなければならないという制約が付いた（明治14年9月20日太政官第45号布告）にせよ，従来刑事控訴を認めなかった我が国の上訴制度史上の大きな進展である。しかし，重罪裁判所が専属で裁判する重罪事件の裁判に対しては大審院に対し上告することはできるが（第403条），控訴は認められない。これは，後述のとおりボアソナアドの草案では重罪事件の陪審制度を採用し，これにより裁判の適正が保たれるので，不服申立ては上告のみとしたのに対し，治罪法は，陪審制度を取り込まなかったのにかかわら

ず，控訴の途を開かないでしまったためである。ただ，このような違警罪，軽罪事件と重罪事件との間の不均衡も，違警罪の控訴を禁止する特例 (91頁) に次いで，明治14年12月28日太政官第74号布告により，「治罪法中刑事ノ控訴ニ関スル条件ハ当分ノ内実施セス」として，控訴は，重罪，違警罪のみならず，軽罪に係る裁判に対しても禁止されるに至ったため (94頁)，表立たなくなったのであるが，その後，明治18年1月6日太政官布告第2号により，軽罪に関する控訴の手続を定める規則が制定され，裁判費用保証金の予納という制約が付いたものの，再び重罪の裁判に対する控訴の禁止との不整合性があらわになった。実は，刑事控訴を認めるかどうかは，条約改正交渉と深く関連することであった。日本の条約改正の取り組みは，岩倉遣外使節団 (明治4年～6年)，外務卿寺島宗則による交渉 (明治9年～12年) の後を継いで，外務卿井上馨による予備改正会議 (明治15年)，それに次ぐ条約改正会議 (明治18年4月から27回にわたる) の開催という経過を辿っていたが，我が国の法権を回復するための国内法制の整備の一環として，軽罪に対する控訴を認める上記規則の制定をみるに至ったのである。ただ，これによりあらわになった重罪との間の不整合性は明治23年10月7日法律第96号**刑事訴訟法**によってはじめて是正されるのである。

(iv) **合議制**　　裁判体の構成員数は，違警罪裁判所及び軽罪裁判所は**単独制**(第50条第1項，第55条第1項)，控訴裁判所刑事局は**3人以上の裁判官の合議制**(第63条ただし書)，重罪裁判所は**5人の裁判官の合議制**(第73条)，大審院刑事局は**5人以上の裁判官の合議制**(第78条)，高等法院は元老院議官及び大審院判事中より毎年あらかじめ上裁をもって命じられた裁判長1名，陪席裁判官6名を併せて**7人の合議制**(第85条) と規定された。明治10年の法改正で明文が消えた上等裁判所

(→控訴裁判所)及び大審院の裁判体構成員数の定めが復活したものである。合議制の運営について今日まで継承されている原則，例えば合議で意見が対立した場合は多数決でことを決めるということは，既に明治8年の判事職制通則にみられるが，明治15年4月司法省内訓で，改めて確認されている。

(v) **職業裁判官**　治罪法の規定する裁判官はいわゆる職業裁判官であり，裁判における事実の認定，法の適用とも裁判官によってなされる。ボアソナアドが提案した陪審制度は採用されなかった。陪審制度は，司法省が太政官に提出した治罪法草案においても，治罪法草案審査総裁が太政官に提出した治罪法審査修正案においても，そのまま盛り込まれていたが，太政官から元老院に下付された法案は，陪審に関する条文等が削除されて480箇条となっており，これを基に元老院が若干の修正を加えたものが成法となった。太政官で陪審制度不採用を主導したのは，大書記官井上毅であった。彼はもともと陪審反対論者であり，その主張は，次のようなものであった。①陪審制の根拠として，「法官ノ私ヲ監ス」ということがいわれるが，裁判官に信をおけなければ，誰に信をおけようか。②「衆目ヲ假ル」(多数の人の観察を借りる)ことも理由にならない。陪審員の人数をもって多とするに足りない。③「法官ハ法ニ拘ハル故ニ常人ノ虚心取裁スルニ若カス」(裁判官は法にこだわるので，一般人がわだかまりなく判断するのに及ばない)というが，良法である以上，裁判官が法にこだわらないことこそ恐れるべきである。法を適用する場において，法を知らない者をして「法ノ外ニ取裁セシムル」ようなことは，そもそも法を設けた趣旨に反する。④実際的見地からしても，人民のうちから陪審員を選ぶことは事務繁雑であって，費用もかさむというのであった。これに対し，ボアソナアドが，成法に関し，「今より数年も経ずに，

法適用の実際において，修正案と原案のいずれが今日の需要に良く応えるか，殊にいずれが速やかに日本在留の外国人が専有する治外法権という過当な特権を廃棄する力に富むか知ることができるであろう。」と言い放った最大の憤懣(ふんまん)の種は，この陪審制度の不採用であったと思われる。1881 年（明治 14 年）在日フランス公使ギヨーム・ド・ロケット (Guillaume de Roquette) は，本国に対する公信中で，陪審制度の不採用の隠された理由は，「一般国民を政務に参与させるのは時期尚早と見なしている政府にとって，刑事裁判への関与は危険と写る」からであろうと推測している。

## 4　裁判の公開

「重罪軽罪違警罪ノ訊問弁論及ヒ裁判言渡ハ之ヲ公行ス否ラサル時ハ其言渡(いいわたし)ノ効力ナカル可シ」（第263条），「被告事件公安ヲ害シ又ハ猥褻(わいせつ)ニ渉リ風俗ヲ害スルノ恐アル時ハ裁判所ニ於テ検察官ノ請求ニ因リ又ハ職権ヲ以テ其訊問及ヒ弁論ノ傍聴ヲ禁スルコトヲ得其裁判言渡ヲ為スニ当テハ傍聴ヲ許ス可シ」（第264条）とする規定は，刑事裁判の公開の原則を定めたものである。民事裁判に一般の傍聴を認めた明治8年2月の太政官布告，これを受けた同年4月の司法省布達各裁判所傍聴規則（63頁）に次ぐものである。明治15年3月，司法省は，治罪法の規定の運用として，傍聴人は官民を問わず全て傍聴席に着かせ，ただ，公式の照会を経た外国人はこの限りでないと示達した。その後，明治22年の大日本帝国憲法において，裁判の公開は憲法上の大原則（第59条）にまで高められるのである。裁判所構成法は，第3編第1章中で公開原則の運営規定を設けている（148頁）。

## 5 　検察制度

　治罪法は，第1条において「公訴ハ犯罪ヲ証明シ刑ヲ適用スルコトヲ目的トスル者ニシテ法律ニ定メタル区別ニ従ヒ検察官之ヲ行フ」とし，第276条第1項本文において，「裁判所ニ於テハ訴ヲ受ケサル事件ニ付キ裁判ヲ為ス可カラス」と規定し，**国家訴追主義**，**不告不理の原則**を明らかにした。ただ，治罪法においても，この原則に対する若干の例外が定められていた。第1は，予審判事は，重罪軽罪の現行犯については，検事又は民事原告人の請求がなくても，予審に取り掛かることができ（第113条），また，裁判所は，「弁論ニ因リ発見シタル附帯ノ事件及ヒ公廷内ノ犯罪」については訴えがなくても裁判することができる（第276条第1項ただし書）とした点であり，第2は，予審判事が重罪軽罪の被害者から民事原告人となるべき申立てがあったときは，加害者に対する検察官の起訴がなくても，裁判所が当該加害者の犯罪に関する公訴と私訴（附帯の民事上の請求）を併せて受理したものとする点（第110条第2項）である。不告不理の原則は，大正11年の**刑事訴訟法**（大正11年5月5日法律第75号）によって，徹底した形で実現されるのである。

　治罪法が制定された後である明治13年9月には，太政官は司法省に対し，さきに明治7年10月，司法警察事務を使府県に委任したが，今後は，各地に検事を置き，検事に属する事務を追々地方官より引き受けるように取り計らうようにという達を発している。明治13年12月2日太政官第60号達各省使職制竝事務章程改定中の司法省職制竝事務章程に規定された司法卿所管の事務第6条に「各裁判所竝ニ検事局ヲ廃置シ」として各地方に**検事局**を設置する方策を確認している。

先の記述でも取り上げたこの検事局(48, 65頁)というのは，裁判所のような官庁を意味するものではなく，そこで執務する検事らを包含し，検事の検察事務遂行の拠点として機能する人的物的設備を意味するにとどまり，検察事務自体は個々の検事が独立行政官庁としてこれを遂行する職責と権限を有するものである。

## 6 治罪法の下における代言人

### 代言人規則の改正

代言人規則は，明治13年5月，全面的に改正された。これは後日に施行される治罪法と直接関連するものではないが，改正の主眼は，代言人の取締りの強化である。代言人がその本分に背き私利を図る傾向が例外でないという実情から，取締りの方法として，①各裁判所の検事に代言人を監督させるとともに，②各地方裁判所本支庁の管轄ごとに**代言人組合**を設け，強制加入とし，会長が管理の任に当たる組合議会により，「互ニ風儀ヲ矯正スル事」「名誉ヲ保存スル事」「法律ヲ研究スル事」「誠実ヲ以テ本人ノ依頼ニ応スル事」「相当謝金ノ額ヲ定ムル事」などにつき規則を定め，代言人にこれを遵守させることとし，③懲戒，懲罰規定を整備し，④**代言人免許**の出願者は願書を検事に差し出し，司法省の試験を受けなければならず，試験の科目は，民事法，刑事法，訴訟手続及び裁判に関する諸規則とすると定めた。なお，この改正規則において，「免許ヲ受ケシ代言人ハ大審院及諸裁判所ニ於テ代言ヲ為スヲ得」として，明治9年規則において必ずしも明瞭でなかった点を補正している。代言人規則の改正とともに，明治9年の代言人規則が設けた**代人**制度の改善が図られた。これは，代人と称し，代言人に紛らわしい行為をする者が現れ

たことから,「其代人タル者ハ一事件ヲ限リ受任スヘシ若シ二件以上受任シ又ハ詞訟ヲ教唆シ私利ヲ営ム等ノ事アル時ハ裁判官ニ於テ直ニ其代人ヲ停止スヘシ」という規制を課したものである。

### 裁判所付属代言人

治罪法の付属法令というべき大審院諸裁判所所属代言人規則（明治14年12月2日司法省甲第8号布達）は,「治罪法中所属代言人ト称スルハ大審院及ヒ各裁判所所在ノ地ニ住居スル免許代言人ヲ云」（第1条）とし,裁判所が職権をもって弁護人に選任した代言人の受任義務（第2条）,代言免許の満期又は廃業と代言・弁護の継続担当義務（第3条）,他の訴訟事件のため代言・弁護の任務を怠ることの禁止（第4条）,裁判所が職権をもって代言人弁護人を選任した場合の謝金の被告人負担（第5条）について規定する。

### 治罪法と代言人

治罪法が刑事事件における代言人の関与を一般的に認めた点は,被告人の防御権を強めるものとして高く評価される。「被告人ハ弁論ノ為メ弁護人ヲ用フルコトヲ得　(2)弁護人ハ裁判所所属ノ代言人中ヨリ之ヲ選任ス可シ但裁判所ノ允許ヲ得タル時ハ代言人ニ非サル者ト雖モ弁護人ト為スコトヲ得」（第266条）という原則を明らかにし,特に重罪事件については,被告人が**弁護人**を選任していない場合には,裁判所長の職権をもってその裁判所所属の代言人中より弁護人を選任しなければならないとし（第378条2項）,さらに,この必要的弁護を徹底する諸規定を設けた（同条1項,3項,4項,379条～382条）。重罪裁判所において,弁護人なくして弁論をしたときは,刑の言渡しは無効と定められているが（第381条第1項）,裁判所所属の代理人がいない場所においては,弁護人を用いなくてもその刑の言渡しは無効とされないという明治15年1月9日太政官第1号布告が出てい

る。当時, 重罪裁判所が開設されるべき地域さえ, 代言人の員数が僅かであって (例えば, 鹿児島1名, 山口・青森・函館各3名), 弁護人を得られない場合があるという事情に基づく。上告審は, 一般には代言人を差し出すことは任意であり (第421条第1項), 上告申立人又は相手方から代言人の差出しがなくても, そのまま判決することができるが (第426条), 重罪の刑の言渡しを受けた者が上告し又は検察官より重罪の刑に当たる者として上告をした場合において, 刑の言渡しを受けた者が自ら代言人を選任しないときは, 大審院長の職権をもって同院所属の代言人中よりこれを選任しなければならない (第421条第2項) とした。

代言人制度が, より現代的な内容に近づくのは, 明治26年3月4日の弁護士法 (法律第7号) の制定によってである (199頁)。

### 代言人の員数

治罪法公布後数年間の代言人の員数は, 明治13年799人, 同14年818人, 同15年914人, 同16年1015名, 同17年1029人, 同18年1060人である。

## 7 治罪法の変容

治罪法は, 公布後, その施行 (明治15年1月1日) の前後にかけて, 幾つかの重大な変容をよぎなくされた。それらは, 井上毅が, 「法自ラ法ヲ以テ破ルナリ」と痛憤し, 津田眞道が, 「治罪法〔中略〕ハ其布告以来既ニ無数ノ修正ヲ加ヘタルヲ以テ方今ニ在リテハ或ハ故紙〔くず紙〕ノ看ナキ能ハス」と慨嘆したものであり, 当時の国情, 特に司法の人的, 物的諸条件によるところが大きいと思われる。作られた近代的法典と逆らうことのできない現実との落差をはっきりと見

定めておく必要がある。

### 違警罪審判の特例

違警罪審判手続は治罪法に従うべきであるが、やむを得ない場合は、当分の間、「便宜取計ラ」うことができ、かつ、その裁判に対してはすべて上訴を許さない(明治14年9月20日太政官第44号布告)。本布告は、後出92頁の第48号・80号太政官布告と一体となって違警罪の審判の便宜的処理を認めるものである。そして、本布告と第80号布告がいわば母胎となって、明治18年9月24日太政官第31号布告**違警罪即決例**が発布された。司法省の立法伺は、「第44号布告及び第80号布告は、違警罪の事件が軽微で、刑罰もまた非常に軽く(主刑は、1日以上10日以下の拘留、5銭以上1円95銭以下の科料)、これを一々治罪法に従い処分しようとするのは、官民共に不便が少なくないことを考慮して発せられたものと考えられるが、違警罪といえどもすべて上訴を許さないとする点などは事理穏当ではないので、上記各布告を廃止した上、本即決例を設けるべきであり、この立法は、手数及び経費を要しないで、誤判を回復する道を開くなど法理上において適当と考えられる。」としている。違警罪即決例は、警察署長又は分署長又はその代理官がその管轄地内における違警罪を即決することができ、即決は、「裁判ノ正式ヲ用ヒス」、被告人の陳述を聴き、証憑を取り調べ、直ちにその言渡しをする。被告人は即決の言渡しに対しては、違警罪裁判所に正式の裁判を請求することができるが、正式の裁判を経ずに直ちに上訴をすることはできないという仕組みになっている。違警罪即決例は、裁判所法施行法(昭和22年4月16日法律第60号　施行同年5月3日)第1条によって廃止されるまで長らく法令として存続したが、それが、行政官庁をして「裁判ノ正式ヲ用ヒス」科刑の処分をさせることを認める点において疑問とすべきもの

があるのみならず，しばしば他の刑事捜査の目的のため人身を拘束する手段として濫用される弊害を伴っているとして，批判が向けられていた。

### 重罪裁判所陪席判事の員数の削減

治罪法上，重罪裁判所の陪席判事は4名と定められているが（第73条第2号），当分の間，2名と定める（明治14年9月20日太政官第46号布告）。また，第73条第2号ただし書によると，重罪裁判所を始審裁判所において開く時は，陪席判事はその裁判所長及び先任の判事をもって充てることと定められているが，これを，当分，裁判所長又は院長の臨時指定するところに委ねると改めた（明治14年10月6日太政官第55号布告）。

### 違警罪の裁判機関の特例

違警罪をその本来の管轄裁判所たる違警罪裁判所ではなく，府県警察署又はその分署で裁判させることとした。最初は三府五港（東京・京都・大阪・神奈川（横浜）・兵庫（神戸）・長崎・函館・新潟）の市区を除いてこの特例が定められたが（明治14年9月20日太政官第48号布告），後にこの特例は全国的に適用された（明治14年12月28日太政官第80号布告）。そして，司法省の指令は，警察署において違警罪裁判所として裁判を行う警部は裁判官と同一の権限を有し，1警察署に警部1人しか置かれていない地では，警部1人が自ら検察事務を執り，また自ら裁判の職務を行うものとした。

第48号布告に関する司法省の伺は，「違警罪は軽微の犯罪であるのに，関係者を遠隔の地の裁判所に往復させるのは不都合であるから，治安裁判所＝違警罪裁判所は，警察署又は分署が置かれている地に設置し，少なくとも全国350箇所に設置しなければ官民の便を欠くこととなる。したがって，三府五港の市区以外の地区では，当

分，従前の例に倣い，府県（警察）へ権限を委任することにしたい。」というのであった。この特例が，次の第80号布告により三府五港の市区を含めて全国的に適用されることとなったのである。「違警罪については夜間であっても直ちに裁判に付すべきものと考えられるが，違警罪裁判所は警察署と異なり，閉庁時限や休暇日があって，直ちに裁判することができず，軽微な犯罪者を待たせることとなり，不都合である。」というのが司法省の掲げた立法理由であった。

### 治安裁判所における軽罪裁判所の開廷

当分の間，軽罪につき検察官が予審を必要としないと見込むものに限り，始審裁判所の所在地を除くほか，治安裁判所において軽罪裁判所を開いて裁判することができ，この場合，訟廷内の治罪の手続は便宜取計らい，かつその手続については上訴を許さない（明治14年10月6日太政官第54号布告）。

当初置かれた始審裁判所のうち後に他庁に合併されることになった13庁の所在地の治安裁判所及び大島治安裁判所（鹿児島始審裁判所管内）についても類似の特例が適用される（明治14年12月28日太政官第77号布告）。司法省内訓は，この場合にも，予審を行うことがあり得るので，治安裁判所判事補の中から予審掛を指定しておくべきものとした。治安裁判所で開かれる軽罪裁判手続では，警部に検事の職務を代理させる（明治14年12月28日太政官第71号布告）ほか，司法省の指令，内訓により色々な便宜措置が認められた。

なお，上記合計14の治安裁判所において，民事の訴訟は始審裁判所の権限をもって裁判し，金額又は価額100円未満の事件に関する控訴は管轄始審裁判所になすべきものとする特例が定められた（明治15年1月28日太政官第5号布告）。「大洋中ノ孤島又ハ連山環繞ノ絶域」で，「裁判事件モ僅少」であることを理由とする。

第1編　第3章　治罪法における裁判所の構成

### 控訴の停止

治罪法は違警罪裁判所及び軽罪裁判所の始審の裁判に対し控訴を認めたが，この控訴に関する規定は，当分の間，実施を停止する（明治14年12月28日太政官第74号布告）。この布告を申奏した司法省は，控訴停止の必要性を次のように述べている。「①治罪法上軽罪控訴の明文があるが，制度上これに対処するには多大の費用を要し，控訴が濫用されればその弊害に堪えられない。②既に違警罪裁判は上訴を許さないという特例が発せられている（91頁）。③軽罪控訴に対し訴訟費用の予納という制限が設けられたが（同年9月，83頁），検察官の控訴には制限がなく，検察官は，微罪である軽罪であっても，審判が不当であると認めるときは控訴を申し立てなければならず，その場合，被告人，証人らに労力・費用・時間の負担がかかり，官の失費もまた大きい。④控訴を停止しても，上告の方法があるから，人民が無実の罪に陥る恐れはない。」というのである。

さきにも述べたように，治罪法は，違警罪裁判所及び軽罪裁判所の各始審の裁判に対する控訴を認めたのに対し，重罪事件の裁判に対しては大審院に対し上告することはできるが控訴は認めなかったため，違警罪，軽罪と重罪との間の不均衡が生じていたが，既に違警罪控訴は許されず（上記②），またこの第74号布告による控訴規定の実施停止により，控訴は重罪，違警罪のみならず，軽罪に係る裁判に対しても禁止されるに至ったため，表立たなくなった。その後の推移については前述したところ（84頁）を参照されたい。

### 小笠原島・伊豆七島・北海道・沖縄県における審判の特例

①小笠原島では，東京府出張所が治安裁判所＝違警罪裁判所，始審裁判所＝軽罪裁判所の権限をもって裁判事務を執り，民事刑事の控訴及び重罪裁判は東京控訴裁判所の管轄とするが，同島において

治罪の手続は適宜取り扱うものとする(明治14年10月7日太政官第56号布告)。②伊豆七島では,島吏に,民事は百円以下の裁判及び勧解を,刑事は違警罪の裁判を委任し,民事百円以上,刑事軽罪以上は東京始審裁判所の管轄とするが,同島において治罪の手続は適宜取り扱うものとする(前同日太政官第57号布告)。③函館裁判所管内を除く北海道及び沖縄県は,当分従前のとおり所轄の官庁において裁判し,治罪の手続も便宜取り計らうべきものとし,控訴は北海道は函館控訴裁判所,沖縄県は長崎控訴裁判所の管轄とした(明治14年12月28日太政官第79号布告)。④北海道に函館のほかに札幌,根室2県が置かれて新たに札幌,根室の始審裁判所が設けられたが,両始審裁判所における治罪の手続はしばらく便宜取り計らい,また,重罪犯は,これを審訊し証憑擬律案をそろえて函館控訴裁判所の批可を得てから宣告すべきものとされ(明治15年6月20日太政官第29号布告,同日太政官第30号布告),また,沖縄県内の重罪犯については,当分の内,同県において審訊し証憑擬律案をそろえて長崎控訴裁判所の批可を得てから宣告すべきものとし,同県における治罪の手続は便宜の取り計らいをすることができる(明治15年7月8日太政官第33号布告)という特例がそれぞれ設けられている。⑤明治16年9月,従前,重罪裁判所が複数始審裁判所管轄の地方を併せ管轄する形を認めていた管轄区画の定め(76頁)を廃し,以後,重罪裁判所の管轄は,各始審裁判所管内をもって1区画と定めたが,沖縄県,札幌県,根室県については従前(④)のとおりとされた(同月7日太政官第33号布告)。その後,札幌,根室始審裁判所管内の重罪犯については,両裁判所においてそれぞれ重罪裁判所を開くものと改めたが,治罪の手続は依然として便宜取り計らうべきものとされた(明治18年10月22日太政官第33号布告)。

Bridgebook

# 第4章

## 裁判所官制における裁判所の構成

**LEAD** 　裁判所官制は，治罪法に次いで，裁判所構成法の施行に至るまでの間の司法制度の根幹を定めたものである。
　裁判所としては，治罪法上の裁判所のうち控訴裁判所を控訴院と改称するほか，従来の組織を踏襲し，裁判所の権限及び裁判官の職務も治罪法等の法令によるとするにとどまるが，その他の事項については，新規の規定を数多く設け，裁判所構成法の前身といわれるほどの内容を備え，特に裁判官の職務上の独立の保障に係る規定を設けていることが着目される。

　明治18年12月22日太政官制に替わって内閣制度が誕生し，これに伴い司法制度についても，裁判所官制（明治19年5月5日勅令第40号）が内閣の起草に基づき定められた。裁判所官制において，裁判所そのものは，控訴裁判所を控訴院と改称する他は，従来の治安裁判所，始審裁判所，重罪裁判所，大審院及び高等法院という体制をそのまま維持し（第1条第1項　以下，条項数は特記しない限り裁判所官制のそれを指す），また，「裁判所ノ権限及裁判官ノ所掌」は，「訴訟法治罪法及其他法律命令ノ定ムル所ニ依ル」（第13条）として，自ら規定することをしていない。ここに「訴訟法」とあるのは，当時の用語上，民

事訴訟法を指すが，裁判所官制が公布された明治19年5月は，政府の教育顧問として雇用されたヘルマン・テヒョー（Herrmann Techow）が司法大臣山田顕義（あきよし）に民事訴訟法の草案（原著 Entwurf einer Civilprozessordnung für Japan「日本民事訴訟法草案」）を提出した明治19年6月の直前に当たり，明治23年4月21日法律第29号として公布されるべき民事訴訟法はいまだ生成中の時期であったのであり，したがって，裁判所官制にいう「訴訟法」とは，他日公布されるべき民事訴訟法を予定しつつ，当時施行されていた前掲明治14年12月28日太政官第83号布告（治安裁判所及ヒ始審裁判所ノ権限）を中心とする幾つかの民事訴訟関係法規の総体を指すと解するほかなく，したがって，「裁判所ノ権限及裁判官ノ所掌」，例えば裁判所の審級管轄事項などは，大部分治罪法によって決することとなる。しかし，裁判所官制は，その他の裁判所構成関係の事項，すなわち，裁判官，検察官の登用方法，任用，補職の資格，裁判官の職務上の独立性及び身分の保障並びに司法行政の監督系統について，かなり詳細な規定を設けており，明治23年の裁判所構成法の前身といわれる程度の体裁を整えるに至っている。

## 1　裁判官，検察官その他の職員

### 裁判官，検察官の職種と配置

本令中「裁判官トアルハ裁判所ノ長局長評定官判事及判事試補ヲ総称シ検察官トアルハ検事長検事及検事試補ヲ総称ス」（第1条第2項）。裁判官のうち「局長」とは，大審院及び控訴院に民刑の裁判体を構成する基として置かれる各「局」の事務総括者たる裁判官，すなわち「其局ノ所掌ニ属スル裁判事務ヲ指揮ス」る者（第26条）であり，

「評定官」とは，大審院及び控訴院に配置される裁判官である（第2条）。「判事試補」とは，もともと，判事登用規則（明治17年12月26日太政官第102号達）により判事登用に先立って試用され，1年以上事務を見習う始審裁判所の「御用掛」の改称された名称であったが（明治19年1月26日内閣達第5号）(113, 115頁)，裁判所官制はこれを裁判官の一職種の呼称としたのである。また，「検事試補」は，裁判所官制が新たに設けた検察官の職種の一つである。以上の裁判官及び検察官が各裁判所に配置される（第2条）。

### その他の職員

ほかに裁判所の職員として書記官，書記，勧解吏，執行吏が置かれる（第2条，第7条，第37条〜第39条）。ただし，重罪裁判所及び高等法院の職員は治罪法の定めるところによる（第4条）。

### 裁判官，検察官の任用

裁判官及び検察官として任用される資格は別に試験法の定めるところによる（第8条）。試験法とは，暫定的に前述の判事登用規則が，次いで，明治19年2月の各省官制（同月27日勅令第2号）通則第49条及び裁判所官制第8条を受けて明治20年7月に制定された文官試験試補及見習規則（同月25日勅令第37号）がこれに当たる。同規則によれば，裁判官及び検察官（「司法官」と総称される）は，「法学博士文学博士ノ学位ヲ受ケ又ハ法科大学文科大学及旧東京大学法学部文学部ヲ卒業シ」た者又は「高等試験ヲ経当選」した者を「**試補**」に採用し（同規則第1条〜第3条），「便宜ニ従ヒ少クモ一箇年半ハ治安裁判所一箇年半ハ始審裁判所ニ於テ其事務ヲ練習」（同規則第25条）させて本官に任用することを原則とする。「試補」は本官に任命されるための事務練習者である。しかし，前記規則にいう「**司法官ノ試補**」として採用した者をいきなり裁判所官制にいう「判事試補」，「検事試補」とし

て任命し,執務させたというのが当時の実情であり,現に,判事試補の場合は,任命後単独で民事裁判を担当している。

新たに裁判官に任ぜられる者は治安裁判所においてその職務に服し,治安裁判所裁判官又は検察官であって1年以上その職務に服したものは始審裁判所裁判官に任ずることができるなど職歴による階層的な任命資格の定め(第11条)がある。

### 裁判官の職務上の独立性及び身分保障

裁判所官制は,裁判官が職務を遂行する上での独立性を担保するとともに,身分上の保障を定める。

(i) **職務上の独立性の保障** この独立性を保障する手段は,法が独立の侵犯をどのように想定するかによって様々であり得るが,裁判所官制は,裁判体における**合議の秘密を守る**ことに職務上の独立性を保障する意義を見いだした。第42条が「裁判所ノ会議及議決ハ之ヲ公行セス其状況及結果ハ一切之ヲ漏洩スルコトヲ許サス」と規定したのは,合議内容が漏れることにより裁判官に対し外部からの威圧,干渉の危険を誘うことを防ごうとしたものである。裁判官は,何よりもまず,自ら合議の秘密を漏らさない義務を履行することによって,裁判に対する外部からの不当な影響を遮断しなければならないという職務上の重い責任を担う立場に置かれる。

(ii) **身分保障** 第12条は,「裁判官ハ刑事裁判又ハ懲戒裁判ニ依ルニアラサレハ其意ニ反シテ退官及懲罰ヲ受クルコトナシ」と規定した。この裁判官の身分の保障は,**転所の保障**(意に反して勤務裁判所の変更を強いられない)等を伴わないのみならず,懲戒裁判に関する法規も未定であった点において,十分とはいえない。のみならず,前掲各省官制は,「各省大臣ハ所部ノ官吏ヲ統督シ」,奏任官以上の「進退」は内閣総理大臣を経てこれを上奏する(通則第12条),「司法大臣

ハ司法ニ関スル行政司法警察及恩赦ニ関スル事務ヲ管理シ大審院以下ノ諸裁判所ヲ監督ス」(司法省第1条)として,司法大臣が裁判官(奏任官以上に該当)の「進退」に関する広汎な人事の上奏権を保有するとともに,大審院以下諸裁判所に対する監督を含む司法行政権を有するものとしているから,裁判官の身分の保障に厳しい限界があったことも否定できない。しかし,裁判所官制の前記第12条の規定は,遠からずして大日本帝国憲法及び裁判所構成法による身分保障(147, 167頁)へと高められる素地となった点において,これを積極的に評価すべきものと考える。

## 2 裁判所の権限,裁判官の職務及び「分課」

### 裁判所の権限,裁判官の職務等

裁判所の権限の定め(いかなる裁判所がいかなる種類,範囲の事件を取り扱う権限を持つか)及び裁判官の職務(いかなる職種の裁判官がいかなる裁判所に配置されて,裁判事務を含むいかなる事務に携わるか)は裁判所構成法規において最重要な規定事項の一つであるが,裁判所官制は,第13条において,「裁判所ノ権限及裁判官ノ所掌ハ訴訟法治罪法及其他法律命令ノ定ムル所ニ依ル」として,治罪法等の関係法規の規律に委ねていること及びそのことの問題性については前述した(76頁)。

### 「分 課」

「分課」とは,裁判官の配置(特定の裁判所の裁判官に補せられた者が,その裁判所のどの部局で裁判事務を担当するか)及び裁判事務の分配(特定の裁判所に係属したいかなる種類,範囲の事件を,その裁判所のどの部局に,いかなる割合で配分して,処理させるか)に関する取決めのことであり,「一周年毎」に,各裁判所ごとに取り決められる。この裁判事務の分配に不可欠に関連

する代理順序（部局の構成員に差支えがあるとき、だれが代理するか）の準則も、同様にして取り決められる。その中に司法行政の担当者である裁判所長の代理順序の定めも含まれている（第14条、第16条〜第23条）。

### 司法行政事務

第24条、第25条は、司法行政事務の処理、その一環としての各裁判所に対する監督について規定する。これに対し、控訴院及び大審院の局長による「其局ノ所掌ニ属スル裁判事務」の「指揮」（第26条）は、文言どおりその局の担当する裁判事務に関するものであって、司法行政の処理、監督とは異なる。

## 3　検察官の職務

裁判所官制は、まず、治安裁判所を除く各裁判所に**検事局**を置き、各検事局の管轄はその置かれる裁判所の管轄区域によるとした（第27条第1項、第28条）。これは、さきに明治13年12月の各省使職制竝事務章程改定中の司法省職制竝事務章程で司法卿に与えた検事局の設置の権限（87頁）を勅令事項としたものである。

次に、検察官の職務につき、検察官は治罪法及び訴訟法に定める職務を行うとしたのは、裁判官の職務について治罪法等の規定に委ねたのと同様であるが、併せて、検察官をして、「司法ニ関スル事項及司法ノ行政ニ関スル事項ニ付監督ノ職務ノ職務ヲ行ハシム」とした規定（第27条第1項）は、戦前期検察の裁判所に対する位置を根付かせたものとして見逃すことができない。また、治安裁判所では、別に検事局を置かず、検事試補がその所轄に属する検察事務を行うが、検事試補を置かない治安裁判所では、警察官、郡区長、戸長をして検察事務を行わせることができるとしている（第27条第2項）。

検察官の職務上の地位について，裁判所に対する関係では，「検察官ハ其職務上其所在裁判所ニ従属セサルモノトス」（第29条），「検察官ニハ裁判官ノ職務ヲ行ハシムヘカラス又其職務ヲ監督セシムヘカラス」（第30条）として，検察官の裁判所に対する独立的地位と裁判に対する監督の禁止を定めた（この監督の禁止と上述の「司法ニ関スル事項及司法ノ行政ニ関スル事項」に対する監督職務とが実際上綺麗に分別処理されたかが問われる）。また，検察官は，職務の遂行に関して所属長官の命令に対する服従義務がある（第33条前段）として，**検察官一体性**の支柱を成すものを改めて確認している点も重要である。

以上のほか，検察行政事務の処理，その一環としての各検事及び司法警察官に対する監督並びに検察事務の指揮についての規定（第31条，第32条，第34条〜第36条）がある。

## 4　裁判官の執務基準

### 裁判体の構成

治安裁判所及び始審裁判所の審理判決は裁判官1人で行い，控訴院の審理判決は「主任局長ヲ合セテ裁判官3人」，大審院の審理判決は「主任局長ヲ合セテ5人」が「合議列席シテ」これを行う（第40条）。「裁判ヲ為スニハ前条ニ指定シタル主任裁判官ノ外列席スルコトヲ得ス但審問数日ニ渉ルヘキトキハ其裁判所中自余ノ裁判官ヲシテ立会ハシムルコトヲ得」（第41条）とされる。「自余ノ裁判官」の立合いは，裁判所構成法第120条，裁判所法第78条の**補充裁判官**と思想を同じくするものである。裁判体の構成に関する特例として，控訴院においては，控訴院長をして「院中一局ノ長ヲ兼ネシメ」ることができ（第17条ただし書），また，大審院長は民事第二局（第19条第1項後段

が規定するように，民事第一局は上告事件の受理不受理を審判し，民事第二局は受理された事件を審判する）の長を兼ねる（第19条第2項）。従前のような随時立合い（63頁）でなく，特定の裁判体の長として固定した点に進化をみる。

### 合議の非公開及び守秘義務

「裁判所ノ会議及議決ハ之ヲ公行セス其状況及結果ハ一切之ヲ漏洩スルコトヲ許サス」（第42条）とする規定が裁判官の職務上の独立性を保障するものであることは前述した。

### 合議の主宰及び合議方法，構成員が意見を述べる順序，評決の原則，大審院の総会議

合議に関し，詳細な規定がある（第43条〜第46条）。その大部分は，今日に繋がる重要な裁判官の執務基準である。

## 5 裁判所処務規程

明治19年7月1日司法省丙第8号裁判所処務規程は，裁判官，検察官の職務について，さらに詳しい規定を設けている。治安裁判所を除く各裁判所の一定の行政事務に関し「裁判官総会議」を開き得ると定めた点などは，裁判所構成法に勝る進歩的な一面である。

## (付) 公証人制度

司法職務定制にある**証書人**（第41条）は，フランスの公証人（notaire）に理念的範型を求めたらしいとされているが，公証制度につき本格的な立法化がされたのは明治19年8月13日法律第2号**公証人規則**であり，これが現行の同41年4月14日法律第53号**公証人法**に繋がるものである。

Bridgebook

# 第5章

## 行政訴訟制度の発足

**LEAD** 現在，行政庁の公権力の行使に関する不服を申し立てる等の行政事件訴訟が制度化されているが，この制度の萌芽は既に明治初年にみられる。本章でその概要を述べる。

### 1 明治5年司法省第46号達

　国民が行政庁の処分に対し訴訟という形で不服を申し立てることを認める制度の素描は，意外に早く，明治4年9月晦日司法省第1によって示され，翌5年11月28日司法省第46号達が6箇条の規定によりさらにこれを具体化した。それによると，①地方官及び戸長らが太政官の布告，諸省の布達に反する規則を作り，あるいは処置をなすとき，②地方官及び戸長らが「各人民（華士族卒平民ヲ併セ称ス）」の提出した願・伺・届などにつき処理を滞らせるとき，③各人民の移住往来を地方官が抑制するなどその権利を妨げるときなど5項目にわたる地方官及び戸長らの違法な措置に対し，各人民がその地方の裁判所又は司法省裁判所に訴訟を提起することができ，地方の裁判所及び地方官（裁判所未設置の府県で裁判を担当する者）の裁判に服しない

者は，司法省裁判所に訴えることができるとした。これは江藤新平司法卿の発想による制度であるとされる。

## 2　明治7年司法省第24号達

　その後，明治7年2月制定の左院事務章程に，「人民ヨリ支配官庁ニ対シテ起セル訴訟アルトキハ正院ヨリ之ヲ本院〔左院〕ニ下シ裁判セシムヘシ」というような行政裁判構想も現れる中，先の明治5年の新施策により地方官を相手取った訴訟が一時に増加したという状況に対応して，明治7年9月2日司法省第24号達「人民ヨリ官府ニ対スル訴訟仮規則」(「官府」は後に「院省使府県」と訂正) が定められた。後年，伊藤博文が「憲法義解」(博聞社外3社，明治22年)（岩波文庫）の中で，この経緯について，「明治五年司法省第四十六号達は凡そ地方官を訟ふる者皆裁判所に於てせしめたりしに，地方官吏を訟ふるの文書法廷に蝟集し〔一時に多くあつまり〕，俄に司法官行政を牽制するの弊端を見るに至れり。七年第二十四号達は始めて行政裁判の名称を設け，地方官を訟ふる者は司法官に於て具状して太政官に申稟〔上申〕せしむ。」と述べている。この仮規則をみると，人民より「官府」(「院省使府県」と訂正) に対する訴訟を二つに区分し，(ア)その1を「一般公同ニアラサル人民一個ノ訴訟」，すなわち「一，官府所有ノ土地ニ関シタル事　一，官府ノ会計及ヒ金銭貸借ニ関シタル事　一，官府ノ管轄スル建造物等ニ関シタル事」に関する訴訟とし，(イ)その2を「人民一個ノ事ニアラサル一般公同ノ為ニ起ル訴訟ニシテ行政裁判ニ帰スル者」，すなわち「一，官ノ会計ニ付一般ノ人民ニ関スル事，一，道路ヲ作ルコトニ付キ一般ノ人民ニ関スル事，一，工部ノ製造建築ニ付一般ノ人民ニ関スル事，一，此官庁ト彼官庁トノ間ニ起ル権限

ノ事,一,行政官ト司法官トノ間ニ起ル権限ノ事」などに関する訴訟とする。このうち(ア)の訴訟は，列挙されている事項に関する人民の私的利益をめぐる行政機関との間の紛争であり，民事上の争いとして司法官がこれを受理する。これに対し，(イ)の訴訟は，人民一般の利益に関わる事項を目的とする訴訟であり，仮規則自ら述べているように，その解決は，元来「行政裁判」として取り扱われるべき性質のものであるが，現在その制度が設けられていないので，訴える者があるときは，司法官は，具体的事情を太政官の正院に上申して，その指図を求め，その上で裁判をするものとした。また，同仮規則は，(ア)(イ)の訴訟を通じ，被告とされた官府の代理人に関する規定及び官府から人民に償還すべき相当の事由がある場合には，正院にその事由及び裁判の見込みを具体的に上申しなければならず，裁判所がその手続をとって裁決したものは，終審としてさらに「抗告」することはできないという規定を設けている。同月22日司法省第26号達は，行政訴訟を含む各種の訴訟形態に即し，(a)「地方裁判庁」で始審の裁判をなし，これに対する控訴は司法省裁判所で終審の裁判をするものと(b)司法省裁判所で始審の裁判をなし，これに対する上訴は司法省臨時裁判所で終審の裁判をなすべきものを定めた（43頁(i)③で既述した）。例えば，「人民ヨリ院省ニ対スル訴訟」「裁判所ノ設ケナキ各府県下ノ人民ヨリ其各府県庁ニ対スル訴訟」などは後者の訴訟類型に属するものと明定している。

　ところで，上記仮規則の(ア)と(イ)の規定をもって，民事裁判事項と行政裁判事項の区別，特に行政裁判事項とすべきものの範囲を過不足なく示しているといえるかは疑義が残るところであるが（司法省自身，明治9年1月22日第5号達の中で，さきの仮規則は，「行政司法ノ裁判権限ニ於テ猶混淆ヲ免カレサル儀モ有之候ニ付（中略）右ニ関スル訴訟ハ総テ本省へ伺出指令済ノ

上受理」せよと述べている)，同仮規則が，地方官のみならず，中央官庁に対する訴訟をも許し，かつ司法裁判と行政裁判の区分をしたこと自体は注目に値するものと評価されている。しかし，他方において，前述のように，(イ)の訴訟については，裁判所が正院に具体的事情を上申して，その指図を求めなければならないとし，また，(ア)(イ)の訴訟とも，官府より人民に対し償還すべき相当の理由がある場合における裁判所の措置に係る規定の中で，裁判に対する行政の関与を表面から認めた点を消極的に評価する見方もある。いずれにせよ，この仮規則は，明治前期における行政訴訟制度の基礎的な法令として作用していたものであり，これがさらに，審級管轄，訴え受理に対する司法省の関わりなどの諸点を含め，幾多のめまぐるしい曲折を辿り，大日本帝国憲法第61条の行政裁判所規定 (135頁) 及び明治23年6月の行政裁判法 (205頁) へと進展していくのである。

Bridgebook

# 第6章

## 司法官の養成

**LEAD** 本章は、司法制度の担い手である判事、検事の明治前期における養成制度を述べる。養成は官主導で始まる。司法省の明法寮、次いで法学校での法学教育がそれであり、やがて、東京大学及び私立法律学校での法学教育が続く。しかも、判事、検事の養成は、これらの法学教育に続く次の課程として、判事、検事を志望する者が、明治17年〔1884年〕の判事登用規則による御用掛（後に判事試補と改称）、明治20年〔1887年〕の文官試験試補及見習規則による司法官の試補としての実務教育を経ることによって行われ、そのことが任用の要件とされることにより均質的な司法官の獲得が目指された。

## 1 法学教育の始動

### 法学教育の要請

　裁判手続に携わる裁判官、検察官、弁護士は、その手続に対する関わり方を異にし、それに伴い、それぞれ独自の職域を分かち持っているが、裁判手続を通じた法の適用にあずかるという一点において、等しく**法律家という専門職**を形成している。そして、この専門職の地位を取得するには、一定の法学教育を受け、これを履修したこ

とを必要とするというのが，西欧近代の伝統であり，開国した日本もこれに倣った制度の構築に着手した。そして，法律家のうち裁判官，検察官は国の官吏として任用されるので，法学の履修は官吏任用の要件となり，また，弁護士も法学の履修が国法の定める資格取得の要件とされ，このようにして，法学教育が法律家として必要な実務能力を養うという性格を多かれ少なかれ具えなければならないとされるのも，各国にほぼ共通した姿である。ただ，法学教育としてどのような具体的内容のものを必要とし，それをどのような国家・教育機構が，どのような階梯を通して分担するかというレベルでみると，国情，時代により多様である。我が国の場合，どうであったかを司法官，すなわち裁判官，検察官について見てみよう。

### 司法省省員の「選挙」

　裁判官，検察官の任用について，明治5年8月の司法職務定制は規定を欠き，明治8年5月の司法省職制章程，同10年3月の同職制章程改正も，司法卿は，「判事及司法諸官奏任ノ任免進退ハ具状シテ命ヲ乞ヒ（下略）」と定め，同13年12月の各省使職制 並 事務章程改正中の司法省職制並事務章程でも，司法卿は，「部下官員並ニ判事ノ進退黜陟ハ奏任以上ハ之ヲ具状シ（下略）」と定めるにとどまり，すべて司法官の任用を人事権者の自由裁量に委ねることとし，任用の要件には触れていない。しかし，当時，任用の要件が全く考慮されなかった訳ではない。明治8年2月12日司法省第3号達は，「各地方裁判所」に対し，欠員等があって，本省に対して「省員」の「選挙申立」をする場合には，試験を行い，「試験状」（試験結果報告）を添えて申し立てるべきものとし，その試験は，面接で技能の程度を検するとともに，聴訟を志望する者，断獄を志望する者については，それぞれ既決事件と他の例題について「裁案」を作成させ，実務能

力を試み，志望に適合しているかを検討しなければならないとしている。この規定部分は，司法官の任用を目的とするものであって，その任用の要件として，志望者の法学の履修を緩い形で求めていたものといえるであろう。この司法省達が「各地方裁判所」に宛てるという形式を採って全国的に呼びかけているのは，広く人材を発掘する構想に基づくものと考えられるが，その受験資格，試験の実際，試験による任用者の人数，その「省員」としての処遇等のみならず，既に始まっていた国の機関による法学教育履修者の司法官任用との関連も明らかでない。

### 明法寮

法律家，直接には司法官養成のための法学教育は，まず官から着手された。司法職務定制において，裁判所，検事局とともに省務を「支分」する部局として明法寮が置かれ，その職制章程中で**「法科生徒」に対する教授**（第78条，第84条第6）が定められた（50頁）。国自らが法学教育の機構を設けたのである。明治5年7月に開校された明法寮法学校での法学教育は，明治8年5月明法寮そのものが廃止されて中断したが，その時点での生徒15名は司法本省に引き継がれ，司法省法学校として教育が続行された。

### 司法省法学校

**司法省法学校正則科**の修業年限は，第1期生（明治5年明法寮に入学）は4年間，第2期生（明治9年入学）から予科4年，本科4年の8年間となり，それぞれ同法学校で教育を受けたが，第3期生（明治13年入学），第4期生（明治17年入学）は在学中，明治17年12月に正則科が廃止されたことに伴い，共に東京法学校に引き継がれ，次いで，第3期生は同校が合併された東京大学法学部（さらに改組されて帝国大学法科大学）で，また，第4期生は，東京大学予備門，第一高等中学を経て，帝

国大学法科大学でそれぞれ教育を受けた。また，**速成科**の修業年限は，第1期生（明治10年入学）2年間，第2期生（明治13年入学），第3期生（明治16年入学）とも3年間であった。

司法省法学校の教科内容の全容は必ずしも明らかでないが，正則科についてみれば，8年制の時期は，東京法学校の教科内容から推測して，予科は「性法」（法哲学）講義のほか一般教養科目，本科は民刑の実体法・手続法にわたる法律学の講義であったもののようであり，一方，速成科の3年間課程の授業科目（明治17年時点）を見ると，各年度模擬裁判が組み込まれるとともに，民刑の実体法・手続法の講義が配置されている。そして，以上の法律学の講義は，それに関わった時期，期間に差異があるが，ブスケ，ボアソナアド及びパリ大学法学博士ジョルジュ・ヴィクトル・アペール（Georges Victor Appert）によりフランス法中心に行われた。司法省法学校で出題された問題を集めた明治16年司法省刊行の「民事問題」中に収められた解答「民事答案」はすべてフランス民法に基づいていることが先行研究によって明らかにされている。

司法省法学校は，正則科，同速成科を合わせて四百数十名の卒業生（帝国大学法科大学に引き継がれて卒業した者を含む。）を出し，そのうち相当数の者が司法部の担い手として活躍したのであり，明治初年における官設の法学教育として大きな成果を残した。

### 東京大学

司法省法学校にやや遅れて，東京大学法学部（明治19年3月帝国大学法科大学として組織替え）における法学教育が始まり，第1回の卒業生を出したのは明治11年7月であり，その後明治18年までの間についてみると，卒業生62名を出している。その教科課程の主旨として掲げられたところは，「本邦ノ法律ヲ教フルヲ主トシ旁ラ支那，英吉

利,法<ruby>蘭西<rt>フランス</rt></ruby>等ノ法律ノ要領ヲ学修セシム」(明治10年)というのであり,事実,その当時,現行法律といっても刑事法のほかにみるべき国内制定法はなく,むしろ,外国法,とりわけ英米法の教育が大きな比重を占めていたのである。大綱を授ける外国法にドイツ法が加わったのは明治16年のことである。東京大学の上記8年間の卒業生として法学士の学位を授与された62名は,その全部が司法部を志望したのではないから,当時の東京大学が司法官の人的供給源として果たした役割は限られていたのである。

### 私立法律学校

司法省法学校及び東京大学における法学教育と並んで,明治10年代以降,私立法律学校が順次開校されていく。すなわち,明治13年に東京法学社(法政大学の一源流)と専修学校(専修大学の前身),明治14年に明治法律学校(明治大学の前身),明治15年に東京専門学校(早稲田大学の前身),明治18年に英吉利法律学校(中央大学の前身),明治19年に関西法律学校(関西大学の前身),やや遅れて明治22年に日本法律学校(日本大学の前身)がそれぞれ開校された。これらの法律学校設立の目的の一つに法律実務家となるべき者の養成が置かれたことは,ほぼ共通しており,事実,数多くの判検事,代言人の出身母胎として寄与した。このほか,法律学社,泰東法律夜学校,茂松法学校,横濱法律学校など今日その跡をとどめていない法律学校20数校が設立されている。

このようにして,官民による法学教育が徐々に歩みを始めたのである。

## 2　判事登用規則と御用掛の事務見習

　官吏任用制度の整備は，伊藤博文が欧州の憲法調査（明治15年3月～16年8月）から帰国し，明治17年3月，宮中に制度取調局を置き，立憲政体の創設に関する諸制度を準備する一環として着手されたが，そのような情勢の下にあって，官吏の任用基準を体系的に定めた最初のものが**判事登用規則**（明治17年12月26日太政官第102号達）であった。同規則の最も大きな特徴は，判事として登用される前に，1年以上始審裁判所の**「御用掛」**として事務を見習う課程を経なければならないとしたことである。この御用掛を1年以上勤めた者は適宜の時に検事に登用し得るとしているから，同規則は，検事の任用基準をも定めたものとなっている。このような御用掛としての事務の見習は，現場の判検事による実務を中心とした法学教育としての側面を持つものであるから，規則は，御用掛としての司法修習とそれに先行する大学等における法学の履修という2階梯にわたる教育を受けたことをもって司法官任用の要件とするという新しい制度を打ち出したことになる。

　この判事登用規則は，司法省の立案である。司法卿山田顕義の掲げた立法理由は，当時政府の重大な課題であった条約改正の中核を成す治外法権の撤廃を実現するため，また，国内的には人民の信頼をつなぐために裁判権の確立こそが必須のことであり，それには何よりもまず良い裁判官を登用し，良い裁判が行われるようにすることが求められるから，本規則の制定が急務であるというのであった。「判事登用ノ法未タ其宜(よろしき)ヲ得ス故ニ其職ニ任スル者往々学識経験ニ乏シク或ハ法律ニ明カナラス裁判其当ヲ失フコトアリ」という現実に直面した司法省が，制度取調局による官吏任用制度の成法化を

待たずに，司法官の任用規則の制定を急いだのである。司法省が，司法省法学校を設け，多年にわたり法学教育に携わり，その卒業生から判検事を任用しつつある経験と実績を踏まえ，行政官とは別に，司法官の任用につきその独自性に配慮した制度を作ろうという積極的な意図が窺われる。

　規則の内容は，その規定及び司法省作成の「判事登用規則説明」によれば，大略次のとおりである。判事に登用するのは，法学士，代言人及び試験及第者に限る（第1条第1項）。法学士とは東京大学法学部を卒業し法学士の学位を授与された者若しくは司法省法学校（正則科）を卒業し法律学士の称号を取得した者をいい，代言人とは広く代言の業を営む者をいい，法学士で代言人となった者（試験なしに免許を与えられた。）と司法省の試験に及第して免許を得た者を含むが（70頁，88頁），後者はその学識経験が前者に相当すべきものでなければ選抜しないとしている。しかし，年々卒業する法学士の人数は僅かであって，所要の判事の需要を満たすことができないので，便宜，判事登用試験による選抜の方法を採ることとし，「外国ニ於テ法学士状師〔弁護士〕ノ称号ヲ受ケタル者」（第1条ただし書）並びに東京大学法学部別課生徒及び司法省法学校速成科生徒，私立法学校等で学習した法学生で司法官を志望する者を対象にして，試験を行い，登用の道を拓いたというのである。

　規則は，このような任用資格を定めるとともに，それらの者を登用するには，まず始審裁判所の御用掛として1年以上実務を見習わせ，判事の欠員のある場合に随時その本官に任命するとしている（第2条第1項）。ただ，代言業務の経験者（法学士で代言人となった者は2年以上，その他の代言人は5年以上業を勤め学識経験卓絶の者に限る）は，御用掛としての事務見習を経ないでも，判事の欠員のある場合に直ちに本官に任

命するとしている (同条第2項)。なお，御用掛1年以上の者は適宜の時に検事に任用し得るとしていること (同条第3項) は前述した。

このような御用掛としての司法修習の必要性について，司法省は，「社会ハ活動シテ已ス事情ハ変化窮リナシ (中略) 古今学理ト実際ト背反スルコト鮮(すくな)カラス是ヲ以テ学識博高ナリト雖(いえど)モ実際ノ経験ヲ積マサル時ハ其功ヲ奏スルコト能(あた)ハス〔法学士，代言人，試験及第者〕三者ヲ登用スルノ際直ニ判事ニ任スルコトヲ得ス宜(よろし)ク先ス始審裁判所ノ御用掛ヲ命シ便宜ノ庁ニ配置シ裁判ヲ除クノ外総テ民刑事ニ関スル一切ノ事務ヲ取扱ハセ一年以上其才能ヲ試ミ然(しか)ル後之ヲ判事ノ本官ニ任スヘシ」と説明している。基本的に今日の司法修習制度に通ずる考え方である。

規則は，ほかに登用欠格 (第3条)，試験手続 (第4条〜第8条)，判事任命特例 (第9条)，検事から判事への転任 (第10条) について規定している。規則は，明治18年と同19年に改正されたが，後者の改正は，事務の見習をする御用掛を「判事試補」と改称するものである。御用掛改め判事試補は，事務の見習者であって裁判官ではない。この点が裁判所官制における「判事試補」と本質的に異なるところである (98頁)。

規則に基づき，法学士，代言人以外で司法官を志望する者に対する判事登用試験は，明治18年8月，同19年11月，同20年1月，6月，10月の5回に行われ，及第者682名を得た。

## 3　文官試験試補及見習規則と試補の事務練習

明治18年12月内閣制度が創設された4日後，内閣総理大臣伊藤博文が各省大臣に示した各省事務の整理綱領 (「官紀五章」) を受けて，

文官試験試補及見習規則（明治20年7月25日勅令第37号）が制定された。本規則は、「司法官」（裁判官と検察官の総称　第1条第2項）を含めた「文官」任用の要件及び手続を定めた一般法である。本規則によれば、裁判官、検察官がそれに属する奏任官は、(a)「法学博士文学博士ノ学位ヲ受ケ又ハ〔帝国大学〕法科大学文科大学及旧東京大学法学部文学部ヲ卒業シ」た者又は(b)「高等試験ヲ経当選」した者を試補に任命し、一定期間実務を練習させて本官に任用することを原則とする。司法官の試補の志望者も、高等試験に合格しなければならないが、前記(a)に当たる法科大学卒業生らは、高等試験を要せず試補に任命することができる（第1条第1項、第2条、第3条第1項）。試験については、本規則（第5条〜第14条）並びに細則及び達でこれを定めている。特に高等試験については、本規則に4箇条（第16条〜第19条）の規定を設けている。司法官の試補は、「便宜ニ従ヒ少ナクモ一箇年半ハ治安裁判所一箇年半ハ始審裁判所ニ於テ其事務ヲ練習スヘシ」と定められた（第25条）。

　本規則は、制定後幾つかの改正が加えられ、①代言人試験に及第し、5年以上代言人を務めた者は、高等試験及び実務練習を要しないで、司法官に任ぜられることができ、②司法省法学校正則科の卒業生は、上記(a)の旧東京大学法学部卒業生に関する規定が適用され、③試補の身分は奏任官待遇とすることなどが規定された（③は、本規則に先立つ明治19年2月27日勅令第2号各省官制通則第49条で、「試補ハ奏任ニ准シ」としたのを特化したものである）。

　本規則においても、判事登用規則と同様に、実務に即した法学教育の性質を有する試補としての事務の練習とそれに先行する大学等における法学の履修という2階梯にわたる教育を受けたことを司法官任用の要件とすることが定着しつつあることを示しているのであ

る。そして，本規則により，前記(a)の法科大学卒業生その他と並んで，(b)の高等試験の及第者から司法官の試補が採用されることとなり，その高等試験は，明治21年から同23年の間3回にわたり施行され，合計64名の合格者を得，やがて，裁判所構成法に基づく明治24年5月15日司法省令第3号判事検事登用試験規則による試験制度，さらには，大正7年1月18日勅令第7号高等試験令による司法科試験に移行していくのである（146, 173頁）。

　付言すると，以上述べたとおり，司法官の養成は明治の初年から，しっかりと取り組まれてきたが，法律家の他の一翼をなす弁護士については，一定の法学的素養を必要とする資格試験こそ課せられたが，それに合格すれば足りるとされ，試験→考試という2段のテストとその中間における1年6月以上の実務修習が資格要件とされることとなったのは，ようやく昭和8年5月1日弁護士法（旧弁護士法）になってからであり（66, 70, 88, 200頁），法曹の跛行的造出として指摘されるところである。

**参考文献**

池田寅二郎『司法ニ関スル法制』（司法資料第104号）（司法省調査課，昭和2年）

司法省編『司法沿革誌』（法曹会，昭和14年）

団藤重光『刑法の近代的展開』（弘文堂書房，昭和23年）

我妻栄他編『日本政治裁判史録　明治　前』（第一法規出版，昭和43年），同『明治　後』（同，昭和44年）

三ケ月章『民事訴訟法研究第7巻』（有斐閣，昭和53年）

　同　　『民事訴訟法研究第8巻』（有斐閣，昭和56年）

石井良助『明治文化史2法制』（原書房，昭和55年）

西堀明『日仏文化交流史の研究』（駿台出版社，1981年）
手塚豊『明治刑法史の研究（上）』（慶応通信，昭和59年）
　　同　『明治法学史の研究』（慶応通信，昭和63年）
　　同　『明治史研究雑纂』（慶応通信，平成6年）
伊藤栄樹『改正検察庁法逐条解説』（良書普及会，昭和61年）
染野義信『近代的転換における司法制度』（勁草書房，1988年）
最高裁判所事務総局『裁判所百年史』（大蔵省印刷局，平成2年）
瀧川叡一『日本裁判制度史論考』（信山社，1991年（平成3年））
菊山正明『明治国家の形成と司法制度』（お茶の水書房，1993年）
福島正夫（吉井蒼生夫編）『福島正夫著作集 第1巻』（勁草書房，1993年）
兼子一=竹下守夫『裁判法〔第4版〕』（有斐閣，1999年）
藤原明久『日本条約改正史の研究』（雄松堂出版，2004年）
鈴木正裕『近代民事訴訟法史』〔日本〕（有斐閣，2004年）
林屋禮二=菅原郁夫=林真貴子『統計から見た明治期の民事裁判』（信山社，2005年）
林屋禮二『明治期民事裁判の近代化』（東北大学出版会，2006年）
リチャード・シムス，谷田部厚彦訳『幕末・明治日仏関係史』（ミネルヴァ書房，2010年）

● 第2編 ●

# 裁判所構成法の成立

明治憲法は，明治22年に発布され，また，裁判所構成法が明治23年に公布された。明治憲法は，立法，行政，司法の三権分立を基調とする立憲国家を基礎づけたが，裁判所構成法は，憲法に基づきながら，司法制度のあり方を具体的に定めた。本編は，この裁判所構成法を論ずる。第7章は，裁判所構成法の成立過程を論じて，憲法や条約改正の動向との関連を明らかにする。第8章は，裁判所構成法の具体的内容を論ずる。同法は，体系的・統一的な裁判所制度についての法であり，判検事に一定の資格が必要なこと，一定の年限以上判検事等の職を経験しない限り，控訴院判事や大審院判事に補されないこと，司法大臣の監督権は判事の裁判権に影響を及ぼさないことなどを定め，更に裁判所の種類・権限を明らかにし，その後の司法制度の基礎となった。もっとも，明治憲法・裁判所構成法の下の司法権は，民事刑事事件の裁判権に限られ，行政事件については行政裁判所が置かれたこと，民事刑事事件についても特別裁判所の設置が可能であったこと，法律が憲法に抵触していないかの審査権が存在しなかったことなどの限界も存在した。

Bridgebook

# 第 7 章
## 裁判所構成法の成立

**LEAD** 　裁判所構成法（明治 23 年 2 月 8 日法律第 6 号）は，近代日本の体系的な司法のあり方を定めた法であり，明治 23 年 11 月 1 日から施行された。裁判所構成法の成立経過で特徴的なのは，その原案起草者が御雇外国人オットー・ルードルフであったこと，条約改正交渉において司法制度整備が重要課題とされたこと及び明治 20 年には井上馨外相を中心とした条約改正交渉，明治 22 年には大隈重信外相による条約改正交渉の中で外国人裁判官が構想されたこと，大日本帝国憲法は，司法権についての規定を定めたが，その起草が裁判所構成法起草と併行して進められたことである。

## 1　裁判所構成法の起草

### 起草者オットー・ルードルフ——プロイセン裁判官

　裁判所構成法の起草の中心人物は，御雇外国人であるドイツ・プロイセンの裁判官**オットー・ルードルフ**（Otto Rudorff, 1845-1922）であった。ルードルフは，当初，東京大学法学部のドイツ法講義のために来日した。そもそも，明治 16 年頃より，当時の東京大学法学部には，ドイツ法を振興しようとする企画があった。イギリス，ドイツに留

## 裁判所構成法成立年表

| 明治 | 裁判所構成法 | 条約改正・憲法 |
|---|---|---|
| 17年10月 | オットー・ルードルフ来日（東京大学講師） | |
| 18年8月 | オットー・ルードルフ司法省顧問契約 | |
| 19年5月 | | 井上馨条約改正会議開催（20年8月まで） |
| 8月 | 外務省法律取調委員会設置 | |
| 20年1月 | 裁判所構成法案を条約改正会議で各国委員に提示 | |
| 4月 | | 憲法井上毅甲案乙案 |
| 8月 | | 条約改正会議無期延期<br>憲法夏島草案 |
| 9月 | | 井上馨外相辞任伊藤博文外相兼務 |
| 11月 | 司法省法律取調委員会帝国司法裁判所構成法案審議 | |
| 21年2月 | | 大隈重信外相就任 |
| 3月 | 同委員会で議了し，内閣提出 | |
| 6月 | | 憲法草案枢密院審議 |
| 11月 | | 大隈が条約改正の個別交渉始 |
| 22年2月 | | 憲法公布 |
| 4月 | | 外国人判事問題議論に |
| 6月 | 裁判所構成法案枢密院審議 | |
| 7月 | 枢密院議了 | |
| 10月 | | 大隈条約改正中止閣議決定 |
| 23年2月 | 裁判所構成法公布 | |
| 11月 | 裁判所構成法施行 | |

学後明治14年に帰国し,その後は同学部の中心であった**穂積陳重**(後に現行民法を起草)がドイツ法を高く評価していたことが関連する。当時の法学部では,アメリカ人弁護士ヘンリー・テリー (Henry T. Terry, 1847-1936) が明治9年以来その当時まで不動産法,訴訟法,万国公法など多数の講義を担当していた。しかし,法学部は,明治17年にテリーとの契約更新を行わず,新たにドイツ人法学教師採用を決定し,駐独公使青木周蔵に適当な人物の紹介を依頼した。

オットー・ルードルフは,青木の要望に応え,裁判官休職扱の身分で,3年間東京大学法学部のドイツ法講師として講義を担当するため,明治17年に来日した (月俸450円)。その父は,弁護士であり,その叔父は,ローマ法学者として著名なベルリン大学法学部教授アドルフ・ルードルフであった。オットー・ルードルフ自身は,来日前に数冊の実務的著書も刊行していた。ところが,ルードルフは,翌18年3月のプロイセン司法大臣宛ての手紙で,ドイツのパンデクテン法学を講義しても学生側にラテン語やローマ史の基礎知識もないため講義に情熱を失ったが,日本側から司法省顧問就任の打診を受けたと述べている。その後,ルードルフは,明治18年8月に司法省との間で期間2年の法律顧問としての契約を締結した (月俸550円)。さらに,ルードルフは,青木外務次官との間で明治19年2月に外務省法律顧問としての契約を締結した (月俸200円)。ルードルフの年俸は,あわせて9000円に達した。明治19年3月17日高等官官等俸給令別表 (明治19年勅令第6号) によると内閣総理大臣の年俸は9600円,各省大臣は6000円であるから,相当の処遇であった。ルードルフは,司法省雇問契約の期間が満了する明治20年に,新たに期間3年の顧問契約を締結し,滞在を延長した (月俸650円,後に700円)。ルードルフは,契約更新の際,プロイセン司法大臣に休職延長申請

の手紙を書き，日本ではフランス法，イギリス法などの各国の法が影響力を競い合っているため，自分の長期にわたる滞在が**日本でのドイツ法振興**に有益であると述べた。

　顧問契約におけるルードルフの役割は，司法省各局長課長の法律上の質疑に答えること，諸裁判所の審理を傍聴し，判事の顧問となり，意見を述べることなどであった。ルードルフは，裁判所構成法の原案起草にあたっているが，いつの時点で起草依頼があったかははっきりしない。もっとも，司法省顧問契約締結直後の明治18年9月に，日本の裁判所組織及び管轄権限について，実態調査を踏まえた長文の意見書を起草し，「裁判所編制法」の制定が必要だと論じているのであり，顧問契約締結の明治18年8月に近いころにルードルフに起草依頼があったと考えられる。

　裁判所構成法の制定は，不平等条約改正のためにも重要であった。ルードルフにしても，自己の裁判官としての学識・経験を最大限に活かすことのできる課題であった。ルードルフは，裁判所構成法原案起草に際して，日本各地の裁判所を訪れ，相当の実態調査と準備を重ねた。例えば，ルードルフ作成の意見書について，現在の裁判実務を経験した蕪山嚴からも「審理すべき事件もないのに，裁判官が毎日登庁して，大部屋で席を共にしている実情を職務の遂行及び研究に有害と（ルードルフが）断じていることは頷けるところである」と指摘されているほどである。また，ルードルフはプロイセン・ライン地方の裁判官として**フランス法適用の経験**も有していた。

### ルードルフの基本構想——裁判官の独立性・専門性・中立性

　ルードルフの司法制度についての基本構想は，明治19年(1886年)6月7日に東京で開催された判事会議での講演で知ることができる。ルードルフは，次のように論じた。ドイツでは，1871年のドイツ帝

国創設の後,1877年に裁判所構成法,民事訴訟法,刑事訴訟法などが制定された。ドイツと日本は,国家の統一のための「法律一致ノ希望」(民法の編纂等)や統一的司法・裁判所制度の確立という共通の課題に直面しているのであり,ドイツの経験は日本にも大いに参考になる。ドイツの経験によれば,裁判所制度について,**裁判官の独立と身分保障**が重要である。身分保障という特権を付与された裁判官は,学問的及び実務的学修を必要とするが,ドイツでは,これは,大学での法学の履修とその後の困難な2回の国家試験及び実務修習により確保されている。日本でも,ドイツ同様に,裁判官が最も名誉ある官職となることが必要である。なお,ドイツの刑事司法制度には陪審のような市民参加がなされる制度があり,これは,フランス法の影響によるが,適切ではない。また,職業裁判官について,フランスでは,二種類の区別があり,通常の裁判官の他に,治安判事という学識を要件としない裁判官が存在するが,それも適切ではない。ドイツ司法制度における裁判官の独立には歴史的伝統がある。よく知られるエピソードとして,ベルリン近郊ポツダムのサンスーシー宮殿隣接の風車小屋所有者がその保存を望んでフリードリヒ2世を訴えた事件がある。「伯林ニハ裁判所アリ」という原告の言葉はドイツ中で有名になった。ドイツの裁判所は国民の権利保護のために重要な役割を果たしている。また,裁判官は独立の地位を与えられるが,裁判官が政治に介入するのは,厳に戒めなければならず,ドイツの司法制度が裁判官の政党加入を禁止していない点は正しくない。

さらに,ルードルフは,当時のドイツの裁判所制度を紹介した。通常の民事・刑事の事件については,特別裁判所を除くほか司法裁判所の管轄となる。行政裁判所との管轄争いは,権限裁判所におい

て決する。司法裁判所は，区裁判所，地方裁判所，上等地方裁判所，帝国裁判所である。刑事事件については区裁判所において参審，地方裁判所において陪審裁判所があるが，素人を裁判に関与させることであり，ドイツの制度において最も良くない点である。区裁判所は，「独決」裁判官による。**独決制**は，迅速であり，慎重に欠けるけれども少額事件などに適する。そのほか，区裁判所は登記などを管轄する。地方裁判所は，区裁判所より上級であるが，民事では３名合議により鋭利細密の審査をすることでその審理の質が保障される。上級地方裁判所は５名合議，帝国裁判所は７名合議とする。そのほか，弁護士などについて定めている。日本では当時単独裁判所であった始審裁判所を合議裁判所とすべきである。というのも，裁判官の資格を統一した場合には，単独裁判官による最下級審判決の上訴を再び単独裁判官が審理するのは適切ではないからである。もっとも，日本の裁判官数が十分でないことを考慮すると，裁判所の数を減らすべきである。ドイツでは新法制定と共に**老朽裁判官排除**がなされた。民法の制定がドイツでも日本でも完成していないが，これを実現することが必要である。

以上のように，ルードルフは，法律の学識を有し，特別の身分保障を有する裁判官が，独立してその職権を行使する制度を重要としていた。また，司法への私人の参加には消極的であったし，裁判官と政治との距離を厳格に維持することを求めた。

## 2　条約改正交渉と司法制度

### 井上馨条約改正交渉——領事裁判権と司法制度

明治政府の重要課題は，徳川幕府により締結された不平等条約の

改正であった。例えば，幕府は，大老井伊直弼の決断により，アメリカ合衆国と安政5年 (1858年) に日米修好通商条約を締結したが，日本人に対して法を犯したアメリカ人は，アメリカ法を適用して，アメリカの領事裁判所により審理するとの条項（**領事裁判権条項**，アメリカ人に対して法を犯した日本人は日本の裁判所で日本法により審理）や，日本の関税について日米の合意により定める旨の条項（協定関税条項＝関税自主権放棄条項）がその条約にあった。同様の条約は，ロシア，オランダ，イギリス，フランスとも締結された（安政の五カ国条約）。もっとも，日本には当時の欧米諸国のような司法制度，法律の整備がなかったのであり，欧米諸国が自国民保護の観点から，日本の司法制度・法律制度に不信感を抱いて領事裁判権条項を要求したのも無理からぬところがある。

**井上馨**は，明治12年より外務卿であり，明治18年に内閣制度が創設されると外務大臣となり，この間長期にわたり不平等条約改正をその重要な課題とした。井上馨は，各国別交渉方式に代えて諸国代表との協議による条約改正をめざし，明治15年から条約改正予備会議，明治19年5月から条約改正会議を開催し，とりわけ領事裁判権の撤廃を目指した。明治19年からの条約改正会議では，青木周蔵も外務次官として重要な役割を果たした。こうした会議において条約改正の前提として，西欧法原理に基づく民法，民事訴訟法などの法典編纂が不可欠になり，裁判所構成法はその一環とされた。

### 明治20年の裁判所構成法草案——英語案・仏語案

この間，司法省は，ボアソナアドなどの民法典起草に大きな努力を払っており，法典編纂の部局が設置されていた。しかし，条約改正の動きの中で，司法省が管轄していた法典編纂の部局が外務省に移管されることになった。明治19年8月に外務省法律取調委員会

を設置し、ルードルフ、ボアソナアド、カークウッド（イギリス人弁護士、1850-1926）等が委員となった。同年9月頃より、共に討議を重ね、その成果として、明治20年1月に、条約改正会議において、各国政府の代表に対して、裁判所構成法の草案（英語案及び仏語案）が提示された。この外国人委員等が作成した案は、英語版が基礎になったと考えられる。もっとも、ルードルフの手紙によれば、そのさらに元となる案は、ルードルフがドイツ語で起草したのであった。

この時に提示された案は、全部で5編（第1編裁判権、第2編司法裁判所及検事局、第3編裁判所員及検事局員及其他ノ官吏、第4編司法事務ノ取扱、第5編司法行政ノ職務及権）155条であった。その冒頭諸規定の日本語訳（帝国司法裁判所構成法草案）は、次のようなものである。

> 第1編　裁判権
> 第1条「凡ソ裁判権ハ天皇ノ御名ヲ以テ司法裁判所之ヲ行フ」
> 第2条「司法裁判所ハ独立ニシテ法律以外ノ権力ニ服従スルコト無シ」
> 第3条「何人ト雖モ法律ニ因テ得タル裁判ヲ受ルノ権ハ之ヲ奪ハルヽコトナシ」

以上のように、第1条は、裁判権の所在、第2条は司法裁判所の独立、第3条は裁判を受ける権利の保障を規定している。とりわけ、第2条及び第3条にルードルフの基本構想との関連を知ることができる。なお、裁判所構成法の草案は、参考のために提示された。外国人委員から意見が出されたこともあったが、日本側は、草案は国内法であり、日本の主権に属するとして、議論の対象とすることを拒んだ（明治20年2月2日条約改正会議等）。

### 外国人裁判官問題——ボアソナアドの反対

条約改正会議では、明治20年4月に**裁判管轄条約案**が成立した。これは、日本本土を外国人に開放する条件で数年後に領事裁判権を

撤廃すること,そのために「泰西主義」の各種法典整備を各国に約束し,その結果を「通知」することを定めた。また,外国人に「交渉セル」民事・刑事の裁判について,横浜(東京ではない),函館,新潟,神戸,京都,山口,長崎,名古屋の地方裁判所,東京,大阪の控訴院及び大審院に**外国籍裁判官**を配置し,外国籍裁判官多数で裁判体を構成し,日本語を「公用語」,英語を「所用」の語としつつ,判決書等は英語を「正文」とし,外国籍裁判官は,少なくとも4年の任期で聘用し,その期間内は外国籍裁判官により構成される懲戒裁判所の判決によらなければ罷免されない等と定めた。

　これに対して,ボアソナアドが裁判管轄条約案による外国人裁判官任用は日本の利益にならないとして反対した。また,憲法起草の中心人物の一人であった井上毅もこれに動かされ,当時の伊藤博文総理大臣に反対意見を提出し,山田顕義司法大臣なども反対意見であり,民間においても外国人裁判官の導入への批判が数多く登場した。結局,井上馨は明治20年7月に条約改正会議の無期延期を各国代表に伝え,同年9月には外務大臣を辞職した。なお,オットー・ルードルフは,ボアソナアドとは異なり,外国人裁判官任用に特別の反対意見があったわけではないようである。というのも,明治20年3月8日付のプロイセン司法大臣宛の手紙で,ルードルフは,日本人裁判官の能力は十分でなく,外国人を最上級裁判所の裁判官に任用することも良い教育手段となりうるし,自分も政府から大審院判事として勤務することを打診され,一時は前向きに考えたが,自分は明治19年末より考え方が変わり,日本の裁判官に対して講義をすることで教育に当たるつもりであると述べている。

## 3 憲法起草と司法制度

### 明治憲法の起草――憲法起草グループによる密行

裁判所構成法は，司法権を定める憲法と密接に関連する。この当時は，明治憲法もまた起草の過程であった。明治憲法起草過程において重要な役割を果たしたのは，政治家としては**伊藤博文**及び**井上毅**，外国人法律顧問としてはドイツの法学者であるロエスレル（Hermann Roesler, 1834-1894）であった。

明治15年に，伊藤博文は，欧州において憲法調査を行ったが，調査項目の中に，皇室，内閣，上院下院，地方制度と並んで，「司法官ノ進退」に関する問題が含まれていた。伊藤は，ベルリン及びウィーンを中心に調査を行い，明治16年8月に帰国した。明治17年3月には伊藤博文を長官とする制度取調局が設置され，井上毅などが局員になった。制度取調局は，明治18年に行政争訟制度について調査を行い，ロエスレルの起草による行政裁判法草案も成立した。これは，そのまま後の行政裁判所制度に結びついたものではないが，フランス法及びドイツ法に従って司法裁判所と行政裁判所との分離を前提としたものであり，分離方針は，その後も維持された。

明治憲法の条文起草そのものは，制度取調局には委ねられず，伊藤博文を中心とし，井上毅，伊東巳代治，金子堅太郎の4名からなるグループで秘密裡に進められた。憲法起草とともに皇室典範，議院法，会計法などの**憲法附属法**の起草がなされた。そのうち，このグループは，皇室典範や議院法について草案起草を行ったが，裁判所構成法はルードルフ達を中心とした外国人顧問と司法省に，会計法の草案は大蔵省に委ねられた。憲法起草グループと裁判所構成法起草との関連については，必ずしも明らかでないが，既に見た井上

馨条約改正交渉で外国人判事の可否が問題になったことから、井上毅が、山田司法大臣に、《憲法草案の起草の参考のため、裁判所構成法案を拝借したいが、もしも印刷されている草案があればそれを頂戴したい》旨の依頼をする書簡が残されている（明治20年5月24日付山田顕義宛井上毅書簡）。憲法起草グループと裁判所構成法案起草者との間に密接な連絡があったとは考えにくく、憲法と裁判所構成法の最終的な調整は、枢密院において行われることになった。憲法と会計法についても、会計法の当初の草案は、フランス法に倣って予算法律主義を採用するなどの特徴を持っていたため、後に、会計法案は大幅な修正を受けた。憲法起草グループは、秘密の内に作業を進めていた。その意向は、裁判所構成法案の起草を支配していたという訳ではないと考えられる。

### 憲法草案における司法制度——裁判を受ける権利・裁判官の身分保障

憲法草案として、具体の条文案が成立したのは、井上条約改正構想が論議を呼んだ明治20年4月、5月の頃であり、井上毅による「甲案」、「乙案」及びロエスレルによる日本帝国憲法草案が成立した。井上毅による甲案は、法律に掲げた場合又は裁判の効力によらなければ「強制拿捕勾留」を受けないこと及び法律に定めた規定によらなければ「糾治」を受けないこと（第7条第4号、第5号）、法律による裁判の原則、裁判権の所在、独立（「不羈」、第47条）、裁判官は天皇の任命によること及び身分保障（第48条）、裁判の対審及び判決の公行（第49条）、天皇の大赦特赦等の権限（第50条）、裁判所編制・裁判官職制・裁判章程の法定（第51条）、行政上の処分又は指令について行政官を訴えるには行政裁判所によること（第52条）、司法部行政部の権限争議の裁決は別に法律で定めること（第53条）を定めた（乙案は条文の番号は異なるが、内容はほぼ同様）。もっとも、裁判を受ける権利に関する規定

がないこと，裁判官の身分保障に関して，法律の定める理由によらなければ「免職又ハ非職」を命じられないが，裁判編制又はその区画の変更により非職を命じられることがあり得るとしたこと，「判事補及治安裁判所ノ判事」は身分保障を受けないとしたこと(甲案第48条)なども特徴である。ロエスレルによる日本帝国憲法草案も，裁判権の所在，独立(「不羈」，第63条)，裁判所の構成の法定(第64条)等々を定めた

### 明治憲法草案の検討——基本的原理の確定

その後，伊藤博文，井上毅，伊東巳代治，金子堅太郎の4人が神奈川県横須賀市の夏島にある伊の別荘において憲法草案の検討を行い，20年8月頃に**夏島草案**と呼ばれる憲法草案が成立した。夏島草案は，法律に掲げた場合又は裁判の効力によらなければ強制拿捕，勾留を受けないこと(第54条)，裁判を受ける権利(正当の裁判所より阻隔されないこと)の規定(第55条)，法律によらなければ糾治を受け，刑罰を科せられないことの規定(第56条)を設けた。また，第5章司法として，司法権は法律を以て構成した裁判所で法律により天皇の名を以て行うこと(第65条)，裁判官は天皇又は天皇の名で終身で任ぜられ，その懲戒は法律を以て定め，免職及び一時の停職は裁判の宣告によること(第66条)，裁判所の審理判決は公行すること(第67条)，行政庁の処分又は命令に対する訴訟は行政裁判所の裁判に属すること(第68条)，通常裁判所と行政裁判所との権限争議は，特別の裁判を開いて決すること(第69条)などを定め，相当程度，成立した憲法に近いものになった。なお，井上毅が明治20年8月に作成した夏島草案逐条意見(第68条注釈)では，行政裁判法案を見ていないと述べているから，憲法起草グループは，この時期は，行政裁判法案の起草とも一定の距離があったことになる。憲法起草に際し，井上毅など

は，多数の質問をロエスレル，モッセなどの外国人法律顧問に行ったが，司法権に関する質疑は量的に少なく，また，内容的には行政裁判所と司法裁判所の関連を中心としていた。

### 枢密院での憲法審議——裁判所構成法案の影響

憲法草案の起草は，いったん開始されると急速に進み，その後，明治20年10月の十月草案，明治21年2月の二月草案，同3月の最終議定案が成立した。21年4月には，憲法や憲法に附属する法律の審議のために枢密院が設けられた。5月には天皇臨席のもと枢密院が開院し，憲法及び皇室典範の条文審議が開始された。そこで，提出された憲法草案は，法律によらない拿捕監禁糾治の禁止（第23条），裁判を受ける権利（第24条）を規定した。もっとも，枢密院へ提案された第23条は，「拿捕監禁及糾治」の文言を使用していたが，委員会修正により，「逮捕監禁及審問処罰」の文言に改めた（後に「及」の文言削除）。その際，山田顕義司法大臣は，現行治罪法及び内閣に提出中の裁判所構成法案の文言との適合を図るため，憲法草案の文言を修正したと述べた。また，第24条は，「日本臣民ハ政党ノ裁判所ヨリ阻隔セラルヽコトナシ」と規定していたが，「日本臣民ハ法律ニ定メタル裁判官ノ裁判ヲ受クルノ権ヲ奪ハルヽコトナシ」と修正された。その際，山田顕義司法大臣が，裁判所構成法案の文言は，法学の専門家数名が議論して定めたものであるから，穏当なことは当然であると説明し，裁判所構成法案の文言が憲法に生かされた。

枢密院での憲法草案は，第5章司法として，司法権は法律により天皇の名を以て行うこと及び裁判所の構成は法律で定めること（第58条），裁判官は法律により定められた資格を具えるものを以て任ずること，刑法の処断又は懲戒による以外は職を免ぜられず，懲戒の条規は法定すること（第59条），裁判の対審判決は公行すること（第60

条),行政官庁の違法の処分により権利を傷害されたとの訴訟にして行政裁判所の管轄に属するものは司法裁判所において受理しないこと(第61条)を規定した。枢密院審議では,新たに,特別裁判所の管轄については法律で定める旨の規定(新第61条)が委員会修正案として付加された。なお,この際に,山田司法大臣が,欧州では,単独裁判官としての「治安判事」の権限を限定し,逆に始審裁判所を数多く設けているが,日本ではそれに従うことはできず,むしろ最下級裁判所に広い権限を認めるべきであると述べた。

枢密院審議において,裁判官の**身分保障規定**について,西洋ではこのとおりで差し支えないであろうが,日本の裁判官の多くは試験を受けていない裁判官であり,それに強い身分保障を与えるのは問題ではないかとの疑問が提出された。これに対して,山田顕義司法大臣が,裁判官は人の生命財産を預かる者であり,それには身分保障が必要なこと,現在の裁判官は実務により鍛えられつつあること,現在の裁判官のうち上位の者は試験によっていないが,新進の者は試験採用が大半であることなどを指摘し,身分保障が憲法上どうしても必要であるから日本の裁判官の現状に配慮してこれを設けないというわけにはいかないと指摘した。

## 明治憲法の成立

明治憲法は,明治22年1月に枢密院で再審,第三審の会議があって,最終的な調整があった後,明治22年2月11日に公布された。その第2章臣民権利義務で第23条は,法律によらない逮捕監禁審問処罰の禁止を規定し,第24条は裁判を受ける権利を規定した。また,第5章司法で,司法権は法律により天皇の名において行い,裁判所の構成は法律によって定めること(第57条,裁判権の所在及び裁判所構成の法定),裁判官は法律によって定められた資格を具える者が任

ぜられること，裁判官は刑法の宣告又は懲戒の処分によらなければ職を免ぜられることがなく，懲戒については法律で定めること（第58条，裁判官の資格及び身分保障），裁判の対審判決は公開されるが，安寧秩序又は風俗を害する恐れがあるときは，法律又は裁判所の決議で対審の公開を停止できること（第59条，裁判の公開原則），特別の裁判所の管轄に属すべきものは別に法律で定めること（第60条，特別裁判所，この条文は枢密院審議で加えられた。），行政官庁の違法の処分により権利を傷害されたとの訴訟で行政裁判所に属するものは司法裁判所で受理できないこと（第61条，司法裁判所と行政裁判所）を定めた。

## 4　裁判所構成法の成立過程

### 裁判所構成法案の審議——司法省法律取調委員会

　外務省法律取調委員会が司法省に移管された後，**司法省法律取調委員会**は，明治20年11月1日に法律取調委員会略則を定め，同月から，旧民法，民事訴訟法などに先立って帝国司法裁判所構成法草案（全156条）の審議を開始した。その結果として，明治21年3月23日に，山田顕義法律取調委員長は，帝国裁判所構成法草案（全157条）を内閣に提出した。なお，この時には，日本語草案の原型となっていた英語草案についても修正案が提出された。この帝国裁判所構成法草案は，法制局に回付されたが，山田法律取調委員長は，明治21年4月6日に，すでに提出した草案の一部修正を請議した。その後，前述したように，裁判所構成法案に密接に関連する憲法につき，明治21年6月より枢密院審議があった。

　明治22年3月には，法制局審議を経た帝国裁判構成法草案（全151条）が元老院（明治8年に創設され，23年に廃止された法律審議機関）の議定に付

された。元老院は、大体可否会という簡略化された審議で議案を可決して内閣に上奏し、内閣は、同3月25日に帝国裁判所構成法案(全151条)を**枢密院**に付議した。その後、枢密院は、6月及び7月に裁判所構成法案の審議を行い、7月12日に審議終了の上、裁判所構成法案(全143条)として上奏した。

### 大隈条約改正交渉——外国人裁判官構想の再登場と挫折

この間、政治的に難しかったのが、**大隈重信外相**による条約改正交渉と外国人裁判官の可否の問題である。明治20年9月の井上馨外相辞任の後、伊藤博文が一時外相を兼務したが、大隈重信が明治21年2月より外務大臣に就任し、明治21年4月の黒田清隆内閣成立時も外相を続けた。大隈は、個別交渉方式による新たな条約改正構想を有し、明治21年11月に駐日ドイツ臨時公使に新条約案を手交し、その後、明治22年1月にはロシア、イギリス、イタリアなどに新条約案を示した。そこで、大隈が提案したのは、外国人判事を大審院にだけ任用し、外国人が被告である場合についてはこれが多数を構成した裁判体により裁判に当らせる、外国人判事の任用期間を少なくとも4年とする、新条約実施後2年以内に刑法・民法・商法・訴訟法などの法典を整備する、新条約実施後5年で領事裁判権を撤廃し、日本本土を外国人に開放し、旅行・居住等の権利を認めるなどの内容であった。明治憲法成立直後の明治22年2月にはアメリカが大隈構想に基づく新条約を調印し、6月にはドイツ、8月にはロシア、イギリスとの交渉もまとまった。もっとも、陸奥宗光駐米公使が3月29日付大隈重信宛書簡で、法律に定めた裁判を受ける権利に関する憲法第24条、裁判官は法律に定めた資格を具えるものとする第58条に外国人判事大審院任用は合致しない可能性があると問題を提起した。大隈は、明治22年5月14日付陸奥宛書

簡で，裁判所構成法に「附則ヲ以テ両者ノ間ニ抵触ヲ生セシメサル」予定であると返答した。大隈の明治22年2月20日付米国公使宛書簡 (外人判事任用ニ関スル宣言) では，刑事では「刑罰ノ二月ノ禁錮及五十円ノ罰金若クハ単ニ百円ノ罰金」を超える一切の刑事事件は上告の手続を以て，あるいは単に第一審且つ終審として大審院の管轄とする，民事では「交渉金額ノ百円ヲ超ユルモノ」は大審院に上告できる旨の制度を提案している。それ故，大隈条約改正が成立した場合には，枢密院議定の裁判所構成法に一定の手直しがあり得た。

　大隈の条約改正交渉は，外国政府の同調を得て成功するかに見えたが，明治22年4月にロンドンタイムズが内容を伝えると日本での政治問題となった。とりわけ，外国人裁判官任用が議論の対象になり，日本国民の公務就任権に関する憲法第19条も問題とされ，裁判所構成法案が大審院判事について10年以上の判事検事等の経験を要求することも議論の対象となった。井上毅は，外国人裁判官を日本人に帰化・任用するなどの法案を検討したが，最終的には，**外国人裁判官任用へ反対の立場となった**。明治22年10月には，大隈条約改正交渉の中止が閣議において決定され，大隈自身暴漢の襲撃に遭遇し，12月には外務大臣を辞職した。日本政府は，ロシア，アメリカ等に対し，すでに調印済みであった条約改正案の延期を申し入れた。かくして，大隈条約改正交渉に伴う裁判所構成法附則等の手当ても不要になり，明治23年1月に裁判所構成法公布のための閣議が開かれ，すでに決定された全143条の条文に経過規定 (附則) を加えた全144条の条文として裁判所構成法が明治23年2月10日に公布された。

**参考文献**

稲田正次『明治憲法成立史上,下』(有斐閣, 1960, 1962年)

藤原明久『日本条約改正史の研究——井上・大隈の改正交渉と欧米列国——』(雄松堂, 2004年)

大石一男『条約改正交渉史 1887-1894』(思文閣, 2008年)

大久保泰甫=高橋良彰『ボアソナアド民法典の編纂』(雄松堂, 1999年)

浅古弘「裁判の歴史1・2・3」(法学教室280-282, 2004年)

鈴木正裕『近代民事訴訟法史・日本』(有斐閣, 2004年), 同『近代民事訴訟法史・日本2』(有斐閣, 2006年)

小柳春一郎=蕪山嚴『裁判所構成法』(信山社, 2010年)

五百旗頭薫『条約改正史—法権回復への展望とナショナリズム』(有斐閣, 2010年)

Bridgebook

# 第8章

## 裁判所構成法の内容

**LEAD** 裁判所構成法は，大審院（東京に1），控訴院（東京，大阪，名古屋，広島，長崎，宮城，函館で7），地方裁判所（各府県に1だが，北海道のみ3で計48），区裁判所（300）からなる司法裁判所制度の具体的あり方を定めた。また，裁判官の任用資格や身分保障について定めた。司法事務の取扱いについても規定し，裁判の公開，法廷秩序，評議のあり方も定めた。裁判所構成法は，ドイツの裁判所構成法に相当の影響を受けているが，連邦制度ではなく中央集権的制度であること，陪審のような非専門家の参加が見られないこと，三審制度を貫いていることなどが異なる。ここでは，裁判所構成法の内容を論ずると共に，その元となったフランス及びドイツの司法制度との関連を検討する。

| フランス | ドイツ | 日本 |
|---|---|---|
| 破毀院（1） | 帝国裁判所（1，但しバイエルン独自） | 大審院（1） |
| 控訴院（27） | 上級地方裁判所（28） | 控訴院（7） |
| 始審裁判所（376） | 地方裁判所（171） | 地方裁判所（48） |
| 治安判事（2866） | 区裁判所（1911） | 区裁判所（300） |
| 商事裁判所（221）<br>労働裁判所（134） | | |

（数字は裁判所の数）

## 1 裁判所構成法の内容

裁判所構成法は，全4編からなる。第1編裁判所及検事局，第2編裁判所及検事局の官吏，第3編司法事務の取扱，第4編司法行政の職務及監督権である。

### 裁判所及び検事局——通常裁判所の体系と行政事件

第1編裁判所及び検事局は，以下のことを定める。通常裁判所として，区裁判所，地方裁判所，控訴院，大審院を置く（第1条）。通常裁判所は民事，刑事を裁判するが，法律で特別の裁判所の管轄としたものはこの限りでない（第2条）。地方裁判所，控訴院及び大審院を合議裁判所とし，数人の判事を以て組み立てた「部」ですべての事件の審問裁判をする（第3条）。裁判所の設立廃止及び管轄区域などは法律で定める（第4条）。各裁判所に相当なる員数の裁判官を置く（第5条）。各裁判所に検事局を附置し，検事は公訴を提起するのみならず，法律の正当なる適用を請求し，判決の適当なる執行を監視し，民事においても必要なときは通知を求め，意見を述べることができ，司法及び行政事件について公益の代表者として職権に属する監督事務を行う（第6条）。検事局に相応な員数の検事を置く（第7条）。各裁判所に書記課を設け，往復会計記録その他の事務を扱う（第8条）。区裁判所に執達吏を置き，執達吏は，裁判所より発する文書を送達し，及び裁判の執行を行う（第9条）。

以上のように，裁判所構成法は，区裁判所，地方裁判所，控訴院，大審院をすべて通常裁判所として位置づけた。フランスの司法制度においては，区裁判所に相当すべき治安裁判所は，例外裁判所として位置づけられていた。治安判事が通常裁判所の判事とは資格において異なっており（19世紀では，法律の学修が必要なかった），その身分保障

についても不可動性の保障がなかった。ルードルフは，そうした2元的職業裁判官制度に批判的であった。民事の管轄制限は，合意でこれを排除することもできるとしたこともこれと関連する。ルードルフは，ドイツのように，裁判官がすべて資格を有し，専門家であること，その裁判官が身分保障を受け，独立に職権を行使することが必要であるとした。なお，裁判所構成法は，フランスと同様に検事に大きな役割を持たせた。検事は，単に刑事事件について公訴を提起するのみならず，「法律ノ適当ナル適用ヲ請求」するなどの諸種の役割を持った。

問題として残されたのは，**行政事件**の扱いである。伊藤博文の『大日本帝国憲法義解』は，行政官庁の違法の処分により権利を傷害されたとの訴訟で行政裁判所に属するものは司法裁判所で受理できないことを定めた憲法第61条について，司法裁判所は，「民法」上の争訟を判定する任務を有するが，憲法及び法律により委任された行政官の処分を取り消す権力を有せず，司法権が独立を要するように，行政権もまた司法権に対して独立を要するのであり，行政権の措置が司法権の監督を受け，司法裁判所が行政の当否を取捨判定することになれば行政権が司法権に隷属することになると論じていた。

これに関連して行政裁判法（明治23年法律第48号）が明治23年6月30日に公布された。行政裁判法は，行政裁判所が東京に1箇所のみ置かれること（第1条），その裁判には再審を求めることができないこと（第19条），法律と勅令に定めのある事件のみ管轄すること（第15条）等を定めた（明治23年法律第6号（「行政庁ノ違法処分ニ関スル行政裁判ノ件」）が，海関税を除き租税手数料の賦課に関する事件，租税滞納処分に関する事件，営業免許の拒否又は取消しに関する事件，水利土木に関する事件，土地の官民有区分処分の査定に関する事件を管轄するものと定めた。詳しくは204頁）。また，「行政裁判所

ハ損害要償ノ訴訟ヲ受理セス」との規定もあった (第16条)。このため，国や地方公共団体に対して損害賠償を請求するには，司法裁判所に提訴するしかなかった。これに関して，大審院は，行政作用について権力的なものとそうでないもの(営利を伴う私経済作用にかかわるものや，非権力的公行政作用にかかわるもの)とを区別しつつ，前者についてはいわゆる国家無答責の論理で責任を否定し，後者については民法上の損害賠償を認める法理を展開させていく。

### 下級裁判所の構成

　裁判所構成法は，区裁判所，地方裁判所，控訴院，大審院について次のように規定した。**区裁判所**の裁判権は，単独判事が行う。一つの区裁判所に二人以上の判事が配置されている場合でも，各判事にその事務が分配される。その**事務分配**は，毎年，地方裁判長があらかじめ定めておく (第11条)。事務分配は，一度定まった後は，原則として司法年度中は変更しない (第12条)。区裁判所の管轄は，民事では訴額100円以下の訴訟，借家関係，経界確定，占有訴訟などの迅速な処理を要する訴訟である (第14条)。また，区裁判所は，未成年者等行為無能力者の後見人等の監督，不動産登記商業登記などの非訟事件も扱う (第15条)。刑事では，違警罪，本刑50円以下の罰金を付加し又は付加しない2月以下の禁錮又は単に100円以下の罰金にあたる軽罪等を扱う (第16条)。各区裁判所には検事局が置かれる (第18条)。

　**地方裁判所**は，第1審の合議裁判所であり，各地方裁判所に1又は2以上の民事部及び刑事部を置く (第19条)。各地方裁判所には裁判所長が置かれ，裁判所長は，裁判所の一般の事務を指揮し，その行政事務を監督する。また，各部に部長を置く。部長は部の事務を監督し，その分配を定める (第20条)。司法大臣は，毎年各地方裁判

所の判事1人又は2人以上を刑事の予審判事とする(第21条)。各地方裁判所の事務は,裁判所長が部長及び部の上席判事1人の会議において,司法大臣の定めた通則に従い,各部及び各予審判事に分配する。裁判官の配置及び代理順序も毎年あらかじめ定める(第22条)。事務の分配及び裁判官の配置が一度定まると,原則として司法年度中は変更しない(第24条)。民事における地方裁判所の管轄は,①第1審としては,区裁判所又は控訴院の権限として定められたものを除く請求であり,②第2審としては,区裁判所判決に対する控訴及び決定・命令に対する抗告事件である(第26条)。刑事における地方裁判所の管轄は,①第1審としては,区裁判所の権限又は大審院の特別権限に属しない刑事訴訟,②第2審としては,区裁判所の判決に対する控訴,決定・命令についての抗告である(第27条)。地方裁判所は,破産事件について一般管轄権を有し,非訟事件についての区裁判所の決定・命令についての抗告についても管轄を有する(第28条,29条)。司法大臣は,地方裁判所とその管轄区域内の区裁判所とが離れているか又は交通不便であるため至当と認めるときは,地方裁判所の民事又は刑事の事務を取り扱うために支部を置くことができる。支部の判事の選用の権利は司法大臣に属する(第31条)。地方裁判所において法廷で審問裁判すべき事件は,3人の判事を以て組み立てた部においてこれをなし,うち1人を裁判長とする(第32条)。また,各地方裁判所の検事局に検事正を置く(第33条)。

**控訴院**は,第2審の合議裁判所であり,各控訴院に1又は2以上の民事部及び刑事部を置く(第34条)。各控訴院には控訴院長が置かれ,控訴院長は控訴院の一般の事務を指揮し,行政事務を監督する。また,各部に部長を置く。その権限は地方裁判所と同じである(第35条)。事務の分配,裁判官の配置及び代理順序について,地方裁判

所の規定を一定の修正を加えて適用する(第36条)。控訴院は、地方裁判所の第1審判決に対する控訴、区裁判所の判決に対する控訴についてなした地方裁判所判決に対する上告、地方裁判所の決定・命令に対して法律に定めた抗告について裁判する(第37条)。また、皇族に対する民事訴訟の第1審及び第2審の裁判権は、東京控訴院に属する(第38条)。この場合、第1審は5人で組み立てた部、第2審は7人で組み立てた部で裁判する。控訴院では、法廷において審問裁判すべき事件は5人の裁判官を以て組み立てた部で審問裁判する。5人の裁判官のうち1人を裁判長とする(第40条)。各控訴院の検事局に検事長を置く(第42条)。重罪事件について控訴を認めるべきかが裁判所構成法制定過程では議論があった。重罪控訴を認めないとする考え方は、控訴を認めると被告人の護送費が必要であること等を理由とするものであった。しかし、明治23年法律第96号刑事訴訟法は重罪軽罪の区別なく控訴を認め、裁判所構成法はこれに照応する前記規定を設けたのである。これに関連して、明治23年2月10日法律第7号重罪控訴予納金規則が制定され、保証金予納の制度を設けた。

### 大 審 院

**大審院**は、最高裁判所であり、1もしくは2以上の民事部及び刑事部を置く(第43条)。大審院には、大審院長を置く。大審院長は、大審院の一般事務を指揮し、その行政事務を監督する。大審院の各部に部長を置く。その権限は地方裁判所及び控訴院と同じである(第44条)大審院の事務の分配及び代理順序は毎年部長と協議し大審院長があらかじめ定める(第45条)。裁判官の配置についても同様に解されていた。事務の分配は、原則として司法年度中は変更しない(第47条)。裁判官の配置についても、同様であり、大審院長はいつで

も，部長もしくは部員の承諾を得て，これを他の部に転せしむることができる(第46条)とする規定があったが，その適用は制限的であるべきものと解されていた。大審院の裁判において，法律の点について表明した意見は，その訴訟について下級裁判所を覊束する(第48条)。大審院のある部で上告を審問した後，法律の同一の点について，審理担当の部で以前の大審院判決と異なる意見があるときには，民事刑事等の総部によって審問裁判する(第49条)。大審院は，終審としては，控訴院判決に対する上告(区裁判所判決についての上告審としての判決は除く)を管轄し，また，大逆内乱罪等の犯罪や皇族の犯した罪に関する予審及び裁判を管轄した(第50条)。大審院は，原則として7人の合議制であり，うち1人を裁判長とする(第53条)。

裁判所構成法は，区裁判所管轄事件については，地方裁判所が控訴，控訴院が上告を管轄するものとした。これは，**大審院の負担軽減**が一つの目的である(「判決に対する控訴を以てする不服申立て1回，また控訴判決に対する上告を以てする不服申立を1回丈許すべきである」との理由から(『ルドルフ 裁判所構成法註解―並裁判所構成法 議事速記録』(1939年)(司法資料(第259号)))，上告制限を採用していない)。これに対して，判決以外の裁判に対する抗告については，裁判所構成法は再抗告を許すべきかを訴訟法に委ねた。また，地方裁判所支部について，司法大臣が設置できるとしたが(第31条)，ルードルフは，ここでの支部は，地方裁判所の全部の権限を行使できるのであるから，それを司法大臣が設置できるとすることは，裁判所の設置を法律で定めるという第4条に反すると論じ，旧時の支庁の制度の復活であると批判した。控訴院については，皇族に対する民事訴訟の第1審及び第2審の管轄を東京控訴院に与える第38条についても，審級制度を乱すものとして批判的であった。

大審院は，東京に置かれ，東京，大阪，名古屋，広島，長崎，宮

城，函館に控訴院が置かれた（7庁）。地方裁判所が東京ほか48庁設置され，区裁判所が300庁であった。なお，大正10年4月に函館控訴院が札幌控訴院に移転・改称された。昭和20年8月には，高松控訴院設置があり，長崎控訴院は，福岡控訴院に移転・改称された。

### 裁判所及び検事局の官吏

裁判所構成法第2編は，裁判所及び検事局の官吏として，判事又は検事に任ぜられるに必要な準備及び資格，判事，検事，書記等について定める。判事検事に任ぜられるためには，大学教授等の例外を除き，2回の**競争試験**に合格することを要する（第57条，但し帝国大学法科大学卒業生は第1回試験を経ずして試補に命じられることができる（第65条2項））。第1回の競争試験に合格した者は第2回の試験を受ける前に試補として裁判所及び検事局で3年間実地修習をすることを要する（第58条）。この試補は，訴訟事件・非訟事件を問わず裁判をなすこと，証拠を調べることなどはできない（第61条）。第2回の競争試験に合格した試補は，判事又は検事に任命されることができる（第62条）。裁判官については，その官名は，判事だけであり，終身官とされた（第67条）。その懲戒については，別に判事懲戒法（明治23年法律第68号）が制定された。

これに関連して，明治24年司法省令第3号判事検事登用試験規則が定められた。第1回試験の受験資格については，文部省の認可を得た学則により法律学を教授する私立学校の卒業証書を得る者などに限定された。私立学校については，明治26年司法省告示第91号により，9学校（関西法律学校，日本法律学校，東京法学院，独逸学協会学校，東京専門学校，明治法律学校，慶應義塾，専修学校，和仏法律学校）が指定された。試験は筆記と口述とからなり，筆記試験は民法，商法，民事訴訟法，刑法，刑事訴訟法の5科目について行われた。合格者は試補に任ぜ

られ,その後,実務に習熟しているかについての第2回試験が行われた (後述参照)。

### 判　事

判事は,天皇により任官が行われる。その任官は終身である (第67条)。一定の官職をあてる補職については,例えば大審院長は天皇が補し,通常の判事の職は司法大臣が補する (第68条)。控訴院判事に補されるには,5年以上判事・検事であること等,大審院判事に補されるには,10年以上判事・検事であること等が必要である (第69条,第70条)。また,判事は,公然政治に関係すること,政党の党員になること等が許されない (第72条)。

判事には**身分保障**がある。判事は,刑法の宣告又は懲戒の処分に依らなければ,その意に反して転官,転所,停職,免職又は減棒をされることがない。ただし,予備判事であるとき及び補缺の必要があって転所が命じられる場合はこの限りでない (第73条)。また,身体精神の衰弱等により控訴院又は大審院の総会の決議に依り司法大臣が判事に退職を命じうるし,(第74条),法律を以て裁判所の組織を変更し又はこれを廃したときに判事を補する裁判所の缺位がないときに,司法大臣が判事に俸給の半額を給して缺位を待たせることができる (第75条)。

判事に関する規定についてルードルフが問題にするのは,①試補は3年経過しないと判事検事になれず,また,大学教授は3年の経験がなくては判事検事になれないが,判事は5年以上経過しないと控訴院判事になれない (試補から数えると8年以上必要である) のに対して,帝国大学法科教授又は弁護士は5年で控訴院判事になることができることになり,バランスがとれていない。②判事が本省事務官として勤務する期間は年限に考慮されず,その昇進に問題があるという

点である。なお，判事の職務制限等として，公の政治的会合に出席すること，政治問題について新聞等の刊行物に寄稿すること，公開講演を行うこと，公然頒布の文章に署名すること，政治上の目的を以てする寄付金募集に加わること，政党の党員になることも禁止される。これは，ルードルフ年来の構想の実現である。また，身分保障については，転所も規定に加えるなど憲法の規定よりも手厚くなっている。この点，ルードルフは，**意に反する転所の禁止**については，草案では絶対的であったのに対して，補缺の必要故の転所については可能であるとされた点について，身分保障を弱めたものとして位置づけている。

### 司法事務の取扱

開廷は，裁判所又は支部においてなす（第103条）。訴訟審問の指揮は，合議裁判所では裁判長に，区裁判所では開廷をした判事に属する（第104条）。裁判所において，対審公開停止の決議をしたときは，その決議は理由と共に，公衆を退かせる前に言い渡す（第105条）。開廷中秩序の維持は裁判長に属する（第108条）。

**裁判所の用語**は，日本語であるが，当事者，証人，鑑定人の中で日本語に通じない者があるときは，訴訟法又は特別法が通訳を用いることを要するときは，通訳を用いる（第115条）。ルードルフによれば，国際的に平等な権利を有する国民として日本語を以て裁判所の用語とするのである。なお，外国人当事者の訴訟について，訴訟審問に参与する官吏が外国語に通ずる場合には外国語で口頭審問をなすことができるが（第118条），これは義務づけられるものではなく，裁判長の権限に過ぎない。合議裁判所の裁判の評議及び言渡しは，定数の判事を以てこれをなす（第119条）。裁判の評議はこれを公行しない。評議の顛末，各判事の意見及び多数の数についても厳に秘密とする

(第121条)。ルードルフは、**評議の秘密**は、外部の干渉から離れた自由な意見表明のために絶対に必要な原則であると述べた。評議の際意見を述べる順序は、官等の低い者からとなるが、それは、その自由な意見表明に配慮してのことである。

### 司法行政

合議裁判所長、区裁判所の判事・監督判事、検事総長、検事長、検事正は司法大臣の依って以て司法行政の職務を行う官吏である(第134条)。司法大臣は、各裁判所及び検事局を監督する(第136条1号)。大審院長は大審院を監督するが、管下の下級裁判所を監督する者ではない(第136条第2号)。控訴院長は、その控訴院及びその管轄区域内の下級裁判所を監督する(第136条第3号)など司法行政上の監督の系列を規定する(第136条第4～8号)。なお、この監督権は、判事の裁判権に影響を及ぼすものではない(第143条)。ルードルフの原案では、大審院長が下級裁判所の監督権を有するものとしていたので、この点に変更があるが、ルードルフ自身は、これについて、最高裁判所の長官ができる限り司法行政上の機構に超然として、独立不羈の地位に置かれるためとして説明している。

裁判所構成法の施行のため、**裁判所構成法施行条例**(明治23年法律第22号)が制定された。従来の治安裁判所を裁判所構成法に定めた区裁判所とし、従来の始審裁判所を地方裁判所とし、従来の控訴院、大審院を裁判所構成法に定めた控訴院、大審院とすること(第1条)裁判所構成法の施行前に他裁判所の第一審として受理した民事訴訟及び刑事訴訟であって同法による区裁判所の管轄に属するものは、現在のまま相当の区裁判所に移るものとすること、既になした裁判は、区裁判所がなしたとすること(第4条)などの管轄の移行措置(第5条、第6条)を定めたこと、裁判所構成法施行前に始審裁判所で受理

した郡区長戸長又は市長町長村長に対する民事訴訟は，同法で区裁判所の管轄とすべきものでもそのまま地方裁判所で裁判し，控訴院で受理した官庁に対する民事訴訟は控訴院が裁判する（第7条），裁判所構成法施行時に在職の裁判官検察官は同法第二編第一章の要件（競争試験等）を必要としないこと（第16条），裁判所構成法施行後3年間は司法大臣は試補実地修習を1年6カ月に短縮できること（第18条第1項）などを定めた。また，裁判所構成法施行後1年間は，司法大臣は，同法第69条，第70条にかかわらず，控訴院判事，大審院判事の補職をなしうること（第19条）も定めた。

## 2　フランスの司法制度

裁判所構成法の特徴を，当時のフランスの司法制度，ドイツの司法制度との比較で検討しよう。フランス，ドイツ両国の司法制度は，その歴史に基づき形成されたものであったが，普仏戦争後の両国の政治体制の大きな変動に影響を受けていた。フランスでは，普仏戦争敗戦後に，第三共和政が成立し，1883年の司法制度改革法により第二帝政に忠実であった裁判官の追放が行われた。ドイツでは，普仏戦争勝利の後，ドイツ帝国が成立し，それに伴う統一的裁判所構成法（1877年）が制定された。

### フランスの近代司法制度の特徴

当時存在した司法制度において，影響力が大きかったのは，フランスの制度であった。フランス司法制度の第1の特徴は，フランス革命を経て，**近代的な司法の諸原理**を明らかにしたことであり，ドイツ法にも大きな影響を与えた。フランス革命における司法制度の改革として，1789年8月4日に憲法制定国民会議が封建的特権の廃止

を宣言したが，その中には，領主裁判権の廃止，裁判官職売官制の廃止や訴訟無償制の樹立も含まれていた。その後，1790年8月16・24日法が制定された。同法は，裁判官職売買を廃止し，判事は無償で裁判を行い，その給与は国家より給されること (第2章第2条)，裁判所は立法権の行使に関与できないこと (第10条)，行政機関の作用を害し得ないこと (第13条)，民事刑事事件において弁論，判決は公開でなされること (第14条) などの憲法的原則を定めた。同法は，裁判官の選挙制度として (第3条)，6年ごとに選ばれると定めたが (第4条)，この点は，後に，革命暦8年憲法 (ナポレオンによるブリュメール18日のクーデタ後に制定された憲法 (1799年憲法)) 第41条が第一統領による任命制 (罷免権なし) を採用した。また，行政事件については，コンセイユ・デタによる救済が行われることになり，こうしたあり方はドイツ，日本の行政裁判所制度に影響を与えた。

　フランスの司法制度の第2の特徴として，裁判所の種別として，通常裁判所と呼ばれるものに始審裁判所と控訴院とを置きながら，**例外裁判所**として，治安裁判所，商事裁判所，労働裁判所を設けた。さらに，破毀院は，判例統一という特別の役割故にこの分類の何れにも属さないとされた。また，**治安判事**は，最下級審級の裁判を担ったが，革命時に創出され，裁判官に法学の学修を要求しない所に特徴があった。こうした専門家によらない裁判は，その後もフランス司法制度の特徴である。刑事事件における陪審制度もそうした特徴と関連する。更に，商事裁判所，労働裁判所のような非専門家の裁判官による裁判も存在した。

　第3に，通常裁判所の裁判官についても，競争試験による選抜は19世紀を通じ，極めて稀な例外を除いて行われなかった。裁判官は国家元首の任命に依ったが，実質的には，司法大臣の権限が大きかっ

た。司法大臣は，全司法組織の監理者として監督権等の強大な権限を有した。普仏戦争後の第3共和政を基礎づけた1875年憲法3条は，国家元首による裁判官の任命制を採用しているが，それは，司法大臣による名簿に基づくものであった。通常裁判所の裁判官の任命資格は，フランス人であること，年齢(始審裁判所裁判官は，25歳，控訴院裁判官は30歳)，学識と実務経験(法学士であること及び2年の実務経験)，行政官でないことなどの兼業禁止に反しないことなどである。これに対して，治安判事は，年齢は30歳以上とされたが，逆に法律の学識は要件とされていなかった。この結果19世紀を通じ，コネクション，血縁関係が，任用・昇進に大きな役割を果した。

　第4に，フランスの裁判官の身分保障として，**不可動性**の原理が存在した。不可動性とは，「停職，降格，異動(たとえ昇進の場合であっても)，罷免というあらゆる恣意的な措置から裁判官を護るもの」であるとされる(「裁判官の不可動性」『フランス法律用語辞典』)。しかし，その不可動性も絶対的に尊重された訳ではなく，フランスの政治体制の変動にともない，裁判官の追放が行われた。例えば，1830年8月14日憲章は裁判官に7月王政への忠誠義務を課し，宣誓を拒否した裁判官を罷免した。第三共和政下の1883年法は，始審裁判所及び控訴院の裁判所の再編を理由としながら，各裁判所における裁判官定員の削減と3カ月間の不可動性停止を行い(第11条)，第2帝政を支えた裁判官を追放した。そもそも，フランスの裁判官は政治的活動を禁止されていた訳ではない。19世紀を通じ，裁判官・検察官と上・下両院議員や地方議会議員との兼識が可能であった。1831年には79人の裁判官・検察官代議士がいた(Debré, p.64)。

　第5に，フランスでは，一種の団体主義的懲戒原理が登場した。1883年法第13条は，その後の司法行政について，**司法官職高等評議**

会を設け,破毀院がこれを組織するとした。また,「一切の政治上の討議は,司法官には禁止される。共和国政府の主義,又は形式に敵対する一切の意見の表明,示威は司法官に対してこれを禁止する。以上の規定の違反は,規律上の過失を構成する。」と規定し（第14条第2項以下）,裁判官について第3共和政への忠実を求めた。

### フランスの審級制度——通常裁判所と特別裁判所

裁判所の審級制度については,一般の民事事件について,最下級審級は,単独判事である治安判事であった。治安判事は,治安裁判所に1人しか置かれないが,治安裁判所数は,1885年には2866である（Compte général de l'administration de la justice civile et commerciale en France. 1885, p.68)。全ての民事事件は,治安判事による調停の試みが不調に終わった後に,訴えを提起すべきこととされた。治安判事は,少額事件の裁判も担当した。治安判事の管轄制限は,公序規定とされ,例えば,土地所有権についての争い（不動産に関する返還訴訟）は,始審裁判所の管轄とされたが,当事者の合意があっても治安判事の管轄とすることは許されなかった。裁判官の資格そのものが異なることが関連する。治安判事の管轄事項について,控訴が許されるものと許されないものが存在した。後者については,破毀院への破毀申立てがあり得たが,実際には治安判事の判決が行政権,執行権などに越境した場合に限定された（1838年5月25日法第15条,破毀院1868年2月10日判決 Sirey 判例集68．1．223)。

刑事事件については,フランス法は,違警罪,軽罪,重罪に犯罪を区別し,治安判事は,違警罪裁判所の判事として違警罪事件を担当した。1808年制定の治罪法には違警罪についての市町村長の裁判も存在したが,1873年1月27日法がこれを廃止し,治安判事のみが裁判をなすとした。例えば,パリのように,複数の治安判事が

居る都市では，交代により違警罪裁判所が構成された。その判決に対しては，始審裁判所に控訴が可能であった。

　**始審裁判所**は，各郡に配置され，その総数は，1883年8月30日法別表によれば，376に達するが，これはアルジェリアを入れた数であり，フランス本土だけでは359である。始審裁判所の判決は，少なくとも3名の裁判官でこれをなすこととされた。始審裁判所は，民事の一般事件の第一審，治安判事管轄事件で控訴が許されたものの控訴審，刑事の軽罪事件（一審），違警罪裁判所の控訴事件を管轄した。始審裁判所の第一審判決に対しては，控訴院に控訴が可能であった。

　**控訴院**は，1883年8月30日法別表によれば，フランスに27箇所（アルジェリアのアジャンを含む）置かれた。控訴院には，民事部，軽罪控訴部，重罪院が置かれている。民事部は，始審裁判所及び商事裁判所の判決に対する控訴を扱う。軽罪控訴部は，軽罪事件についての始審裁判所の判決に対する控訴を扱う。控訴院の判決は，裁判長を含み5名の裁判官でこれをなす（1883年前は少なくとも7人であった。）。

　刑事については，**重罪院**は，常時構成されるものではなく，司法大臣が任命する裁判長，控訴院長が任命する陪席判事2名及び陪審員12名が裁判体を構成する。重罪院は一審にして終審とされるが，次に見る破毀申立ては許される。

　商事裁判所は，商人から選挙による裁判官3人により裁判体が構成され，その裁判所の数は，1885年には221であった。裁判官は，名誉職（給与を受けない）であり，また官吏ではないとされ，商人間の事件等を管轄した。その判決の控訴は，控訴院になすこととされた。

　労働裁判所は，1885年には134設置あり（*Pandectes françaises Nouveau Répertoire, t. 21, 1896, 《Conseil de Prud'homme》*, n° 150），使用者側，労働者側

の同数の裁判官（選挙で選出される名誉職）により構成される。裁判官の数は，法によって明定されておらず，1853年6月1日法及び1880年2月7日法下では少なくとも使用者側，労働者側各3名と裁判長及び副裁判長の最低8名とされたが，それ以上の場合も存在した。労働裁判所の判決については，一定金額以下の終審としての裁判に対しては破毀院への破毀申立てが法令違背を理由に可能であり，また，それ以外の裁判の控訴は，商事裁判所（その地にない場合は民事裁判所）になす（1810年2月20日デクレ第27条，1853年6月1日法第13条）。

**破毀院**は，パリに1つ置かれ，予審部，民事部，刑事部の3部に分かれ，各部は15人の裁判官により構成され，破毀院長以下の裁判官は，国家元首の任命による。裁判をなすには，各部のうち11人の裁判官が出席することが必要とされた。破毀申立ては，始審裁判所，控訴院，重罪院の終審判決に対する不服について可能であったが，法律事項に限定され，破毀院は自判を行わなかった。

## 3 ドイツの司法制度

裁判所構成法は，ルードルフの起草にかかり，ドイツ法の影響を受けている。**ドイツ帝国裁判所構成法**は，1877年に成立し，それまで諸ラントで分裂していた裁判所制度の統一を図った。同法は，裁判官，裁判権，区裁判所，参審裁判所，地方裁判所，陪審裁判所，商事部，上級地方裁判所，帝国裁判所，検事局，裁判所書記，送達及執達吏，法律上補助，公行及び法廷警察，裁判所の言語，会議及び決議，裁判所休暇の17章からなっていた。

### ドイツ司法制度の特徴——フランス法の影響と独自性

ドイツの司法制度の特徴は，第1に，帝国と各ラントとが裁判権

を有し，**ラントの役割**が大きいことであった。司法官の任命も各ラントによってなされた。裁判所は各ラントの施設であるとされ，司法官も各ラントの官吏であり，国の官吏ではなかった。また，各ラントは独自の司法予算を持っていた。帝国が持っていたのは，帝国裁判所における通常裁判権などであった。これは，ドイツの統一が各独立したラントの主体性を重視して行われたためであり，この点は，日本の裁判所構成法は全く従っていない。

第2に，フランス法の影響を受けて，裁判を受ける権利の保障，裁判官の独立，裁判の公開等の司法制度についての**憲法的規定**を設けた。これは，裁判所構成法によって初めて達成されたものではなく，19世紀を通じて各ラントの諸憲法などで保障されてきたものである。

第3に，**裁判官の学修義務**と**身分保障**であり，裁判官は，2回の国家試験に合格しなければならず，第1回の国家試験合格前に3年間大学で法律学を学修し，また，第2回国家試験の前に3年間の実務修習が必要とされる（1877年裁判所構成法第2条）。職業裁判官の法学学修義務と国家試験の存在は，フランスとの重要な相違になる。

第4に，裁判官の身分保障である。裁判官の任期は終身であり（第6条），法律に定める理由及び手続を以て裁判をするのでなければ，その意に反して停職，免職，転任，退職させられることがない（第8条）。ドイツ裁判所構成法の成立に際しては，この裁判官の独立に関する規定は，帝国議会が強く要求した。なお，商事裁判官や参審員については，こうした学修義務及び身分保障が適用されない（第11条）。

### ドイツの裁判所組織

訴訟事件についての通常裁判権は，区裁判所，地方裁判所，上等

地方裁判所，帝国裁判所により行われる（第12条）。1884年のドイツ司法年鑑 (Jahrbuch der deutschen Justiz, 1884) によれば，その設置数は，区裁判所 1911（そのうち，811は1人の裁判官しかいない区裁判所），地方裁判所 171（全部で2161人の裁判官，商事部は388人の商事裁判官），上級地方裁判所 28（全部で521の裁判官），帝国裁判所 1（1名の院長，7名の部長，61名の裁判官，なお，そのほかに，バイエルン上級地方裁判所が大きな権限を有し，総計27人の裁判官がいる）である。商事についての特別裁判所は設けられなかった（後に，1904年に商事裁判所を設けた）。

通常裁判所は，民事事件及び刑事事件を裁判する（第13条）。なお，ライン川の船に関する裁判所，地主と小作人間の裁判所，少額事件の町村裁判所などの例外裁判所が設けられている（第14条）。

区裁判所は，単独裁判官による（第22条）。財産上の少額事件及び借家，工場労働者と使用者の事件等を裁判する。刑事については，違警罪及び軽罪の一部について，区裁判官が裁判長になり，参審員2名により構成される参審裁判所が設けられる。参審員は，名誉職であり，市町村長作成の名簿に基づき，抽籤により決せられる。

地方裁判所は，裁判長，民事，刑事の部長及び部員により構成される（第58条）。裁判官3人で組織する合議体により裁判を行う。民事部は，区裁判所の権限に属しない，いっさいの民事事件を裁判する。特に，職務権限を超えた又は義務を怠った官吏に請求する事件等については価額にかかわらず地方裁判所の管轄とする（第70条）。また，民事部は区裁判所判決に対する控訴裁判所及び抗告裁判所である（第71条）。刑事部は，予審及び公判の裁判を行う（第72条）。刑事部は，参審裁判所の権限に属しない軽罪事件，18歳未満の犯した重罪事件等を扱う（第73条）。また，参審裁判所判決の控訴も扱う（第76条）。刑事部は，違警罪の控訴裁判所としては3名，軽罪の裁判所

としては5名により審理を行う (第77条)。刑事事件については，地方裁判所は，更に重罪を管轄する陪審裁判所を開廷する (第80条)。陪審裁判所は，裁判長・裁判官あわせて3名及び罪の有無を判断すべき陪審員12名を以て構成する (第81条)。陪審員は，参審員委員会作成の推薦名簿に基づき抽籤で決定される (第87条)。また，地方裁判所には，商事部を設けることができる (第100条)。商事部は，商人間の請求等を裁判する (第101条)。商事部は，裁判長である地方裁判所裁判官1名と商事裁判官2名の合議体で裁判する (第109条)。商事裁判官は名誉職であり (第111条)，商人会議所の推薦により3年間の任期で任命される (第102条)。刑事事件における陪審は，フランス法の影響により発達したが，帝国議会の主張によりこれが維持されることになった。

　上等地方裁判所は，所長1名と民事部，刑事部の部長及び部員から構成される (第119条)。上等地方裁判所は，地方裁判所の民事判決についての控訴，控訴裁判所としての刑事部の判決に対する上告，始審裁判所の資格における刑事部に対する上告等を管轄し (第123条) 5名で裁判をする (第124条)。

　帝国裁判所は，所長1名と部長及び部員を以て構成する (第126条)。帝国裁判所の所長，部長及び裁判官は，ドイツ参議院の提案により皇帝が任命する (第127条)。帝国裁判所には，民事部刑事部を設けるが，その数はドイツ宰相がこれを定める (第132条)。帝国裁判所は，民事については，上等地方裁判所の判決に対する上告，上等地方裁判所の決定に対する抗告を管轄する (第135条)。刑事については，大逆罪謀反の場合には始審にして終審の裁判所であり，また始審裁判所の資格における刑事部の判決 (上等地方裁判所の管轄に属するものを除く) 及び陪審裁判所の判決についての上告を裁判する (第136条)。各部は，

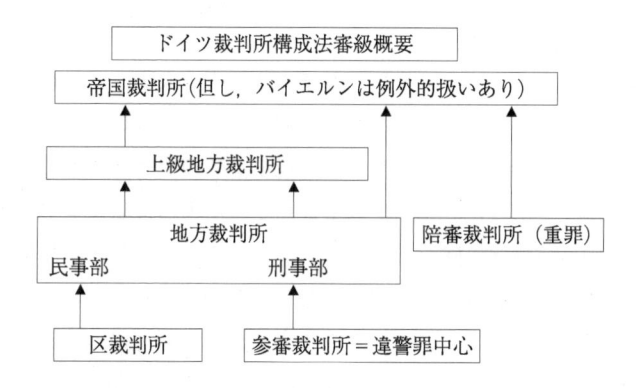

```
                    ドイツ裁判所構成法審級概要
            帝国裁判所(但し，バイエルンは例外的扱いあり)
                         ↑
                  上級地方裁判所
                    ↑       ↑
                  地方裁判所              陪審裁判所（重罪）
              民事部       刑事部
                ↑           ↑
            区裁判所    参審裁判所＝違警罪中心
```

裁判長を含めて7人が審理に当たる（第140条，判例変更は連合部）。

## 4　日本の司法制度の特徴

ドイツやフランスの司法制度と比べた場合の日本の裁判所制度の特徴は次の点にある。

第1に，**統一的体系的な裁判所構成法**を有する点で，日本法は，ドイツ法に大きな影響を受けている。

第2に，日本にはドイツにあるような**連邦主義的な制度**は全く見られない。裁判所も国の施設であり，裁判官は国の官吏である。この意味では全国を統一した司法制度であるフランスに類似している。フランス法の影響は，区裁判所が価額にかかわらず占有訴訟を管轄するとしている点にもみられる。

第3に，裁判の公開などの**憲法的規定**が設けられている。これは，フランス，ドイツにも共通する。日本の裁判所構成法の初期の草案では，その点は顕著で，裁判を受ける権利の保障規定なども存在したが，枢密院審議の過程で，明治憲法の規定と重複するなどとして

削除されたものもある。

　第4に，ドイツ法と同様に，日本の裁判所構成法は，裁判官の学識と競争試験合格を要求した。この点は，フランス法と異なる。しかし，日本では実際には，学識及び競争試験の要件を満足した裁判官は，多くなかった。学識が最も保障された筈の帝国大学卒業生は，第1回国家試験を免除されていた。また，以前から存在した裁判官は，学識も競争試験の要件も満たしていなかった。

　第5に，日本法は，フランス法やドイツ法と同様に，裁判官の**身分保障**について意識を払った。もっとも，意に反する転所について補缺の必要がある場合には可能とされている。この例外は身分保障を弱めたものであった。

　第6に，**素人の参加による裁判**という考え方は，日本法では意識的に排除された。この点はドイツ法ともフランス法とも異なるが，ルードルフの意図するところであった。

　第7に，**審級制度**では，3審制度を貫徹していた(例外として，皇族について特別の管轄があった)。三ケ月章教授は，日本の裁判所の審級制度について，「完全な事実審二つ，完全な法律審一つという図式に対する盲目的とさえいってよい位の執着」があると指摘し，「この図式に最も忠実であったのは，いうまでもなく，裁判所構成法当時の審級制度の組み立てであった」と指摘している。三ケ月教授は，ドイツの民事事件については「区裁判所事件には控訴は認められるが上告は認められぬ」ことに注目している。この点について，ルードルフは，区裁判所の民事事件について上告を認めないドイツ法は適当ではないと論じ，上告を認める制度が必要であるが，大審院が上告を審理するのは財政上の配慮から適当でないため，控訴院がこれを管轄すべきであると述べていた。3審制度への執着を示したのは，

ルードルフであったが、後に、この控訴院上告制度は、大審院上告制度に置き換えられ、大審院の負担が増大した。

また、ドイツでは、刑事事件については、違警罪事件は3審制であり、区裁判所に設置される参審裁判所（裁判官1名と参審員2名）が管轄し、その控訴は地方裁判所、上告は上級地方裁判所（全国28カ所）であった（第123条第2号）。しかし、地方裁判所事件が第一審となる事件については、2審制であり、帝国最高裁判所（ライプチヒ所在）が上告を管轄した。重罪事件は地方裁判所で開催される陪審裁判所（裁判官3名と陪審員12名）で審理をし、2審制であり、その上告は帝国最高裁判所であった（第136条第2号）。こうした複雑な制度は、政治的に陪審制度が維持された結果という面もあった。これに対して、日本法は、ルードルフの当初の構想どおり、3審制を貫徹した。

### **参考文献**

三ケ月章『民事訴訟法研究第4巻』（「ドイツの司法制度について」，「フランスの司法制度について」，「裁判所制度」論文所収）

三阪佳弘「フランス第三共和政初頭における司法改革——1883年8月30日司法組織改革法の成立と司法官追放(1), (2)」龍谷法学33-2, 34-1（2000年）

石井三記『18世紀フランスの法と正義』（1999年）10章

法務資料346号『ケルン　ドイツ裁判所構成法論』（1957年）

Jean-Pierre Royer, Jean-Paul Jean et Bernard Durand, *Histoire de la justice en France*, 2010

Compte général de l'administration de la justice civile et commerciale en France, 1885（司法統計は毎年刊行があるが，1883年改革に近い時点のものを使った。）

Jean-Louis Debré, La justice au XIXe siécle, Les magistrats, 1981
Werner Schubert, Die deutsche Gerichtsverfassung, 1981
Jahrbuch der deutschen Justiz, 1884

● 第3編 ●

# 明治憲法下の司法制度

**裁判所法**（昭和22法59）は，第3条で，裁判所は「一切の法律上の争訟」を裁判すると定めている。これは，憲法第76条第1項の「すべて司法権は，最高裁判所及び法律の定めるところにより設置する下級裁判所に属する」をうけたものである。一方，明治憲法下の**裁判所構成法**（明治23法6）は，第2条「通常裁判所ニ於テハ民事刑事ヲ裁判スルモノトス但シ法律ヲ以テ特別裁判所ノ管轄ニ属セシメタルモノハ此ノ限ニ在ラス」として，通常裁判所の行う司法権の範囲を民事事件・刑事事件に限るとともに，特別裁判所（皇室裁判所，軍法会議など）の行う裁判を通常裁判所の範囲から外した。これは，明治憲法が第60条で特別裁判所の存在を是認したためである。明治憲法は，さらに，第61条で行政裁判所の設置を定めた。第61条は，この行政裁判所に対して，通常裁判所を司法裁判所と称している。

　本編は，明治憲法下の司法制度として，通常裁判所をはじめ，行政裁判所，特別裁判所について制度を中心として説明する。無味乾燥な制度史とならないよう，それらの具体像を示す記事も掲載する。上記の制度に加えて，①通常裁判所における訴訟制度の展開形態として，民事における調停制度，刑事における陪審制度についても，およそのことを説明する。これとともに，②外地における司法制度についても，台湾，朝鮮の司法制度を一瞥する。

Bridgebook

# 第 9 章

## 通常裁判所

**LEAD** 　明治憲法は行政各部の官制は天皇が定めるという一条（第10条）をおいて、行政各部の組織の制定改廃を勅令事項とした。これに対して、第57条第2項で「裁判所ノ構成ハ法律ヲ以テ之ヲ定ム」と定めて、裁判所の組織・権限（裁判所の設立・廃止、管轄区域の設定・変更、各裁判所の権限の設定・変更など）を法律事項とした。この第57条第2項をうけて裁判所の組織・権限を定めた法律が、裁判所構成法である。本章は、裁判所構成法の改正に留意しながら、通常裁判所の展開の歴史を順に説明する。

　裁判所構成法は、裁判所法の施行（昭和22年5月3日）により廃止されるまでの57年の間に、改正されること16回に及んだ。大きな改正としては、①区裁判所の権限の拡大、②控訴院、大審院の組織の縮小（員数の削減）、③大審院長、検事総長の官等の引き上げ、④判事、検事の定年退職制の設定がある。

## 1　裁判所構成法の施行

### 施行の準備

　**裁判所構成法**は、明治23年2月10日公布され、明治憲法の施行（23年11月29日）に先立つ11月1日より施行された。この間に、政府（山

県内閣）は，裁判所構成法施行条例（法22），判事検事官等俸給令（勅158），裁判所位置及管轄区域改定の件（法62），地方裁判所支部及管轄区域（司法省令3），判事懲戒法（法68）などを公布した。

裁判所構成法施行時の裁判所は，大審院1，控訴院7，地方裁判所48（各府県1，北海道3），区裁判所300を数えた。裁判所構成法は，それまでの裁判所官制（明治19勅40）と違い，地方裁判所を合議制とするとともに，控訴院，大審院の合議体員数を2人ずつふやし，区裁判所1人，地方裁判所3人，控訴院5人，大審院7人の方式を採用した。そのため，判事（・検事）の定員は，裁判所官制下の1097人（検事402人）から1531人（検事481人）へ434人（検事は79人）増加した。

判事登用規則（明治17太政官達102）は，文官を自由任用から資格任用にきりかえた最初のものである。しかし，この定員増は，判事登用試験の少数の合格者でみたすことは到底できなかった。司法省はその数年前から，判事補，検事補，書記を在官のまま各地の裁判所で受験させる特別措置（合格者518人）や，司法省法学校速成科生徒に対する臨時試験（合格者77人）を実施して準備をしてきた。「検察の神様」小林芳郎（判事補）や，韓国政府検事総長の国分三亥（検事補）は，特別措置により合格した人々である。

司法省は，裁判所構成法の施行を前にして，明治23年8月，大審院長の尾崎忠治を**西成度**，大審院検事長（施行後は検事総長）の名村泰蔵を**三好退蔵**に交代させ，控訴院長は7人中5人，控訴院検事長は7人中4人を交代させ，始審裁判所の所長や上席検事を大量に異動させた。このとき，加太邦憲，高木豊三，一瀬勇三郎ら司法省法学校正則科卒業生が所長や上席検事に抜擢された。司法省は，この人事異動に続き，10月下旬，全国規模の判事・検事の大異動を敢行した。そのため『官報』は，何日も，数十人，数百人の辞令を掲載し続け

た。司法省は一方で，巌谷龍一ら23人の判事に対して休職を発令し，古参の判事に代えて，法学校正則科卒業生や東京大学法学部卒業生を要職につけた。裁判所構成法の施行の日，大審院判事として登庁する人の中に，磯部四郎，岸本辰雄，木下哲三郎，熊野敏三（以上，正則科）や山田喜之助（東大）の姿があった。

### 裁判官の地位の保障

　裁判所構成法の施行の日，全国の裁判所は新顔の判事，検事で溢れた。おそらく多くの人は制服の新調が間にあわず，それまでどおりフロックコートや羽織袴を着用していたに違いない。**判事，検事，裁判所書記及執達吏制服の件**（明治23勅260）の定める，雲紋飾りのある黒い帽を被り，唐草模様の襟飾りのある黒地の上衣を着た判事，検事の姿しか裁判所の中にみられなくなるのは，翌24年1月以後のことである。判事，検事は制服の唐草模様の深紫，深緋の色により区別されたし，唐草模様の中の桐花の数（7個，5個，3個）により大審院，控訴院，地方裁判所・区裁判所が区別された。制服の考案者は黒川真頼（東京美術学校教授）で，黒川は古代服（聖徳太子画像を想像せよ）から着想したという。なお，司法省は，26年4月，弁護士の職服を定めた（司法省令4）。帽，上衣の形も色も，判事・検事の制服と同じである。ただ，唐草模様が白色で，桐花はない。

　裁判所構成法は，明治憲法第58条第2項「裁判官ハ刑法ノ宣告又ハ懲戒ノ処分ニ由ルノ外其ノ職ヲ免セラル、コトナシ」をうけて，第67条判事は「其ノ任官ヲ終身トス」の一条と，第73条の「判事ハ刑法ノ宣告又ハ懲戒ノ処分ニ由ルニ非サレハ其ノ意ニ反シテ転官転所停職免職又ハ減俸セラル、コトナシ」の一条をおいた。どちらも，**裁判官の地位を保障**する規定である。さらに，明治憲法同条第3項「懲戒ノ条規ハ法律ヲ以テ之ヲ定ム」をうけて制定されたのが，

**判事懲戒法**である。この判事懲戒法は，裁判官を懲戒するには大審院におかれる懲戒裁判所か，控訴院におかれる懲戒裁判所の裁判によることを定めている。

　それまで裁判官の懲戒は他の行政官の場合と同じように行政長官（司法大臣）が行ったが，裁判所構成法の施行の日より懲戒裁判所に権限が移譲され，地位の保障はより強固なものとなった。50年の後，元控訴院長の高橋文之助が裁判所構成法の施行を回顧して大書したのは，無論制服（俗に「法服」という）の話などではなく，この地位の保障により上司の干渉を排して裁判ができるようになり，延いては司法権の独立が確保されることとなったとして，裁判官一同の喜び方が並大抵ではなかったという話である。

### 司法権の独立

　裁判所構成法は，第4編「司法行政ノ職務及監督権」の一編をおいて，司法行政監督権の所在とその内容を定めた。すなわち，司法大臣は各裁判所・各検事局を監督し，大審院長は大審院を監督し，控訴院長は控訴院と管轄区域内の下級裁判所を監督し，地方裁判所長は地方裁判所・支部・管轄区域内の区裁判所を監督する。大審院長の監督権を大審院に限ったのは，司法大臣のそれと重複させないためであり，区域を限った控訴院長の場合とは事情を異にする。

　一方，裁判所構成法は，「此ノ編ニ掲ケタル前各条ノ規程ハ裁判上執務スル判事ノ裁判権ニ影響ヲ及ホシ又ハ之ヲ制限スルコトナシ」の一条（第143条）をおいて，**裁判官の職務の独立**を保障した。司法権の独立というのは，制度としては裁判官の地位の保障と職務の独立を主要な内容とし，どちらが欠けても司法権の独立はない。

　東京控訴院判事の伊藤悌治が，明治26年東京専門学校（現在の早稲田大学）で裁判所構成法を講義したさい，第143条について，これま

で裁判所が社会から信用されなかったのは、裁判官が司法大臣や上司の求めに応じて裁判を左右したことがあるためである、と指摘した。第143条は裁判所構成法の施行後は裁判官がそれに応じないという原則を明記したものながら、今後といえどもこの原則に背くことなしということはできず、要するに裁判官その人の力如何にかかっている、とも指摘した。

実は、明治憲法は、第57条第1項で「司法権ハ天皇ノ名ニ於テ法律ニ依リ裁判所之ヲ行フ」として、司法権の行使を裁判所に委ねるとともに、裁判所が専ら法律に依り司法権を行使して他の権力（天皇を含む）から独立することを定めていた。裁判所において個々の裁判を担当するのは裁判官だから、裁判所構成法は第57条第1項をうけて、裁判官の地位を保障する一方、部内における（司法行政に藉口して行われがちな）裁判官の職務への干渉を禁止したのである。

### 大津事件 (1)——その真相

裁判所構成法や明治憲法が施行されて僅か半年、明治24年5月11日、滋賀県大津町において、来遊中のロシアのニコライ皇太子を、巡査津田三蔵がサーベルで傷つける事件が突発した。政府（松方内閣）は、対露関係の悪化を恐れ（ロシアの報復を恐れ、という説もある）、三蔵を刑法（明治13太政官布告36）の皇室に対する罪により死刑にしようと、大審院に圧力をかけた。しかし、児島惟謙の率いる大審院は、刑法の規定どおり三蔵に通常の謀殺未遂罪により無期徒刑を言い渡して司法権の独立を守った。

これが通説であるが、真相は違っていた。詳しくみると、5月11日ロシア皇太子を警備の滋賀県巡査が傷つけた。早くも16日ロシア公使シェーヴィッチが神戸のホテルで、青木外務大臣に対してロシア皇帝アレクサンドル三世の賠償を求めないという意思を通知し

た。これにより明治天皇や政府は愁眉を開いた。皇太子の乗るアゾヴァ号が神戸を解纜（かいらん）し，ウラジオストックへ瀬戸内海を西航していったのが19日のことである。ところが，13日京都の旅館に皇太子を見舞った明治天皇は，15日三好検事総長に三蔵を皇室に対する罪により死刑にせよと，そのための手続を命じた。ロシア公使から通知があった後も，明治天皇が三蔵を死刑とすることを強く求めたため，18日松方総理大臣，山田司法大臣らは大審院長児島惟謙や大審院の堤正己（裁判長）ら係判事に圧力をかけた。これが功を奏して，児島は大津地方裁判所の判事を大審院の予審判事に任命し，係判事は事件を大審院の公判に付する（裁判所構成法第50条第2号は，大審院が皇室に対する罪の重罪について第一審にして終審の裁判権を有することを定めている）ことを決定した。さらに20日明治天皇は京都御所において，児島や大審院の係判事に対して暗に死刑判決を命じる勅語を下した。24日児島は進退窮まって，電報を以て外国の皇族を日本皇族に含める緊急勅令を発するように山田に要請した。しかし，枢密院，法制局などに反対があり，政府はこれを採用しなかった。そこで，5月27日大津地方裁判所に開廷した大審院の法廷は，三蔵に通常の謀殺未遂罪を適用して無期徒刑に処する判決を言い渡した（ちなみに，三蔵は，同年9月30日，釧路集治監で死亡した）。

### 大津事件（2）——半ば屈服

　大津事件における司法権の独立は，天皇の意思を背負った政府の干渉により，風前の灯の状況におかれた。明治憲法の予想しない事態だった。そのため，大審院は困難な立場におかれた。しかし，院長として大審院に初登庁した日に事件に遭遇した児島が，大阪控訴院長事務引き継ぎを名目として大津へ下り，係判事と同宿して，堤をはじめ数人の判事を説得したのは，明らかに裁判所構成法第143

条に違反していた。異常な事態だったことを考慮して、この点は深く問題としないまでも、児島が緊急勅令の発令を政府に働きかけた一事に至っては、政府の圧力に屈服し、法律をまげようとした行動であり、司法権独立の思想から遠く隔たっていた。

　大審院の係判事が大審院の公判に付する決定をしたのも、政府の圧力に屈服したためである。公判は5月27日ただ1回で、対審は非公開として2時間弱。対審のうち事実審理は短い時間であり、証人調べは車夫1人。法廷は三蔵の殺意の有無（予審は皇室に対する罪の成否を問題として、殺意の有無を重視しなかった）や、予謀の有無について、審理を尽くさなかった。勅語が下った以上、死刑か無期徒刑を選択することしか考えなかったのだろう。そして、死刑の回避が後に「大津事件」という神話を生んだ。

　なお、裁判官の評議（通常合議という）においては、官等（官吏の等級）の低い者から意見をのべ、裁判長を終わりとし、官等が同じなら年少の者を始めとした（同法第122条）。大津事件の場合は、木下哲三郎、高野真遜（たかのまそん）（以上、奏任官2等下級俸）、井上正一（同2等上級俸）、安居修蔵（やすいしゅうぞう）（同1等下級俸）、土師経典（はじつねのり）（勅任官2等下級俸）、中定勝（なかさだかつ）（同2等中級俸）、堤正己（同2等上級俸）の順である。採決は過半数の意見によった。意見が3説以上にわかれ各々過半数に至らないときは、「過半数ニ至ルマテ被告人ニ不利ナル意見ヨリ順次利益ナル意見ニ合算ス」（同法第123条）。死刑3人、無期徒刑1人、有期徒刑3人なら、死刑の意見と無期徒刑の意見を合算して、無期徒刑の意見を以て決するのである。

### 弄花事件

　明治25年6月、検事総長の**松岡康毅**が、大審院の懲戒裁判所に対して、児島大審院長をはじめ、6人の大審院判事（中定勝、栗塚省吾、加藤祖一、高木豊三、岸本辰男、亀山貞義）の懲戒訴追を求めた。24年12月か

ら25年4月まで,児島らが待合で花札賭博を繰り返したことは,判事懲戒法の定める「官職上ノ威厳又ハ信用ヲ失フヘキ所為」(第1条第2号)にあたる,と判断したのである。児島1人については24年5月大津出張中にも花札賭博があったとして,松岡は嫌疑を追加した。

　司法次官の三好退蔵が児島に辞職を勧告し,河野農商務大臣も辞職を勧告し,田中司法大臣が勧告しても,児島は応じなかった。そのため,田中は松岡に訴追手続を命じると同時に,監督責任をとり司法大臣を辞職した。懲戒裁判所(所長は原田種成)は,下調べを必要として,芹沢政温,木下哲三郎を受命判事に選んだ。7月,懲戒裁判所は,2人の報告書に基づいて,児島らが金銭を賭したと認める証憑がなく第1条第2号にあたる非行はないとして,口頭弁論を行うことなく免訴を言い渡した。

　この弄花事件は,司法部の派閥抗争が原因だとも,大審院の判事・検事の対立が原因だとも,諸説あって真相はわからない。事件が拡大する前に大審院検事を辞職した磯部四郎が,検事局で同僚に,児島らと金銭を賭したと語ったという話もあり,真相はわからないのである。司法大臣が辞職を勧告しても,児島は懲戒裁判を楯に開き直ることができたのだから,裁判官の地位は強く保障されていた。しかし,同年8月,藩閥の実力者たる山県司法大臣の説得の結果,松岡,三好と相討ちの形で,児島も辞表を提出したのである。

### 司法官の試験

　明治憲法の第58条第1項「裁判官ハ法律ニ定メタル資格ヲ具フル者ヲ以テ之ニ任ス」は,政府が任免大権(同10条)により,政府に都合のよい人を裁判官に任用することを防止していた。この意味で,第58条第1項も,第57条,第58条第2項,第3項とともに,やはり司法権独立を保障する規定である。

裁判所構成法は，この第58条第1項をうけて，第57条で判事，検事に任じられるには2回の競争試験をへることを要すること，第58条第1項で競争試験の細則は司法大臣が判事検事登用試験規則で定めることを定めた。そこで，司法省は，明治24年5月，**判事検事登用試験規則**（司法省令3）を公布した。

この判事検事登用試験規則は，第一回試験は学識試験で筆記，口述の二様とし，民法，商法，刑法，民事訴訟法，刑事訴訟法の5科目の筆記試験，そのうち3科目の口述試験を行うことを定めた。及第者（試補）が実地修習後にうける第二回試験は実務習熟度の試験で，これも筆記，口述の二様とした。なお，帝国大学法律科卒業生は，第一回試験を免除した。裁判所構成法は，第58条第2項で試補に3年間の実地修習を課したが，明治41年の裁判所構成法中改正法律（法10）は，これを1年6月以上と短縮した。

大正3年の裁判所構成法中改正法律（法39）は，第57条以下数カ条を改正して，試験と試補について定め直した。ただ，成規の試験を課することと，試補に実務修習・考試を課することの二点は，明治24年以来のやり方を踏襲した。その後，政府（寺内内閣）は，大正7年1月，**高等試験令**（勅7）を公布し，行政官，外交官，司法官の試験を統合して，高等試験の中に行政科試験，外交科試験，司法科試験をおいた。そのさい，弁護士の試験も司法科試験にくみこんだ。もっとも，司法官試補及弁護士の資格に関する件（大正12法52）により，元の弁護士試験も存置した。高等試験令に基づく司法科試験が初めて実施されたのは，12年，関東大震災の年である。

## 2 裁判所の展開

### 4級3審制

　裁判所構成法は4級3審制を採用した。①**大審院**は、終審として控訴院の判決に対する上告、控訴院の決定・命令に対する抗告について裁判権をもち、②**控訴院**は、地方裁判所の第一審判決に対する控訴、(区裁判所の判決の控訴になした)地方裁判所の第二審判決に対する上告、地方裁判所の決定・命令に対する抗告について裁判権をもち、③**地方裁判所**は、第一審の裁判権をもち、第二審として区裁判所の判決に対する控訴、区裁判所の決定・命令に対する抗告について裁判権をもち、④**区裁判所**は、民事訴訟では訴額100円以下の訴訟、経界確定訴訟、非訟事件など、刑事訴訟では違警罪、2月以下の禁錮、100円以下の罰金にあたる軽罪などについて裁判権をもった。

　これ以外に、特別なものとして、大審院は、第一審にして終審として、刑法(明治13)第2編第1章(皇室に対する罪)、第2章(国事に関する罪)中の重罪、皇族の犯した禁錮以上の犯罪について裁判権をもち、東京控訴院に限って、皇族に対する民事訴訟について第一審(判事5人)、第二審(判事7人)の裁判権をもった。その後、明治41年の裁判所構成法中改正法律(法30)は、刑法の全面改正(明治40法45による現行刑法の制定)に伴い、大審院の特別権限から外患罪を外し、大正2年の裁判所構成法中改正法律(法6)は、控訴院、大審院の員数の削減に揃えて、東京控訴院における皇族に対する民事訴訟の第一審を判事3人、第二審を判事5人に削減した。

　明治13年刑法時代、大審院が皇室に対する罪、あるいは国事に関する罪として裁判権を行使した事例は、1件もない。皇室に対する罪に係わる大津事件は、前にみた。国事に関する罪として、15年の

福島事件，16年の高田事件は治罪法(明治13太政官布告37)の定める高等法院，17年の飯田事件は同じく長野重罪裁判所，18年の大阪事件(これは外患罪)は同じく大阪重罪裁判所が裁判したのである。明治40年刑法となって，皇室に対する罪は，43年の幸徳秋水らの大逆事件，大正12年の朴烈事件，同じ12年の虎の門事件(難波大助)，昭和7年の桜田門事件(李奉昌)の4件で，内乱罪は，1件もない。8年の神兵隊事件は，大審院が殺人予備罪・放火予備罪を以て全員の刑を免除した。

### 地方裁判所の支部

裁判所構成法は，明治憲法第57条第2項の「裁判所ノ構成ハ法律ヲ以テ之ヲ定ム」をうけて，第4条で「裁判所ノ設立廃止及管轄区域並ニ其ノ変更ハ法律ヲ以テ之ヲ定ム」という一条をおいた。一方，第31条で地方裁判所と区裁判所が遠隔しているか交通が不便な場合，司法大臣が地方裁判所の民事・刑事の事務の一部分を取り扱う1もしくは2以上の支部の設置を命じることを認めた。裁判所構成法は裁判所の設立・廃止などを法律事項とする原則を標榜しながら，地方裁判所支部については原則から外したのである。

**オットー・ルードルフ**(裁判所構成法の原案起草者)は注釈書の中で，第31条が最も懸念する点の1つだと指摘した。この第31条は第4条と矛盾するし，地方裁判所の民事事件・刑事事件は司法大臣の設置する支部によりその管轄を限定されるし，地方裁判所長の司法行政の監督権は遠隔・交通不便のため名目的になりかねない，というのである。

司法省は明治23年8月，**地方裁判所支部及管轄区域**(司法省令3)を定めて，裁判所構成法の施行の日より施行した。この司法省令は，八王子，八日市場，木更津など56の甲号支部，沼津，谷村，園部な

ど22の乙号支部をおいた。甲号，乙号の別は，甲号支部は重罪公判・民事第二審を除き，地方裁判所と同じ裁判権をもち，乙号支部は予審を要するものを除き，地方裁判所と同じ刑事第一審の裁判権をもった。支部は1ないし4の区裁判所を管轄下においた。

### 区裁判所の権限の拡大 (1)

　明治38年の裁判所構成法中改正法律 (法67) は，区裁判所の裁判権を拡大して，民事訴訟の訴額100円以下を200円以下に改める一方，刑事訴訟については窃盗罪を加えるとともに，2月以下の禁錮，100円以下の罰金にあたる軽罪を6月以下の禁錮，200円以下の罰金にあたる罪に改めた。翌39年の裁判所構成法中改正法律 (法50) は，刑事訴訟について，さらに贓物罪を加えた。もっとも，明治20年代半ばの貨幣の価値は，38年には3分2に下落していた (34年法典調査会，倉富勇三郎は半分になったと説明した)。

　政府は日露戦争を遂行する上で，陸軍・海軍を除く全省庁に経費節減を求めた。司法省は，区裁判所の権限を拡大し，26の地方裁判所の支部を廃止して，経費を節減する計画を策定した。しかし，政党や弁護士会の反対にあい，区裁判所の権限を拡大しながら，僅か6の支部の裁判事務を停止するに止めたのである。

　次に，刑法の全面改正 (明治40法45) に伴い，明治41年の裁判所構成法中改正法律 (法30) は，区裁判所の刑事に関する裁判権の範囲を，拘留・科料の罪，1年以下の懲役・禁錮の罪，300円以下の罰金の罪，窃盗罪，贓物罪，住居侵入罪 (未遂を含む)，猥褻文書等頒布罪，賭博罪などに改めた。これにより，区裁判所の権限はさらに拡大した。

### 区裁判所の権限の拡大 (2)

　大正2年の裁判所構成法中改正法律 (法6) も，区裁判所の裁判権を拡大して，民事については，訴額200円以下を500円以下に改め

る一方，刑事については，拘留・科料の罪に加え，有期の懲役・禁錮または罰金の罪で予審をへない全事件に拡大した。その他，元は(明治23年法においては)制限列挙された非訟事件を，原則として区裁判所の権限とした。その一方で，同時に成立した裁判所廃止及名称変更に関する法律(法8)が，新島，八丈島，父島，松戸，佐倉など128の区裁判所を廃止した。

日露戦争と戦後経営のため外債が累積し戦後恐慌が深刻となる中で，政府は緊縮財政をとり，各省庁は行政整理に邁進した。司法省は，政友会の松田司法大臣が検事総長の平沼騏一郎とくんで，大正2年に大規模な行政整理を断行した。その前提として，司法省が第30議会を通過させたのが，裁判所構成法中改正法律(法6)，判事及検事の休職並判事の転所に関する法律(法7)，裁判所廃止及名称変更に関する法律(法8)，裁判所管轄区域に関する法律(法9)，判事懲戒法中改正法律(法10)の5法律である。

この議会で，司法省は，区裁判所の権限を拡大し，(単独制を考慮して)熟練の判事を区裁判所にあてるが，熟練の判事の総数から考えて，全体の40パーセントにあたる事件数の少ない区裁判所を廃止したい，と主張したのである。議会は，大幅な行政整理を背景とする事情を以てこの主張を容認した。司法省は，大正2年4月，これら区裁判所の廃止に併せて，沼津，谷村，彦根など7の地方裁判所支部を廃止し，存置する地方裁判所支部については予審事務以外の権限を停止した(司法省令6，同7)。

その後，司法省は，廃止区裁判所のうち，大正6年に佐原，木更津など46，7年に松戸，柏崎など18，8年に佐倉，一宮本郷など31を復活させた。また，6年に熊谷，土浦など21の地方裁判所支部の民事・刑事第一審の裁判権を，田辺，高山など6の地方裁判所支部

の民事第一審の裁判権を元に戻した。これは，第一次大戦により日本経済が好転し，政府が緊縮財政の束縛から解放されたためである。このように，地方裁判所の支部や区裁判所は，行政整理の影響をうける不安定な存在だった。

### 区裁判所の権限の拡大 (3)

大正11年の裁判所構成法中改正法律 (法53) は，破産事件の裁判権を地方裁判所から区裁判所に改めた。刑事については，それまでの有期の懲役・禁錮または罰金の罪で予審をへない全事件から，短期1年以上の懲役・禁錮の罪で予審をへない事件を外して，それを地方裁判所の裁判権に改めた。

大正14年の裁判所構成法中改正法律 (法5) は，区裁判所の裁判権を拡大して，民事については，訴額500円以下を1000円以下に改めた。もっとも，2年 (訴額500円) の貨幣の価値は，14年には大きく下落していた。とはいえ，明治20年代半ばの物価 (米価) は大正後期に3，4倍まで上昇したが，その間の訴額の引き上げは10倍に及んだ。

### 東京民事地裁，東京刑事地裁

東京地方裁判所の事件数の増加により，昭和10年4月，裁判所構成法中改正法律 (法29) は，第2条の中に「地方裁判所ハ必要ニ応シ之ヲ民事ノミヲ管轄スルモノ (民事地方裁判所) 又ハ刑事ノミヲ管轄スルモノ (刑事地方裁判所) ト為スコトヲ得」という一項を追加した。これにより，司法省は東京地方裁判所を廃止して，東京民事地方裁判所，東京刑事地方裁判所の2つをおいた (法30)。東京民事地方裁判所は新庁舎に移り，東京刑事地方裁判所は明治30年以来の東京地方裁判所庁舎に残った。

東京民事地方裁判所 (所長，豊水道雲)，東京刑事地方裁判所 (所長，三宅正太郎) は，5月1日開庁した。閉庁は昭和22年11月である。

## 2 裁判所の展開

### 戦時特例

　太平洋戦争開戦後，昭和17年2月，政府(東条内閣)は，**裁判所構成法戦時特例**(法62)，**戦時民事特別法**(法63)，**戦時刑事特別法**(法64)を公布し，3月より施行した。これらは，裁判手続の簡略化を定めた戦時立法である。18年10月，戦局の悪化に伴い，政府は，3つの法律を改正し(法105, 法106, 法107)，11月より施行した。この裁判所構成法戦時特例中改正法律は，①区裁判所の裁判権を拡大して，民事については，訴額1000円以下を2000円以下に改める一方，刑事については，17年法の定める戦時窃盗罪(灯火管制中などの場合は，無期または3年以上の懲役)で予審をへない事件，および(大正11年の改正法で地方裁判所の管轄とした)短期1年以上の有期の懲役・禁錮の罪で予審をへない事件を追加した。②民事訴訟，刑事訴訟，どちらも控訴審を省いて，2審制を採用した。なお，区裁判所の判決に対する上告は，17年法により控訴院が裁判権をもった。

　昭和20年4月，アメリカ軍が沖縄本島に上陸し始めた。政府(鈴木内閣)は，各地域の行政を強化して，アメリカ軍の上陸により国家行政が分断されても地域ごとに応急措置をとることをめざして，6月，地方総監府官制(勅350)を定めた。政府は，急遽6月の第87議会で，**裁判所構成法戦時特例中改正法律**(法36)や，内閣に強力な権限を付与する戦時緊急措置法(法38)を成立させた。この裁判所構成法戦時特例中改正法律は，裁判所の設立・廃止，管轄区域の設定・変更は勅令を以て定めることができる，という一条をおいた(第1条の2)。8つの地方総監府のうち，地域内に控訴院が設置されない四国地方総監府，控訴院の所在地(長崎)と地方総監府の所在地(福岡)が異なる九州地方総監府のため，政府は，8月，高松控訴院をおくとともに，長崎控訴院を福岡に移した(勅443)。2つの控訴院の設置日

は，勅令施行の8月15日である。

## 3 裁判官の社会

### 明治中期の司法部

　近代日本は行政権を中心として構築された国家だったから，司法部（司法省，裁判所，検事局）は傍流に位置した。明治21年帝国大学の英法科を首席で卒業し司法省に入った平沼騏一郎は，後に昔を回顧して，その頃の司法官は世間から重んじられず，その地位・生活は貧弱だったと記した。22年卒業の磯谷幸次郎（元大審院部長）も，後に若き日の区裁判所判事の頃をふりかえり，自分は内務省など行政部に入った同期生の躍進ぶりに垂涎し，自分も行政官に転じようとして失敗したことを記した。

　磯谷が司法部に入った翌23年，磯谷ら下級者が唖然とさせられたのは，裁判所構成法の施行を前にして公布された**判事検事官等俸給令**（勅158）である。これは，判事，検事の各職（大審院，控訴院，地方裁判所の長，部長，判事など）の員数，官等（勅任何等，奏任何等），年俸を定めたが，一般の判事，検事の進級（陞等と増俸）は先任順序によるという一条をおいた（第7条第1項）。原案の起草者は松岡康毅（大審院刑事第二局長）で，松岡としては不公平な人事を封じる意図があったのかもしれないが，判事，検事の「進級ハ闕員アルトキニ限リ之ヲ行フ」（第6条）と併せよめば，一般の判事，検事は何年も同じ待遇に甘んじなければならない。この先任順序に嫌気を生じて，石原健三（後に枢密顧問官）ら磯谷の同期生の数人が司法部をさった。先任順序の一条が姿をけしたのは，27年の判事検事官等俸給令（勅17）においてである。32年の判事検事官等俸給令（勅153）は，第7条で「判事検事各職ノ

進級ハ抜擢ヲ以テ之ヲ行フ」ことを標榜して,先任順序主義を否定してしまった。

### 司法官の同盟罷業

第1議会で予算を成立させるさい,政府(山県内閣)は,歳出削減と行政整理の実行を約束して衆議院と妥協した。明治24年の判事検事俸給令(勅134)(官等の2字なし)は,下級者よりも上級者・中級者の俸給を削減した。その後,32年の判事検事官等俸給令(勅153)は,24年の削減分を幾分かふやしたが,23年の水準には戻さなかった。24年の高等官任命及俸給令(勅82)により,内閣をはじめ各省(司法省を含む)の奏任官は多くは年俸800円を最下級としたが,奏任の判事,検事はその下に700円,600円の2級があった。

政府(伊藤内閣)は,司法省の求めで,明治34年度予算案の中に司法官増俸分(下級の判事,検事は100円程度増俸)を計上した。しかし,第15議会の衆議院は,北清事変派兵の費用を補塡する財政・行政整理を優先して,それを全額削除した。そこで,東京地方裁判所検事局の長森藤吉郎,仲小路廉らは,東京や近辺の判事,検事をまきこんで,貴族院で予算を復活させるため活発な活動を始めた。この活動は全国に波及して,各地の裁判所の判事,検事が増俸実現のため集会を開いた。これらの活動が功を奏したのか,政友会の内閣に山県閥の影響力の大きい貴族院が反発したのか,貴族院は増俸分を復活させたが,両院協議会は衆議院の議決どおり増俸を否決した。

議会で増俸が葬られると,東京地方裁判所,東京区裁判所の判事,検事22人が辞表を提出した。大阪でも連袂辞職の大きな動きがあったが,大阪控訴院長の加太邦憲がそれをおさえこんだ。辞表を提出する判事,検事は,横浜19人,仙台17人,水戸地方裁判所の管内32人,千葉地方裁判所の管内18人,浦和地方裁判所の管内27

人に及んだ。

明治34年3，4月，政府は，長森，仲小路ら18人を免官とした。続いて5月，司法省は，裁判所構成法第136条第2号の「官吏ノ職務上ト否トニ拘ラス其ノ地位ニ不相応ナル行状ニ付」き，全国の判事97人，検事13人，司法官試補22人を諭告した。該当者は，地方裁判所か区裁判所に属する，多くは下級司法官だった。

### 老朽淘汰 (1)──判事，検事，書記の減員

**裁判官検察官裁判所書記の官名及裁判官休職に係る件**（明治23勅254）は，明治23年11月1日，裁判所構成法実施のさい在職の裁判官，検察官は，同法に定める判事，検事とすることを定めた。そのさい在職する裁判官で同法により補職されない者は，休職とすることも定めた。この勅令の力を背景として，司法省が23人の判事を休職としたことは，前に言及した。もっとも，裁判所構成法を施行するのに必要な判事，検事の総数は，それまでの判事，検事の大量整理を許さなかった。

その結果，少数の司法省法学校正則科や東京大学法学部の卒業者を別として，近代的な司法制度の下に，さしたる近代法の知識がない多数の判事，検事がそのまま残存することとなった。明治前期の判事，検事は，藩閥や西南諸藩の出身者が少なくなかったし，昔の奉行所・代官所の元役人やその子弟も少なくなかった。藩閥や西南諸藩の出身者は，**江藤新平**，**大木喬任**（以上，肥前），佐々木高行，福岡孝弟（以上，土佐），**山田顕義**（長州）らの伝手や引きで司法部に入った人々である。学識の乏しい人々が裁判所，検事局に長く盤踞することは，新たに出発した裁判所の実務に支障を来すだけでなく，若き判事，検事の進級の壁ともなった。

しかし，これら老朽者を一掃するには，裁判所構成法の定める判

事の地位の保障(第73条「判事ハ刑法ノ宣告又ハ懲戒ノ処分ニ由ルニ非サレハ其ノ意ニ反シテ転官転所停職免職又ハ減俸セラル、コトナシ」)が障害となった。司法制度の近代化を推進する法律がそれを阻害する一面をもったのである。検事についても，第80条「検事ハ刑法ノ宣告又ハ懲戒ノ処分ニ由ルニ非サレハ其ノ意ニ反シテ之ヲ免職スルコトナシ」として，最小限の地位の保障はあった。

第4議会の予算審議をめぐり，政府(伊藤内閣)は衆議院と衝突し，和衷協同の詔勅により何とか事態をのりきった。議会が終了すると，政府は臨時行政事務取調委員会をおいて，議会に約束した行政整理にのりだした。なお，文武官・雇員の俸給は，製艦費補足のため明治26年度から6カ年間，10分の1を国庫に納付することとなった(勅5)。

政府は，臨時行政事務取調委員会の審議に基づき，明治26年10月，84の勅令を公布した。そのうち，裁判所書記長書記定員及俸給令の改正(勅177)は，書記(書記は判任官)2185人を減員した。実に総数の35パーセントを減員したのである。第5議会の閉幕後，政府はさらに，27年2月，判事検事官等俸給令を改正した(勅17)。この勅令は判事311人，検事99人を減員した。どちらも総数の20パーセントにあたる。裁判所構成法の施行から数年しか経過しないため，政府は裁判所の減数(これは法律事項)に手をつけることなく，判事，検事，書記の減員を図ったのである。司法省としては，老朽淘汰は行政整理の必要からも急務となった。

このような状況下で，司法省は本腰で老朽淘汰にのりだした。判事については，法律の制約があるため，進級させ増俸して退職させるやり方や，区裁判所監督判事，地方裁判所部長，同所長，控訴院部長に補し，数日を以て退職させるやり方(俗に**名誉進級**という)を使っ

て，26年55人，27年19人を退職させたのである。

### 老朽淘汰 (2)——さらに減員

明治27年の判事検事官等俸給令は，判事311人，検事99人の減員を定めたから，判事55人や19人の退職では到底計算があわない。司法省がひきつづき減員（休職を含む）を進めたとしても，その後数年，数字の不一致をどのように凌いだのかはっきりしない。25年帝国大学仏法科を首席で卒業し大蔵省に入った若槻礼次郎は，26年11月の行政整理で試補（年俸600円）が無給となったため，判任官の大蔵属（月給50円）に甘んじて急場を凌いだ。おそらく判事，検事にも何か便法があったのだろう。

司法省は，28年18人，29年18人，30年24人の判事に対して退職を命じた。司法省はさらに，31年6月，曾禰司法大臣の下で，司法次官の横田国臣が中心となって，計画的に老朽淘汰を断行した。該当者は上級者・中級者で，31年6月，大阪控訴院長北畠治房，東京控訴院長大塚正男（土佐），名古屋控訴院長土師経典（薩摩），大審院部長中村元嘉ら9人に休職を命じ，東京控訴院検事長野村維章（土佐），大阪控訴院検事長林誠一（長州），名古屋控訴院検事長加納謙（薩摩）ら5人に退職を命じた。

明治31年10月，政府（大隈内閣）は，検事総長の横田国臣を懲戒免官とした。横田が大東司法大臣を誹謗した，というのが理由である。大隈総理大臣と近い北畠や在官の老朽者らが横田の追い落としを策したことが，その裏にあった。僅か4カ月の憲政党内閣の下で，検事総長の懲戒免官という未曾有の事件がおきて，社会を驚かせた。

31年11月から32年3月，司法省は，清浦司法大臣の下で，中断している老朽淘汰を再開した。すなわち，名古屋地方裁判所長中沢重業（土佐），大阪地方裁判所長馬屋原二郎（長州）ら6人を大審院判事

に補し数日を以て休職を命じ、水戸地方裁判所長音羽安成、大津地方裁判所長山本正己ら9人を同じく大審院判事に補し数日を以て退職を命じたのである（名誉進級）。このようにして、司法省が退職を命じた判事は、31年に73人、32年に60人を数えた。

### 法典調査会

**法典調査会**は、明治26年3月、議会において施行延期となった民法、商法や附属法律を調査・審議するため設置された組織である。民法、商法などの公布が一通りおわると、32年3月、法典調査会は、民法、商法を除く法典や附属法令の改正・制定に関する事項を起案・審議し、併せて条約の実施に必要な事項を審議することとなった。法典調査会の第4部委員会が、裁判所構成法について全体的な改正像を審議したのは34年7月、改正案の個々の条文を審議したのは34年12月である。

司法省の原案は、裁判所の組織および権限は現行法を基礎とし、その上で①区裁判所の権限を拡大して、民事は訴額200円以下と改め、刑事は1年以下の禁錮の罪、200円以下の罰金の罪と改め、窃盗罪を加える。②控訴院1部の人員を3人とする。③大審院1部の人員を5人とする。④上告裁判所は大審院に限る。という一部改正案である。明治38年の裁判所構成法中改正法律（法67）が、区裁判所の権限を拡大した（訴額200円、禁錮6月以下、罰金200円以下など）ことは、前に記した。

まず、裁判所構成法を全面改正するか部分改正するかについては、部分改正に止めようという意見が多数をしめた。もっとも、一方には、富井政章（法科大学教授）のように、現行法は多数の裁判所をおき、多数の裁判官が合議で裁判するという煩雑すぎる制度であり、これは条約改正という必要があったためであるが、条約改正はすんだか

ら，裁判所の数をへらし組織の人をへらし，待遇をよくしてよい人を判事にとりたいという主張があり，他方には，三好退蔵（貴族院議員，元大審院長）のように，現行法は改正しないでおき，治罪法の実施時の例に倣い，支障がある点は一時の単行法を公布してほしいという主張があった。

次に，第4部委員会においては，②③の改正に揃えて，地方裁判所を単独制に改めたいという意見が続出した。これに対して，地方裁判所の合議制を存置しようという反対論が続出して，会議が紛糾した。改正論は区裁判所の判決に対する控訴事件と重大犯罪事件の2つは合議制を残すという内容に集約されたが，採決の結果，僅差で見送られた。存置論の委員は，「屑の判事に単独で裁判されては堪ったものではない」（法科大学教授梅謙次郎），「増俸のため同盟罷業をする者が単独で他人の死生(ししょう)を裁判するなど思いもよらない」（三好），「試験及第者の私立学校の書生の中には普通学が欠けた者がいるから，単独で裁判させるのは危険がある」（大審院検事古賀廉造）などという認識をもっていた。

改正論の委員の中にも，司法省は判事の人選をすることなく誰でも採用しているという批判があった（貴族院議員菊池武夫）。存置論の委員の中には，1人の判事なら司法大臣に直属する検事に反対すればどういう目にあうかと恐れもするし，学識・経験ある弁護士に説得されもするが，3人ならそういうことはない，という議論もあった（三好）。

### 大審院5人，控訴院3人

前にみたように，司法省は，大正2年に大規模な行政整理を断行した。これは，司法部大改革として司法制度史に一頁を記した。大正2年の**裁判所構成法中改正法律**（法6）は，控訴院1部の人員を3人

に改め，大審院1部の人員を5人に改めた。上告裁判所は大審院に限った(法典調査会で，倉富が，法律解釈の統一上必要だと説明した)。

判事及検事の休職並判事の転所に関する法律(法7)は，この裁判所構成法中改正法律および裁判所廃止及名称変更に関する法律(法8)の施行のさい，司法大臣が判事・検事を併せて232人を限り休職を命じることができると定めた(但し判事は，願いによる場合を除き，大審院の総会の決議をへることが必要である)。これら休職者には現俸の3分の1ないし2分の1を支給することも定めた。この法律により，司法省は，2年4月から6月末日まで，判事，検事を併せて131人に休職を命じ，98人に退職を命じた。残る判事，検事のうち443人に転補，転官を命じた(大規模な休職・退職に伴い，広範囲の職の転補や判事・検事の転官が必要となった)。

この人事異動は，元の陣容と比べると，判事・検事の総数1519人中，15パーセントに休職，退職を命じ，29パーセントに転補，転官を命じたものである。そのさい判事は松田司法大臣がひきうけ，検事は平沼検事総長がひきうけ，2人で分担して判事，検事に異動を承知させた。司法省は，大阪控訴院長古荘一雄(ふるしょうかずお)(肥後)，函館控訴院長一瀬勇三郎(正則科1期生)，名古屋控訴院長藤田隆三郎，長崎控訴院長西川鉄次郎(以上，東大明治11年卒業)，長崎控訴院検事長山川徳治，宮城控訴院検事長奥宮正治(おくのみやまさはる)(土佐)，函館控訴院検事池上三郎らを休職とした。大審院判事の伊藤悌治(東大明治16年卒業)を部長に進級させて，これも休職とした。

2年6月，判事検事官等俸給令の改正(勅171)により，判事229人，検事3人を減員した。また，裁判所書記長書記定員及俸給令の改正(勅172)により，書記308人を減員した。この結果，判事は20パーセント減で定員900人，検事は0.7パーセント減で定員387人，書

記は7パーセント減で定員4086人となった。

### 判事，検事の定年退職制

大正10年3月，第44議会で成立した**裁判所構成法中改正法律**（法101）は（同年5月公布），**判事，検事の定年退職制**を定めた。すなわち，大審院長，検事総長は年令65歳，その他の判事，検事の在職者は年令63歳に達したときは退職する。判事は控訴院または大審院の総会決議で，検事は司法大臣の一存で，在職を3年まで延長できる（第74条の2，第80条の2）。定年に因る退職判事検事の恩給に関する法律（法102）は，退職者には官吏恩給法（明治23法43）第5条の定める年額に100分の50を加算するとした。

政府（原内閣）が判事，検事の定年退職制を定めたのは，原総理大臣の尽力が大きかった。司法官が終身制のため常に老齢化が進むことや，上級者がその地位をさらず下級者が常に薄給に甘んじることに早くから気づいていた原は，政友会内閣を組閣すると自ら司法部の改革にのりだした。明治39年大審院長に就任した**横田国臣**が，老齢（大正9年8月で満70歳）のまま枢密顧問官への転任を拒んで在職しているのは，司法部の宿弊を象徴していた。10年6月，横田は大審院長14年11月の記録を残して司法部をさった。

昔，司法次官として老朽淘汰を断行した横田が，今回立場を変えて老朽者として退職においこまれた。歴史は繰り返すと記したのは，**尾佐竹猛**（大審院判事）である。

昭和12年の裁判所構成法中改正法律（法82）は，判事，検事の定年退職制を定める第74条の2，第80条の2を改正した。すなわち，定年に達した判事，検事の退職の時期を5月31日，11月30日，の2回と法定したのである。これにより，人によっては最大6カ月退職がのびることとなった。

## 4 検察権力の伸張

### 司法官扱い

　明治憲法は，第10条で「天皇ハ行政各部ノ官制及文武官ノ俸給ヲ定メ及文武官ヲ任免ス但シ此ノ憲法又ハ他ノ法律ニ特例ヲ掲ケタルモノハ各々其ノ条項ニ依ル」と定めて，行政各部の官制（組織・権限の制定改廃）を天皇の官制大権（勅令事項）とし，文武官の任免を同じく天皇の任免大権とした。特例は，第57条第2項で裁判所の構成，第72条第2項で会計検査院の組織・職権を法律事項としたこと，第58条第2項，第3項に基づく判事懲戒法で裁判官の罷免を懲戒裁判所の裁判によるとしたことである。

　一方，明治憲法は，検察官について何ら定めるところはなかった。しかし，裁判所構成法は各裁判所に**検事局を附置する方式**をとり，判事に関する規定と並んで，検事に関する規定をおいた。検事は法律に定める資格を具える者を任用する憲法上の要請はないのに，裁判所構成法は第57条以下で，2回の競争試験をへることなど判事と同じ扱いを定めたし，検事はその地位を保障する憲法上の要請はないのに，第80条で，明治憲法58条第2項（裁判官は刑法の宣告，懲戒の処分によるほか職を免せられない）と同じ趣旨の「検事ハ刑法ノ宣告又ハ懲戒ノ処分ニ由ルニ非サレハ其ノ意ニ反シテ之ヲ免職スルコトナシ」の一条をおいた。

### 検事局の附置

　裁判所構成法は，第6条で各裁判所に検事局を附置することを定めた。附置するということの意味は，まず，検事局が裁判所と同じ庁舎内にあって，設備と会計事務を共同することをいい，次に，検事局の管轄区域がその裁判所の管轄区域に従うことをいう（後者は第

6条第3項)。検事局は，裁判所の区別に対応して，大審院検事局，控訴院検事局，地方裁判所検事局，区裁判所検事局に区別された。なお，司法省は，地方裁判所支部のうち，刑事事務を取り扱う支部にも検事を配置した (第31条第3項)。

検事局は裁判所に附置されるが，両者は別物である。裁判所構成法は「検事ハ裁判所ニ対シ独立シテ其ノ事務ヲ行フ」と定めた (第6条第2項)。検事は，単独で検察事務を行う権限をもった。その行使については，第82条が「検事ハ其ノ上官ノ命令ニ従フ」という一条をおいた。これを検事一体の原則 (または検察官同一体の原則) といい，通説も実務も，司法大臣が第82条の上官に含まれる，すなわち，司法大臣が検察事務の最終責任者であると解釈した。

後のことながら (大正15年) 大審院判事の尾佐竹猛は，このような検事の地位の保障や職務の在り方を捉えて，検事は行政官であるが，司法官としての保護色をもっていると揶揄した。検事は，判事に対しては行政官の顔をし，社会に対しては司法官の顔をするというのである。

### 検事の力

裁判所構成法は検事の職務を種々定めた (第6条第1項) が，その主たる職務は刑事について公訴を起し訴訟の当事者たることにあった。刑事訴訟法 (明治23法96) は検事に犯罪の捜査権を与えた (第46条) が，警視総監・地方長官にも (管轄地内において司法警察官として) 検事と同一の捜査権を与える (第47条) 一方，予審判事に被告人訊問や証拠集取の権限を与えた (第90条以下) ため，検事が行う捜査事務は常に両者から制約をうけた。司法部における検事の力は，一見脆弱だったかにみえる。

ところで，裁判所構成法は司法大臣に判事 (・検事) の人事権を与

えた (第68条, 第79条第3項)。そればかりでなく,前に記したように,各裁判所 (・各検事局) の監督権を与えた (第135条第1号)。裁判所構成法の施行後,明治後期だけをみても,司法大臣として,検事から立身した清浦奎吾,東京控訴院検事長の官歴をもつ波多野敬直の2人がいた。司法次官としては,2人のほか,(検事総長から転じた) 三好退蔵,(清浦と同じく検事から立身した) 横田国臣,(検事出身の) 石渡敏一,(検事の官歴が長い) 平沼騏一郎とずらっと検事出身者が並んで,検事の力が脆弱にみえる外観とは異なり,いわば中央の検事出身者が全国各地出先の裁判所を掌握している図式だった。

### 日糖事件

日露戦争後,戦後不況が始まる中で,内地最大の製糖会社の大日本製糖は,事業の不振を打開するため,第23議会で輸入原料砂糖戻税法中改正法律案の成立を図って,各政党の代議士に働きかけた。この法律案は輸入原料の関税の一部を業者に戻す,限時法の輸入原料砂糖戻税法 (明治35法33) の期限を延長するもので,衆議院で短縮されたが何とか成立した (明治40法26)。しかし,戦後不況の只中で,事業不振が深刻化した大日本製糖は,砂糖官営法律案の第24議会への提出を図って,政友会の代議士に働きかけた。これは,失敗した。そこで,大日本製糖は,衆議院の中に常備軍を作ろうとして,役員の1人を総選挙で当選させ政友会に所属させた。

このような運動を展開する過程で,大日本製糖は,各政党の多数の代議士に金員を配付したのである。告発をうけた東京地方裁判所検事局は,平沼東京控訴院検事長代理 (司法省民刑局長),検事正小林芳郎の指揮下に,主任検事南谷知悌らが捜査にあたり,明治42年4月,贈賄側の大日本製糖の役員や,収賄側の代議士多数を勾引した。これほどの規模の疑獄事件は初めてのものであり,検事局が主宰す

る捜査も初めてのものだった。第一審の公判に付された代議士21人中20人が有罪となり、控訴審、上告審をへて18人の有罪が確定した。一方、大日本製糖の役員は8人が公判に付されたが、前社長の酒匂常明が拳銃で自殺し、7人が有罪となった（2人が上訴したが、有罪となった）。

　日糖事件で処罰の根拠となった法令は、議員らの職務に関する賄賂の収受と、相手側の賄賂の提供を罰する、瀆職法（明治34法37）である。検事局の捜査が進んで、内外石油会社に波及しそうになったとき、桂総理大臣が検事総長の松室致をよんで捜査打ち切りの圧力をかけた。そこで、平沼が桂に会いにいったが、打ち切りを命じられた。そのため、日糖事件に類似する内外石油会社の贈賄・収賄事件（これは、第24議会で代議士に金員を配付して、石油消費税法案の成立阻止を図った事件）は闇に葬られた。

　ともあれ、検事局主宰の初捜査は成功裏におわった。この大規模な捜査は、政界や財界を震撼させた。その分、社会における検事局の威信は飛躍的に高まった。延いては、国民の意識の中で、社会の上層に位置する人々を一般犯罪者と区別なく裁く、裁判所の権威も高まったのである。後に平沼が回顧して、日糖事件は司法部として新時代を画したものだと位置づけたが、日糖事件は確かに、検事局のそれまでの消極的な姿勢を積極的な姿勢へ転換させた事件だと評価できる。

### 大逆事件

　明治43年5月、長野地方裁判所検事局は、中河手村字明科の製材所機械職工宮下太吉ら数人を、爆発物取締罰則（明治17太政官布告32）違反の容疑で検挙した。次席検事の和田良平が東京地方裁判所検事の小原直の応援をえて捜査を進めたところ、宮下らが天長節の日に

明治天皇の馬車に爆裂弾を投げようと計画していることがわかったため、検事正の三家重三郎が事件を刑法第73条事件として松室検事総長へ送致した。松室は病気療養中で、代わって平沼大審院次席検事が指揮をとり、東京地方裁判所検事局をはじめ、各地の検事局が大掛かりな捜査を行った。11月、予審が終結し、大審院は特別刑事部において**幸徳秋水**ら26人を公判に付することを決定した。12月、特別刑事部は法廷を開き、公開を停止して、1人の証人すら出廷させることもなく審理を終了した。44年1月、裁判長の**鶴丈一郎**（つるじょういちろう）が幸徳、宮下以下24人に死刑を言い渡し、大逆罪の犯意を認定できない2人には懲役刑を言い渡した。24人のうち半数は恩赦により無期懲役に減刑されたが、残る12人は死刑を執行された。

　大審院特別刑事部は、幸徳、宮下、**管野スガ**らが中心となって、爆裂弾を製造し大逆罪を実行しようとしたと認定した。幸徳は旧知の奥宮健之（おくのみやけんし）から爆裂弾の製法をききだし宮下に教え、新村忠雄は原料の1つ塩酸カリを入手し宮下に送り、宮下は爆裂弾を製造し山中で威力を試す実験を行った。幸徳、管野、宮下、新村はその実用性を検討し、管野、新村、古河力作は投擲（とうてき）の順序をきめた。幸徳から話をきいた大石誠之助は新宮で、松尾卯一太は熊本で、それぞれ同志に話した。幸徳、管野と交際の深い内山愚童は皇太子弑逆の計画をもって大阪、神戸などを回り、同志を募った。特別刑事部が認定した事実は、およそ以上のようである。

　50年の後、小原は、大逆事件は陰謀であり、予備までいかない事件だったと語った。しかし、大審院は、幸徳から勇ましい話をきかされた、新宮で貧乏人の神様と称される医師の大石をはじめ、熊本評論発行者の松尾、大阪平民新聞発行者の森近運平、幸徳に爆裂弾の初歩的な製法を教えた、その筋の回し者たる奥宮（宮城控訴院検事長

奥宮正治の弟），さらに大石や松尾から幸徳の話をきかされた人々，内山からこれも勇ましい話をきかされた人々，ただそれだけで，全員に刑法第73条を以て死刑を言い渡した。

明治40年刑法第73条（昭和22法124で廃止）は「天皇，太皇太后(たいこうたいごう)，皇太后，皇后，皇太子又ハ皇太孫ニ対シ危害ヲ加ヘ又ハ加ヘントシタル者ハ死刑ニ処ス」である。大審院は，第73条の解釈を示すこともなく，事件を予備あるいは陰謀と判断することもなく，24人の被告人を主犯，教唆犯，幇助犯にあてはめることもなく，ごく無造作に全員に死刑を言い渡した。実は，これは，古律の謀反のやり方である。唐律も，大宝養老の2律も，謀反は謀るだけで首従の別なく全員を斬に処するのである。明治13年刑法も，40年刑法も，西欧の刑法を模倣する近代刑法だったはずである。ところが，大審院は，第73条を古律の謀反の概念を以て解釈し運用したのである。

日清戦争，日露戦争に勝ち，台湾，朝鮮を植民地とする天皇制国家の下で，社会主義者・無政府主義者が企てたというこの大逆事件は，社会に計りしれない衝撃を与えた。一方，国家体制を擁護する役割を果した検事局の威信は高まったし，同じ意味で裁判所の権威も高まった。

### 検事総長，親補職となる

第31議会は海軍の瀆職事件が表面化して多事を極めた。事件は，ドイツのシーメンス社やイギリスのヴィッカース社（その代理店の三井物産）と海軍軍人の贈賄・収賄事件である。第30議会の憲政擁護運動の場合と同じように，今回は海軍の瀆職事件に怒って，政府（山本内閣）を弾劾する民衆が議会を取り囲んだ。混乱の中で，松田司法大臣が病没した。松田の後任は政友会の順序から衆議院議長の大岡育造が就任する予定だったが，大岡と日糖事件の絡みから平沼検事総

長ら司法部幹部が反対した。そのため、奥田文部大臣が司法大臣に横滑りして、大岡が後任の文部大臣となった。大岡と入閣を争った長谷場純孝が代わって議長に就任したが、僅かな日数で病没するというお負けまでついた。

このとき、原内務大臣の耳に、大岡が司法大臣となれば検事らは命令に従わないだろうという話が入った。検事の力は、部内に対するのみならず、司法大臣を選択できるほどに大きくなっていた。この第31議会で**裁判所構成法中改正法律**が成立した（大正3法39）。この法律は、(勅任) 親補職の大審院長（第68条前段）を親任官に改める（第68条第1項）とともに、勅任官の検事総長（第79条第3項）を（勅任）親補職に改めたのである（第79条第3項）。この優遇は、大逆事件において、大審院や検事局が天皇制国家に貢献したことに対する行賞の観があった。大正3年5月、**横田国臣**（大審院長）は親任の上で大審院長に親補され、平沼騏一郎（検事総長）は検事総長に親補された。

なお、判事、検事という官につくのが任官、大審院長、検事総長、大審院判事、大審院検事、東京地方裁判所判事、大阪地方裁判所検事という職につくのが補職である。補職の中で天皇が親補するのが親補職であり、在職中は親任官の待遇をうけた。親補職は、司法官と武官（参謀総長、海軍軍令部長、師団長など）に限られた。

### 日本型の司法権独立

大正3年1月、シーメンス社東京支店の海軍高官に対する贈賄が明るみにでた。これに続いて、2月には、軍艦金剛の建造に絡んで、ヴィッカース社の代理店三井物産から海軍中将松本和に対する贈賄も明るみにでた。この事件は、平沼の指揮下に小原直らが外国人を含め民間人の捜査にあたった。平沼は、検事を派遣して、統帥権の独立を標榜する、呉鎮守府海軍工廠の捜索まで強行した。山本総

理大臣の膝元の海軍に火がついたため，大正3年度予算は不成立となり，内閣は崩壊した。

4年5月，政友会の代議士村野常右衛門が大浦内務大臣を（第12回総選挙における）選挙違反，収賄容疑で告発した。これが大浦事件の導火線となった。第一次大戦開戦後，政府が第35議会で予算案中の2個師団増設費を通過させようとしたさい，大浦（当時は農商務大臣）が政友会の不平分子の買収工作を行った。この工作は失敗し，衆議院は増設費を否決した。そのため，政府（大隈内閣）は衆議院を解散し，総選挙となった。この事件も，平沼が指揮をとり，東京地方裁判所検事局（検事正，中川一介）が捜査して，大浦の代議士買収の事実を把握した。司法次官の**鈴木喜三郎**が政府に大浦の辞職を勧告したが，大浦が拒否し，逆に政府が平沼，鈴木，中川の罷免を策したが，流石に実現しなかった。紆余曲折の末，7月，大浦は辞職し，一切の公職から退いた。9月，関係者の予審が終結し，検事局は大浦を起訴猶予として幕をひいた。

このようにして，検察権力は，一方で国家体制を擁護し，他方で政治的疑獄事件を摘発して，国家機構の中に確乎たる地位を築いた。このことは同時に，検察権力が司法部内の主導権を不動のものとしたことでもある。少し時期が下るが，大審院判事の尾佐竹猛は，大正15年の著書の中で，問題がおきると，新聞紙上で司法権の独立を高唱するのは司法次官，局長，検事正であり，判事はウンともスンともいわないと嘆いた。尾佐竹は，国民がこれをみて，検事も司法官で検事に独立があると思うのも無理はないと記した。昭和4年，判事から出発して司法省民事局長の地位にあった**長島毅**は，裁判所構成法の解説書の中で，検察事務の独立を積極的に捉えた。すなわち，不告不理の原則の下で裁判所は受動的な存在だから，検事が扱

う起訴前の処分の公平性が国家刑罰権の適正を保障するものであり，司法権独立を意味のあるものとするには，検察事務の独立がある程度必要であるというのである。このような司法権独立の広義化は本来の概念から大きく離れるものだったが，大正期・昭和前期の実務を支配した。いわば日本型の司法権独立の姿だった。

### 検事総長，親任官となる

第44議会は，宮中に裕仁皇太子・久邇宮良子(くにのみやながこ)の婚約解消をめぐる某重大事件があり，枢密院に陪審法案が落ちそうにぶら下っている中で，原総理大臣の力で政府提出の法律案中99が成立した。その1つに，判事，検事の定年退職制を定める，**裁判所構成法中改正法律**(大正10法101)が含まれていた。この改正法は，それに止まらず，政府が司法省の要求をうけいれ，第79条第3項の検事総長は勅任検事を以て親補するを改めて，親任検事を以て親補するとした。これにより，検事総長は，司法大臣や大審院長と同じ親任官となったのである(大審院長，検事総長は親任判事・親任検事に任官した上で親補されるが，親任式・親補式を同時に行った)。

大正10年6月，**平沼騏一郎**(検事総長)は，最初の親任検事となり，改めて検事総長に親補された。同じ6月，横田大審院長の退職に伴い，東京控訴院長の富谷鉎太郎(とみやしょうたろう)が後任となったが，僅か4カ月で定年退職した。そのため，10年10月，平沼の大審院長，鈴木の検事総長が実現した。

12年9月，平沼は司法大臣に就任したが，虎の門事件(難波大助が裕仁摂政を狙撃)により，4カ月で山本内閣が総辞職し，平沼も辞職した。次に13年1月，鈴木が司法大臣に就任したが，憲政擁護運動の下，第15回総選挙に敗れた清浦内閣が総辞職し，鈴木も辞職した。在職半年だった。

ちなみに、平沼は、枢密院に転じ、副議長、議長をへて、昭和14年1月、総理大臣に就任した。弟分の鈴木 (明治24年帝国大学仏法科首席卒業、司法省入省) は、田中内閣の内務大臣、犬養内閣の司法大臣、同じく内務大臣となり、昭和7年5月、政友会総裁に就任した。もっとも、政党はどの政党も命運がつきていた。

### 検尊判卑

尾佐竹猛は、前に言及した著書の中で、**検尊判卑**なる言葉を紹介している。この言葉が果して司法部内に流布したかどうか、はっきりしない。しかし、日糖事件以後の検察権力の活躍 (検事局が打って出て、全司法部を牽引した有様) を一瞥すると、言葉の裏に実体があったことが想像される。

司法大臣は、平沼騏一郎、鈴木喜三郎の後、太平洋戦争の敗戦まで、鈴木 (二度目) を含めて、17人を数える。17人のうち、①小山松吉は検事出身で、検事総長から司法大臣となり、②小原直も検事出身で、東京控訴院長から司法大臣となり、③林頼三郎は、判事から検事に転じ、検事総長、大審院長を歴任して司法大臣となった。さらに④塩野季彦も検事出身で、次長検事から司法大臣となり、⑤宮城長五郎は判事から検事に転じ、名古屋控訴院検事長から司法大臣となった。⑥木村尚達も検事出身で、東京控訴院長、検事総長を歴任して司法大臣となり、⑦岩村通世も検事出身で、検事総長から司法大臣となり、⑧松阪広政も検事出身で、同じく検事総長から司法大臣となった。

東京控訴院長の待遇に関する件 (昭和2勅348) により、東京控訴院長たる判事は親任官の待遇をうけた。小原は司法次官から東京控訴院長に転じ、司法大臣となったし、林は大審院次席検事から大審院部長に転じ、検事総長、大審院長へ階段を駆け上った。木村も次長

検事 (昭和10年1月改称) から大審院部長に転じ，東京控訴院長，検事総長へ階段を駆け上った。すなわち，大審院部長も，東京控訴院長も，検事が昇進していく踏み段の観を呈したのである。

ちなみに，司法大臣17人中，検事出身者は鈴木を加えて9人である。残りの8人は，政友会幹部が2人 (横田千之助，小川平吉)，貴族院研究会の領袖(りょうしゅう) (渡辺千冬)，内務官僚2人 (江木翼(えぎたすく)，川村竹治)，弁護士 (原(はら)嘉道(よしみち)，明治23年帝国大学英法科首席卒業)，新聞人 (風見章)，陸軍軍人 (柳川平助) である。

**参考文献**

尾佐竹猛『判事と検事と警察』(総葉社書店，大正15年)

長島　毅『裁判所構成法』(日本評論社，昭和4年)

家永三郎『司法権独立の歴史的考察』(日本評論新社，昭和37年)

楠精一郎『明治立憲制と司法官』(慶応通信，平成元年)

前山亮吉『近代日本の行政改革と裁判所』(信山社，平成8年)

三谷太一郎『政治制度としての陪審制』(東京大学出版会，平成13年)

## 5　弁護士制度

先に，代言人に関する従来の法制について述べたが (51, 70, 88頁)，裁判所構成法は，代言人の呼称を「弁護士」と改め，「弁護士ニシテ判事ニ任セラレシ者」が控訴院判事及び大審院判事に補せられるために必要な判事執務年数など幾つかの規定 (第69条，第70条，第111条，第114条) を設け，相次いで制定された民事訴訟法 (明治23年4月21日法律第29号) が訴訟代理人としての弁護士，刑事訴訟法 (同年10月7日法律第96号) が弁護人としての弁護士についてそれぞれ規定を設けた。

そして、弁護士の資格、登録、職務及び組織等にわたる弁護士法は、同年の第1回議会に法案提出の運びになったが、例えば地方裁判所の弁護士として登録を受けてから5年経たなければ控訴院弁護士として登録ができないというように、裁判所の審級に対応して、弁護士の経歴、経験年数に即した登録をさせ、しかも各別の免許料を納付させるという仕組みであったため、代言人組合から強い反対が向けられ、撤回された。やがて、明治25年12月第4回議会に内容を改めた法案が提出されて、成立をみ、同26年3月4日法律第7号（いわゆる旧々弁護士法）として公布され、同26年5月1日施行され、これが昭和8年の弁護士法（いわゆる旧弁護士法）まで約40年間、新しい弁護士の業務に関する法制上の根拠法として作用したのである。

### 明治26年弁護士法（旧弁護士法）

明治26年弁護士法は、冒頭で、弁護士の職務は、当事者の委任を受け又は裁判所の命令に従い、通常裁判所において法律に定める職務を行うことにあり、また、特別法により特別裁判所において職務を行うものとし（第1条）、その資格として、第1に、日本臣民にして民法上の能力を有する成年以上の男子であること、第2に、弁護士試験規則により試験に及第したことの二つの条件を具えることを必要とすることを明らかにする（第2条）。試験の細目は、明治26年5月司法省令第9号弁護士試験規則がこれを定めたが、判検事としての資格を有する者、帝国大学法律科卒業生、司法省旧法学校正則科卒業生らは無試験で弁護士となることができるという例外が法律上設けられている（第4条）。以上は、職務規範（第12条～第17条）とともに、部分的に現在の弁護士法の体系に通ずるものがあるが、弁護士の登録及び弁護士会に関する規制は官による監督の色彩がすこぶる強く、明治26年弁護士法の特徴をなしている。すなわち、弁護士は、

各地方裁判所備付けの弁護士名簿に登録し，その登録は，所属地方裁判所の検事局を経由して司法大臣に請求書を差し出してする（第7条～第11条）。また，弁護士は，その所属地方裁判所ごとに弁護士会を設立しなければならないが（第18条），弁護士会は所属地方裁判所検事正の監督を受け（第19条），その会則も検事正を経由して司法大臣の認可を受けなければならない（第23条）。そして，弁護士は弁護士会に加入した後でなければ，職務を行うことができない（第24条）という個別的な縛りを受けるとともに，弁護士会自体も，その組織及び運営の細部にいたるまで，検事正の監督に服さなければならない（第27条～第30条）のみならず，弁護士の懲戒は，弁護士会ではなく，控訴院に開かれる懲戒裁判所の処分によって行われる（第31条～第34条）というものであった。明治26年弁護士法については，「弁護士という職業が検事より一段と低い地位にあるという社会的評価を公認したようなものであり，司法部内，特に刑事裁判における弁護士の地位を低からしめたのみならず，（中略）長く刑事司法のあり方に歪みをもたせることにもなったのである」が，その後，「弁護士階層，特にそのエリート部分が，被告人の法廷における権利を守るという強い職業的使命を自覚し」，さらに，弁護士の「伝統的な職業上の欠陥と社会的不評をのりこえようと真剣に努力しつづけ」てきた（大野正男）という事情が指摘されている。

### 昭和8年弁護士法（旧弁護士法）

明治26年弁護士法に対する弁護士階層の根強い改正運動が契機となって，昭和8年5月1日法律第53号弁護士法が制定され，昭和11年4月1日より施行された。同法は，次のような点が着目される。①弁護士は，「訴訟ニ関スル行為」のほか「一般ノ法律事務ヲ行フコトヲ職務トス」（第1条）として，弁護士の職務が訟廷事務に限られる

ものでないことを明らかにした。②女子にも弁護士資格を認めた(第2条第1項第1号)。ただ、戦前は女子で弁護士になった者は僅かであった。③弁護士試補制度を新設した。すなわち、弁護士資格を取得するには、弁護士試補として1年6月以上の実務修習を終え、考試を経たことを必要とし(同条項第2号)、弁護士試補には「成規ノ試験」に合格することを要するとし(第3条第1項)、試験→考試という2段のテストとその間の実務修習という仕組みが作られた。試験は、先に大正3年4月15日法律第40号弁護士法中改正により「裁判所構成法第58条ノ試験ニ合格シタルコト」を要すると改められ、これが大正12年3月1日から施行され、弁護士も、高等試験司法科試験に合格しなければならないことになったが、さらに、昭和8年弁護士法によって、司法官試補と同様、実務修習を終え、考試を経ることが新たに加えられたのである。ただし、弁護士試補は無給であった。④弁護士会は法人となったが、弁護士自治は認められず、会は司法大臣の監督下に置かれ、懲戒も、会長に司法大臣若しくは検事長に対する懲戒申告権が認められたにとどまり、控訴院に置かれる懲戒裁判所の所管とされたことは従前と変わりがない。弁護士会が完全な自治権を獲得するには、戦後の法改正を待たなければならなかった。

**参考文献**

奥平昌洪『日本弁護士史』(有斐閣書房、大正3年)

大野正男「職業史としての弁護士および弁護士団体の歴史」講座・現代の弁護士2弁護士の団体(日本評論社、昭和45年)

兼子一=竹下守夫『裁判法』〔第4版〕(有斐閣、1999年)

## column 5

**横田　国臣**　嘉永3年（1850年）―大正12（1923年）

島原藩（長崎県）の出身とも，小倉県（福岡県）の出身ともいう。年少の頃豊後（大分県）日田の咸宜園に学び，明治の初め上京し，明治5年慶応義塾に入学した。6年埼玉県に奉職し，学校改正所一等教授となった。上司の学校改正所主任が，同い年で同じ咸宜園に学んだ清浦奎吾（熊本県出身）だった。その頃の横田のことを，後に尾佐竹猛（大審院判事）は「腹に覇気を蔵して馬鹿見たいな顔をしながら得体の判らぬ男だと目せられて」いた，と酷評した。

9年司法省に入り，多くは検事畑を歩んだ。同年入省した清浦とともに，ボアソナアドの下で治罪法草案の編纂に従事した。23年10月（横田は欧州留学中）裁判所構成法施行前の異動のさい，東京控訴院検事に補された。29年10月清浦司法大臣の下で司法次官に就任した。31年6月曽禰司法大臣の下で司法省八年生（法学校正則科卒業生）派を率い，判事・検事の老朽淘汰を断行し，自分は検事総長に転じたが，同年10月大東司法大臣を誹謗したという理由で懲戒免官となった。

32年4月東京控訴院検事長として司法畑に復帰し，37年4月再び検事総長に就任し，39年7月大審院長に転じた。大正10年6月退職するまで，大審院長の職にあること14年11月の記録を作った。（大審院のみに止まる）大審院長の司法行政権を全国の裁判所に拡張し，大審院をして司法省に並立させたいというのが宿願だった。しかし，そのため，長く裁判所上層部の老齢化と人事の停滞を招いた。横田より30歳若い尾佐竹（明治13年生まれ）の筆の毒は，おそらくここに起因するらしい。

原内閣は，裁判所構成法中改正法律（大正10法101）を成立させ，判事・検事の定年退職制を定めて，70歳の横田を退職に追いこんだ。横田は退職後すぐ首相官邸に原を訪問し，勅選議員の選に漏れたと不満をぶつけたが，原は，枢密顧問官の推薦を辞退したほどの人を貴族院議員に推薦するなど脳裏に浮かばなかったと一蹴した（『原敬日記』）。尾佐竹は『法曹珍話閻魔帳』（大正15年）の中で，横田は検事総長免官のさい，浪人の生活費として借金して多数の貸家を建て，家賃は最初のまま値上げしなかったが，「定年法の発布となるや，借家人一同に対し愈々今回退職となるから家賃を値上げしてくれ」という回状を回したことが新聞に掲載されたと記した（これは，事実かどうか確認していない）。

Bridgebook

# 第10章

## 行政裁判所・特別裁判所

**LEAD** 明治憲法は，第57条第1項で司法権の行使を通常裁判所に委ねながら，第60条で特別裁判所の存在を是認し，第61条で行政裁判所の設置を定めた。明治22年発行の伊藤博文著『憲法義解』は，特別裁判所として軍法会議をあげるとともに，将来商工のために商工裁判所を設置すればそれも特別裁判所であると記している。この『憲法義解』は，憲法が行政裁判所を設置した理由として，第一に司法裁判所（通常裁判所）に行政の当否を判定する権限を与えるなら，行政官は司法官に隷属することを免れないし，第二に公益の保持を優先する行政の事宜に慣熟しない司法官にその事宜を判定させるのは，危道たることを免れないと記している。

本章は，まず，行政裁判所について，制度を中心として説明する。次に，特別裁判所として，①人の特別管轄をもつ皇室裁判所，軍法会議，②事物の特別管轄をもつ警察署長らによる違警罪の即決（仮処分），特許局審判官による工業所有権争訟の審判，③土地の特別管轄をもつ領事官の裁判について，同じく制度を中心として，順に説明する。

# 1 行政裁判所

### 行政裁判所の設置

　司法裁判と行政裁判を分離し，特別の行政裁判所を設置して行政裁判を行わせるやり方は，フランスが旧王政時代から用いてきたものである。ドイツは，1863 年バーデンが行政裁判所をおいたのが最初で，1872 年プロシアも行政裁判所をおいた。オーストリアは1875 年行政裁判制度を採用した。明治憲法もこのやり方を導入した。

　**行政裁判法**(明治 23 法 48) は，明治 23 年 6 月 30 日公布され，明治憲法の施行や裁判所構成法の施行より僅かに早く 10 月 1 日より施行された。この間に，政府 (山県内閣) は，行政裁判所評定官の員数並書記の員数及職務の件 (勅 111)，行政裁判所処務規程 (勅 192) を公布した。

　10 月 1 日，**行政裁判所**は，東京の紀尾井町において開所した。平屋のごく小さな庁舎である。この 1 箇所だけ (行政裁判法第 1 条) で，支部も出張所もなく，第一審にして終審の裁判所である。何分草創期のことで，訴願法 (明治 23 法 105) や，行政庁の違法処分に関する行政裁判の件 (法 106) の公布は，10 月 10 日となった。

　開所時の長官は元京都府知事の**槇村正直** (長州)，評定官は 10 人 (定員は 11 人) で，山県内閣の任命のせいか，10 人中 3 人が長州出身者である。10 人中，広瀬進一，山脇玄(やまわきげん) (以上，法制局参事官)，南部甕男(なんぶみかお) (11 月 1 日，大審院部長)，荒川邦蔵 (内務省参事官)，樋山資之 (11 月 1 日，東京控訴院検事) の 5 人が兼任評定官である。

　後のこととなるが，尾佐竹猛が随筆の中で，満鉄事件 (大正 10 年炭鉱買収に伴う背任事件) の被告人中西清一が評定官のとき，中西と同郷

の人が上京して，行政裁判所の近辺で，行政裁判所はどこかと巡査に尋ねたが，巡査はそんな役所はない，郷人(きょうじん)がそんなはずはありません，巡査は日比谷の裁判所の中にあるかもしれないから，そこへいって聞けと答えたという，虚実不明の話を披露している。巡査がこうなら，行政裁判所に対する一般国民の認知度は推して知るべし。

### 地位の保障と職務の独立

行政裁判法は，第3条第1項で長官を勅任，評定官を勅任または奏任と定め，第2項で長官，評定官は30歳以上で5年以上高等行政官の職を奉じた者，5年以上裁判官の職を奉じた者より，総理大臣の上奏により任命されるとして，任用資格を定めた。一般に長官と評定官を併せて**行政裁判官**と称したが，これは法令上の言葉ではない。長官も評定官も官・職の区別がない点で，通常裁判所と異なっていた（通常裁判所においては，官は単一の判事で，職が多数あった）。また，官名を評定官と名づけたのは，判事と区別するためであり，行政裁判法が行政裁判所の裁判は5人以上の合議制とすると定めた（第9条）ためでもある。

地位の保障については，明治憲法に何ら規定がなかった。行政裁判法は，裁判所構成法第73条（判事ハ刑法ノ宣告又ハ懲戒ノ処分ニ由ルニ非サレハ，云々）と同じように，第5条第1項で長官，評定官は「刑法ノ宣告又ハ懲戒ノ処分ニ由ルニ非サレハ其意ニ反シテ退官転官又ハ非職ヲ命セラル、コトナシ」という一条をおいた。行政裁判法は長官，評定官を終身官とする明文をおかなかったが，この第5条第1項を以て終身官を定めた規定だとみるのが通説だった。もっとも，実務上長官，評定官が終身官として扱われても，兼任の場合は第5条第2項「行政裁判所ノ長官又ハ評定官ヲ兼任スル者ハ其本官在職中前項ヲ適用ス」というにすぎないから，本官を免じられると何らかの

措置がとられない限り兼官たる長官，評定官も免じられる（転官を命じられても本官を失う）ので，兼任の場合地位の保障は頼りなかった。

懲戒処分は，第5条第3項が「懲戒処分ノ法ハ別ニ勅令ヲ以テ之ヲ定ム」として，これを勅令事項とした。この勅令は長く制定されなかったが，(第二次) 山県内閣が**行政裁判所長官評定官懲戒令**（明治32勅354）として公布した。判事懲戒法（明治23法68）とこの行政裁判所長官評定官懲戒令を比べると，判事を対象とする懲戒裁判所は大審院か控訴院におかれる懲戒裁判所で，前者は判事7人，後者は判事5人で構成されるが，長官，評定官を対象とする懲戒裁判所は，文官高等懲戒委員長（裁判長）と文官高等懲戒委員6人で構成される点で，構成が大きく異なっていた。長官，評定官については，懲戒する場合，一般の高等官と同じ扱いだったのである。

明治憲法は通常裁判所に対して司法権の独立を保障し，裁判所構成法は裁判官の地位を保障し，職務の独立を保障した。明治憲法は行政裁判所に対して何ら規定をおかなかったから，ここに記したように，行政裁判法が裁判官の地位の保障に近い形で，長官，評定官の地位を保障した。ただ，行政裁判法は裁判所構成法第143条のような職務の独立を保障する一条をおかなかったが，それは一所帯の裁判所において第143条の前提となる監督権を記す必要がなかったためかもしれない（僅かに第7条第1項「長官ハ行政裁判所ノ事務ヲ総理ス」）。もっとも，長官，評定官についても職務の独立が保障されている，というのが通説だった。

この職務の独立は，行政裁判所が行政訴訟を裁判する裁判所であること，行政裁判所が明治憲法第61条により設置され国家機構の中に特別の地位をしめること，の2つに由来していた。行政裁判所は内閣や各省の指揮・命令の系統下になく，人事と予算のみ内閣の

一般的支配に服するが，独立機関だったのである。

　後のことながら（昭和7年10月）行政裁判法及訴願法改正委員会は，行政裁判所法案の中に，第5条「行政裁判官ハ裁判権ノ行使ニ付何人ノ指揮ヲモ受クルコトナシ」という明文をおいた。もっとも，この法案は帝国議会に提出されることなく，昭和22年5月，行政裁判所の廃止を迎えた。

### 列記主義

　行政裁判法は第15条で，行政裁判所は法律，勅令が行政裁判所に出訴を許した事件を審判すると定め，さらに，**行政庁の違法処分に関する行政裁判の件**は，法律，勅令に別段の定めがあるものを除いて，列記主義を採用した。後者は，出訴資格を行政庁の違法処分により権利を毀損されたとする者とし，出訴事項を①租税，手数料の賦課に関する事件，②租税滞納処分に関する事件，③営業免許の拒否，取り消しに関する事件，④水利，土木に関する事件，⑤土地の官民有区分の査定に関する事件，の5つに限定した。

　行政裁判法が訴願前置主義をとり（第17条），**訴願法**が訴願事項として，これら5つに加え，⑥地方警察に関する事件の6つを列記した（第1条）。ところが，行政庁の違法処分に関する行政裁判の件は，行政裁判所への出訴事項から⑥を外したのである。治安警察法（明治33法36）の結社禁止の出訴（これは第17条第2項も訴願を前置しない）のように法律，勅令に規定がある場合を別として，国民生活に関係の深い地方警察に関する事項は，上級行政庁へ訴願するしかなく，行政裁判所へ出訴する途はとざされていた。

　この列記主義は，権利を毀損されたと主張する者に対しても，行政庁の違法処分が列記事項にあたるものでなければ，行政裁判所への出訴を認めなかった。法的に救済を訴える方法がなければ，国民

は泣き寝入りするしかなかった。すなわち，列記主義は国民の出訴の権利を制限して，行政権の活動領域を広くとっておいたのである。

前にみたように，『憲法義解』は，行政裁判所を設置した理由として，通常裁判所に行政の当否を判定する権限を与えるなら，行政官は司法官に隷属することを免れないと記している。この解説は，明治憲法が通常裁判所と行政裁判所を分離した事情を的確に説明している。それなら，行政庁の違法処分に関する行政裁判の件が列記主義により，出訴事項を狭く制限したのは，どのような事情があったのか。この解説の論理を応用するなら，それは，行政官をして行政裁判所の隷属から免れさせるため行政裁判所の出番をへらし，その分，行政庁の自由な活動領域を広く確保しようとしたのだろう，と容易に想像できる。逆にいうと，列記主義は，行政裁判所をして，行政庁の後塵を拝する位置においたのである。

## 本尾事件

行政裁判法は，第6条「長官及評定官身体若クハ精神ノ衰弱ニ因リ職務ヲ執ルコト能ハサルトキハ内閣総理大臣ハ行政裁判所ノ総会ノ決議ニ依リ其退職ヲ上奏スルコトヲ得」という一条をおいた。これは，裁判所構成法第74条（判事については，大審院か控訴院の総会の決議で，司法大臣が退職を命じる）とほぼ同じ趣旨の規定である。

明治39年8月，行政裁判所は総会において，評定官の**本尾敬三郎**（元大審院判事）を身体・精神の衰弱により職務をとることができないと決議した。本尾は身体衰弱でも精神衰弱でもなく，この決議は行政裁判所における長年の派閥争いの産物だった。西園寺総理大臣らの事後処理の中で，9月，本尾は高額の特別年俸を貰って辞表を提出した。

発足から7，8年で，小所帯の行政裁判所の部内に，古参の山脇

玄を首領とする山脇派（法制局派ともいう）が形成された。第二代長官の箕作麟祥（元司法次官）の病没後，政府（松方内閣）が第三代長官に元兵庫県知事の周布公平（長州）を任命すると，山脇長官を逸した山脇派が長官の排斥運動を行い，周布を1年たらずで辞職に追いこんだ。しかし，政府（山県内閣）が第四代長官に元内務次官の松岡康毅を任命したため，再び山脇派が長官排斥運動を執拗に続けたのである。

そこで，政府は，行政裁判所長官評定官懲戒令（明治32勅354），行政裁判所評定官の員数並書記の員数及職務の件の改正令（勅355）の2つを同日公布した。後者は評定官の定員を専任11人と改めたもので，兼任の定員は定めなかった。政府はこれにより，本尾敬三郎，中根重一（元貴族院書記官長）の2人を専任評定官に任命し，5人の兼任評定官を任命して，松岡派を補強した。ところが，39年1月，松岡が農商務大臣に転じ，山脇が待望の長官（第五代）に就任したため，山脇派は本尾を叩きだしたのである。

その頃のある新聞が，松岡が終始政府の側につき，行政裁判所を政府の御用機関としたが，これに反して，山脇は比較的国民の側に同情を示し，弁護士らの評判は松岡の比ではない，と記事に記した。この記事のとおり，山脇派は松岡派に対抗する上で，行政裁判所の政府離れを以て自派の立場とした。

### 議会の改正案 (1)——列記主義から概括主義へ

明治中期から大正期の帝国議会において，行政裁判法の改正案は，それに関係する法律の制定改廃案を含め，提出されること9回の議会に及んだ。提出者は，延べ，政府4回，貴族院議員1回，衆議院議員7回である。このうち，第37議会で，政府の改正案が1つ成立した。これは，裁判所構成法中改正法律（大正3法39）が大審院長を親任官と改めたことの権衡上，行政裁判所長官も親任官と改めたもの

で，行政裁判法中改正法律（大正5法37）として，大正5年4月公布された。改正案の成立は僅かにこの1回である。

行政裁判法の改正案を最初に議会に提出したのは，貴族院議員の松岡康毅で，第4議会のことである。松岡は，行政裁判法中改正案において第15条を，行政裁判所は行政官庁の違法処分により権利を傷害されたとする訴訟を裁判すると改め，明治23年法律第106号廃止案により同法を廃止して，列記主義を概括主義に改めるとともに，訴願法中改正案においては，第1条を概括主義に改めようと提案した。しかし，3つとも，貴族院で審議未了に終った。松岡が行政裁判所長官に就任した後の行政権重視の姿勢からは，3法律案提出の意図はわかりにくい。松岡の内務次官在職は，同議会の翌年，明治27年1月から2度，併せて3年半である。その経験が考え方を転換させたのかもしれない。

第13議会では，利光鶴松（無所属）らが行政裁判法中改正法律案，訴願法中改正法律案の2つを，衆議院に提出した。利光らは，前者の第15条を残しながら，行政庁の違法処分により権利を毀損されたとする者はすべて行政裁判所に出訴できるという，新たな一条を加えることにより，列記主義を概括主義に改めようと提案した。また，後者の第1条の列記主義を改め，行政庁の処分が違法・不当にして権利毀損・利益侵害があった場合，被害者が訴願できるという概括主義の規定にしようと提案した。2つは衆議院を通過したが，2つとも貴族院が否決した。これまでの列記主義を今俄かに概括主義に改める必要はないし，改めれば濫訴の弊を生じる，というのが主たる理由である。

### 政府の改正案

第13議会で次の議会に改正案を提出することを貴族院に約束し

た政府は，法典調査会の審議をへて纏めた，行政裁決及行政裁判権限法案，行政裁決手続法案，行政裁判所構成及行政裁判手続法案，権限裁判法案の4つの法律案を，明治35年2月，第16議会に提出した。これらを会期が残り少なくなって提出したことからみて，政府に成立させる意思があったか疑わしい。権限裁判法案（貴族院修正可決，衆議院審議未了）1つを除き，残り3法律案は先議の貴族院で審議未了に終った。

　この行政裁決及行政裁判権限法案が，訴願資格（行政庁の不当な処分・裁決による利益傷害），出訴資格（行政庁の違法な処分・裁決による権利傷害）を定めるとともに，裁決の申請，訴願，行政訴訟の3者について詳細な規定をおいた。すなわち，政府はそれまでの訴願事項，出訴事項がともに狭きに失したことを認めた上で，列記する範囲を広げたのである。もっとも，行政訴訟に関しては，警察事項の多くを出訴事項から外し，公共の利害に関する行政庁の認定の当否を裁判対象から外し，1審制（覆審を認めない）で，再審を認めない（どちらも行政裁判所構成及行政裁判手続法案）点で，行政裁判所発足時の制度の枠組みを大きく改正するものではなかった。

　貴族院では，政府の改正案に対して，山脇議員（行政裁判所部長でもある）が，政府が行政裁判権の拡大の必要を認める以上は，通常裁判所に出訴できないものは皆，行政裁判所の救済の途を開かなければならないと主張して，改正案がこの趣旨により立案されたのかと質問した。これに対して，政府委員（一木喜徳郎）は，山脇のいう概括主義を適当でないと退ける一方，改正案は現行法のうち行政訴訟を許すべきものと許すべからざるものを取捨し，許すべきものを広く列記したものだと答弁したのである。

　この政府の改正案に対して，行政裁判所の側は山脇，渡辺廉吉ら

が中心となって、意見書や修正案を作成した。山脇らは、意見書の中で、明治憲法が行政裁判所を設置した理由は、行政処分により権利を毀損された者に救済の途を開いて憲法上の保障を全からしむるにあるが、その意味で、現行法の狭隘(きょうあい)な列記主義は欠陥があると指摘した上で、改正案が外観の整備にかかわらず却って行政裁判所の権限の縮小を来しているのは、自分らと考え方の根本が異なるのだろうと記している。山脇らは、行政裁判所構成及行政裁判手続法案の修正案の中で、行政裁判所は行政庁の外にあって、行政を監督する職責を有することを明記した。行政裁判所が、行政庁を隷属させようという意気込みだった。

### 議会の改正案 (2)——覆審、再審の追加

第25議会で、元田肇(もとだはじめ)(政友会)が行政裁判再審に関する法律案を提出したが、衆議院で修正可決、貴族院で審議未了に終った。第26議会で、宮古啓三郎(政友会)らが行政裁判覆審に関する法律案を提出したが、衆議院で審議未了に終った。そこで、第27議会で、宮古らが行政裁判法中改正法律案を提出した。これは1審制で再審を認めない現行法に覆審・再審の両者を加えるもので、衆議院は通過したが、貴族院が覆審を削り、衆議院が(貴族院の修正どおりの)両院協議会案を否決したため、結局成立しなかった。第28議会でも、宮古らが(前の議会で衆議院を通過したものとほぼ同じ内容の)行政裁判法中改正法律案を提出したが、衆議院で審議未了に終った。

第29議会は大喪費(たいそう)を可決して3日で終り、第30議会から大正時代である。第46議会において、宮古らが、今度は行政裁判法中改正法律案、訴願法中改正法律案の2つを衆議院に提出した。これらは昔の松岡案、利光案に近似していて、行政裁判法第15条、訴願法第1条の列記主義を、どちらも概括主義に改めようというものである。

2法律案は，衆議院可決，貴族院審議未了に終った。貴族院では，元行政裁判所長官の山脇議員が政府の所見を質問したところ，政府委員（馬場鍈一）は，行政裁判所の権限も時勢の進運に応じて拡大するのが当然ながら，権限の拡大，裁判手続の改良，上告審を設けることの可否について適当な機関（臨時法制審議会をさす）に諮問して研究した上で，政府から改正案を提出したいので，本案について直ちに同意しかねると答弁した。貴族院の握り潰しは，この答弁を反映していた。

### 臨時法制審議会

臨時法制審議会は，大正8年7月，原内閣により，民法の改正や陪審制度の制定のため設置された組織である。明治後期から繰り返し，利光鶴松，元田肇，宮古啓三郎ら弁護士出身の代議士が衆議院に行政裁判制度について改正案を提出し，大正後期には，宮古らが又候改正案を提出した。衆議院の改正要求を背景として，第46議会の貴族院で馬場法制局長官が約束したように，12年6月，政府（加藤内閣）は，行政裁判法改正の必要の有無と綱領を臨時法制審議会に諮問した。

そこで，臨時法制審議会は，主査委員会にこれを審査させた。主査委員長となった**岡野敬次郎**は，山脇が誤判により引責辞職した後，行政裁判所長官（第六代）となり，長く長官を務めて司法大臣に転じた。岡野は，行政裁判所の窪田静太郎（長官），清水澄（評定官），三宅徳業（評定官）を臨時法制審議会委員に任命し，主査委員会の委員に加えて，委員会における行政裁判所の主導権を確保した。昭和3年3月，臨時法制審議会は，行政裁判法の改正を必要として，改正綱領を政府に答申した。

改正綱領は，行政裁判法改正綱領，訴願法改正綱領の2つである。

前者は①(抗告訴訟の)出訴事項として概括的列記主義を採用し，さらに当事者訴訟，先決問題の訴訟の二種を定めた。②行政裁判所，高等行政裁判所の2審制を採用した。③確定判決に対して再審制を採用した。後者は訴願事項として概括主義を採用し，行政訴訟の前行要件たる場合を除き，訴願前置主義を廃止した。すなわち，この改正綱領は，行政裁判所発足時の制度の枠組みを根底から改正しようとしていた。

### 行政裁判法及訴願法改正委員会

臨時法制審議会の答申をうけて，昭和4年9月，政府(浜口内閣)は，行政裁判法及訴願法改正委員会を設置した。会長には，法制審議会(4年5月，臨時法制審議会を廃止して設置)総裁の**平沼騏一郎**(枢密院副議長)がなり，委員には，窪田，清水，三宅の3人，陸・海軍省を除く各省の次官，美濃部達吉(東京帝国大学教授)，宮古啓三郎らがなった。法制審議会は，主査委員会をおいて改正案を起草させた。主査委員会(窪田が主査委員長)は，行政裁判所の側がやはり主導権を確保して，改正作業を進めた。行政裁判法及訴願法改正委員会が，行政裁判所法案，行政訴訟法案，訴願法案，権限裁判法案，行政裁判官懲戒法案，の5つを政府に答申したのは，7年10月のことである。

このうち，行政裁判所法案(60条)は，**普通行政裁判所**，**高等行政裁判所**の2つを設置し，行政訴訟法案(253条)は，抗告訴訟の出訴事項として，警察事項を含めて，**概括的列記主義**を採用し，当事者訴訟，先決問題の訴訟の二種を定め，**上訴**，**再審**を制度化し，改正綱領の内容を基本的に踏襲した。このうち，警察事項として，行政訴訟法案の第8条(抗告訴訟)は，警察上の許可に関する件(第11号)，営業其の他の業務の停止・禁止に関する件(第13号)，著作物の発行差し止め・差し押さえ，販売・頒布の禁止に関する件(第14号)，身体の自由の拘

束，居住の制限に関する件（第15号），結社の禁止・解散に関する件（第18号）を掲げている。

昭和6年9月，満州事変が勃発し，7年5月，犬養総理大臣が襲撃された。軍部が牽引するファシズムが進行する中で，行政裁判制度を全面改正しようという大正デモクラシーの風潮は，既に過去のものとなっていた。その後，行政裁判法及訴願法改正委員会の5つの改正案を，政府は決して議会に提出しようとしなかった。

## 2　特別裁判所

### 皇室裁判所

皇室典範（明治22）は，第10章に皇族訴訟・懲戒の一章をおいて，皇族が民事，刑事の訴訟の当事者となる場合を定めた。第50条は，国民の皇族に対する民事訴訟は，東京控訴院が裁判すると定めた。そこで，裁判所構成法は第38条で皇族に対する民事訴訟の第一審，第二審は東京控訴院，第50条第1号で上告審は大審院が裁判すると定めたのである。この第50条第2号は，皇族の犯した禁錮以上の犯罪の予審・裁判を大審院が担当する（第一審にして終審）ことを定めた。罰金以下の犯罪は，第50条第2号が除外しているから，通常裁判所が裁判権をもった。どちらの場合も，皇室典範の第51条は，勅許なくして皇族の勾引も裁判所への召喚もできないことを定めた。

これに対して，皇室典範の第49条は，皇族相互の民事訴訟について，「皇族相互ノ民事ノ訴訟ハ勅旨ニ依リ宮内省ニ於テ裁判員ヲ命シ裁判セシメ勅裁ヲ経テ之ヲ執行ス」という一条をおいた。明治22年発行の伊藤博文著『皇室典範義解』は，第49条について，皇族と皇族の訴訟は内廷（宮廷内部）の裁判によるべきであり，宮内省におい

て勧解(和解)させ，勧解ならざるときは裁判員を命じて裁判させるのだと記している。裁判員の選任について，皇室典範は何ら定めるところがなかった。

　実は，この内廷の裁判は，新皇室典範(昭和22法3)により制度が廃止されるまで，一度も行われなかった。大正15年12月公布の**皇室裁判令**(皇室令16)は，これを**皇室裁判所**と命名した。皇室裁判所は，枢密院の議長，副議長，顧問官，大審院長，勅任判事の中から，宮内大臣の奏請により勅命された7人で構成される。訴訟の対象は，皇室典範第49条の定める皇族相互の民事訴訟，および皇族の嫡出子・庶子たる身分に関する訴訟(明治43皇室令3皇室親族令第47条)である。

### 軍法会議

　明治23年3月の陸軍省官制(勅51)は，陸軍省内に法官部をおいた。法官部は，高等軍法会議事務や各軍法会議の裁判・事務の監査などを所掌した。海軍省官制(勅52)は，海軍省内の第一局の中に軍法課をおいたが，所掌事務は記載しなかった。陸軍省の法官部長(勅任理事)は，陸軍少将の渡辺央である。

　この陸軍省官制が示すように，陸軍も，そして海軍も，早くから軍法会議と総称される特別の刑事裁判所をもっていた。明治5年4月，政府が陸軍裁判所をおき，特別の刑律を以て軍人，軍属らを裁判させたのが，その濫觴だろうし，15年9月，陸軍省が東京鎮台に軍法会議をおいたのが，**軍法会議**という名称の初見である。

　軍法会議の構成，権限，訴訟手続を詳しく定めたのは，明治16年8月の**陸軍治罪法**(太政官布告24)であり，17年3月の**海軍治罪法**(太政官布告8)である。陸軍の軍法会議は，各軍管に1個ないし数個を設置し，軍中においては軍団，師団，旅団，合囲地(敵の合囲，攻撃に際し

て警戒するべき区域）に設置する。裁判は合議制で，通常は佐官1人を判士長とし，尉官3人，理事か理事補1人を判士とする。海軍の軍法会議は，東京軍法会議，鎮守府（横須賀，呉，佐世保）軍法会議を常設し，艦隊軍法会議を臨時艦内に設置し，合囲軍法会議を合囲間設置する。裁判は同じく合議制で，通常は佐官1人を判士長とし，尉官4人を判士とする。

　ずっと後，第44議会で成立した**陸軍軍法会議法**（大正10法85），**海軍軍法会議法**（法91）が，軍法会議を制度として確立した。前者は2編562条，後者は2編561条。陸軍の軍法会議は，①高等軍法会議，②師団軍法会議，③軍軍法会議，④独立師団軍法会議，⑤独立混成旅団軍法会議，⑥兵站軍法会議，⑦合囲地軍法会議，⑧臨時軍法会議，の8つがある。このうち，①は陸軍将官らに対する被告事件，上告，非常上告を扱う。①②は常設し，⑦は戒厳宣告があったとき合囲地境に特設し，残りは戦時・事変に際して特設し，①は陸軍大臣を長官とし，②は師団長を長官とし，特設軍法会議は軍法会議をおいた部隊・地域の司令官を長官とする。

　裁判は合議制で，長官が裁判官を任命する。裁判官は判士（通常は陸軍将校），法務官をあて，上席判士を裁判長とする。高等軍法会議は判士3人，法務官2人，師団軍法会議や特設軍法会議は判士4人，法務官1人を以て裁判官とする。特設軍法会議は2人を減じ，3人制とすることができる。予審官も，検察官も長官が法務官の中から任命し，特設軍法会議においては，どちらの職務も陸軍将校をして行わせることができる。師団軍法会議の判決に対して検察官，被告人の両者は高等軍法会議に上告できるし，広く軍法会議の判決に対して高等軍法会議の長官（陸軍大臣）は検察官をして高等軍法会議に非常上告させることができる。再審制の規定もある。

海軍の軍法会議は，常設するものとして，①高等軍法会議，②東京軍法会議，③鎮守府軍法会議，④要港部（舞鶴，鎮海，馬港，大湊）軍法会議，特設するものとして，⑤艦隊軍法会議，⑥合囲地軍法会議，⑦臨時軍法会議がある。軍法会議の構成，訴訟手続は，陸軍の場合とほぼ同じ。②③④の判決に対しては高等軍法会議に上告できる。

　実は，軍法会議は，軍人（・軍属ら）の犯罪を軍人の手で裁判する装置だった。軍隊の指揮権と軍人の裁判権を一致させようという考え方が，制度の根底にあった。そのため，陸軍を例にとると，判士の多くを兵科将校がしめる（俗に帯剣法官という）中で，文官の法務官（司法官試補の資格者から採用され，勅任か奏任にして終身官）は，判士となっても，予審官，検察官となっても，影の薄い存在だった。特に，実際に戦闘を行う中で特設される軍法会議においては，法務官は邪魔者扱いだったという。

### 5・15事件

　昭和7年5月15日，古賀清志中尉ら海軍将校，陸軍士官学校生徒，橘孝三郎の愛郷塾生が拳銃や手榴弾で武装して，総理大臣官邸，内大臣官邸，警視庁，日本銀行などを襲撃した。総理大臣を失い，16日，犬養内閣は総辞職した。海軍・陸軍の関係者は皆，憲兵隊に自首したが，愛郷塾関係者は逃走した（ちなみに，事件の計画は事前に各方面に洩れていた。西田税が陸軍将校を説得して，事件への参加を阻止した。そのため，15日，西田は愛郷塾生に狙撃され，重傷をおった）。

　海軍関係者は東京軍法会議，陸軍関係者は第一師団軍法会議，愛郷塾関係者は東京地方裁判所が裁判した。まず昭和8年9月，第一師団軍法会議が，陸軍刑法（明治41法46）第25条の反乱罪により，陸軍関係者11人に一律禁錮4年を言い渡した。続いて8年11月，東京軍法会議が，海軍刑法（明治41法48）第20条の反乱罪や第27条の

反乱予備罪により，海軍関係者6人に禁錮10年から15年，4人に執行猶予つきの禁錮1年から2年を言い渡した。

　一方，橘や愛郷塾生，資金・武器を提供した大川周明らは民間人だったから，東京地方裁判所が予審を進め，公判を開いた。昭和9年2月，東京地方裁判所は，爆発物取締罰則違反・殺人罪で橘に無期懲役，他の16人に懲役3年6月から15年，その幇助罪で大川ら3人に懲役8年から15年を言い渡した。橘らは刑に服したが，大川らは（古賀らの行為は内乱罪にあたり，管轄違いだとして）控訴した。9年11月，東京控訴院は，申し立てを退け，古賀らの行為は海軍刑法第68条の騒擾罪（刑法第106条より重罰）を構成するとして，大川らに爆発物取締罰則違反・殺人罪・海軍刑法騒擾罪の各幇助罪により，禁錮4年から7年を言い渡した。10年10月，大審院は，古賀らの行為は海軍刑法の反乱罪を構成し，殺人や爆発物使用は反乱行為に吸収され，幇助した大川らは軍人たる身分がないが（刑法第65条第1項で）反乱罪の従犯にあたるとして，控訴審の判決を破棄して禁錮3年から5年を言い渡した。通常裁判所の第一，第二，第三審の法律的判断が区々だったことは，甚だ奇観を呈した。

### 2・26事件

　村中孝次，磯部浅一，安藤輝三らのクーデター計画により，昭和11年2月26日，皇道派の青年将校が約1400人の部隊を率いて決起し，閣僚，重臣の官邸・私邸，警視庁などを襲撃した後，政治の中枢たる永田町一帯を占拠した。内大臣，大蔵大臣，教育総監らが殺害され，総理大臣が生死不明となった。27日，政府（岡田内閣）は東京市に戒厳令を施行した。29日，戒厳部隊が反乱部隊を鎮圧した。そして，幹部将校を東京衛戍刑務所，下士官を所属を異にする営倉，兵を所属を異にする兵営へ収容した。

## 2 特別裁判所

　戒厳令下の3月4日，政府は，緊急勅令により**東京陸軍軍法会議に関する件**（勅21）を公布した。この軍法会議は，陸軍軍法会議法の定める特設軍法会議ではなく，前例のない特別の軍法会議である。緊急勅令はこれを特設軍法会議と見做した（第6条）。そのため，東京陸軍軍法会議は弁護人なし，非公開，1審制で，さらに，緊急勅令はこの軍法会議は民間人が軍人とともに「昭和11年2月26日事件ニ於テ犯シタル罪ニ付裁判権ヲ行フコトヲ得」るとして（第5条），民間人を軍法会議の裁判権の下へ移したのである。

　小原司法大臣は，軍人は軍法会議，民間人は通常裁判所で裁判するべきだとして，この特別軍法会議の設置に反対した。明治憲法第24条は，国民に対して法律に定める裁判官の裁判をうける権利を保障していた。陸軍は，閣議における小原の反対をおしきり，枢密院を通過させて，緊急勅令の公布を強行した。

　事件により起訴された者は参加者，関係者を併せて165人，検挙され不起訴となった者は1409人である。昭和11年4月，東京陸軍軍法会議は，代々木練兵場の仮設法廷で開廷した。7月，軍法会議は第一回の判決として，幹部将校ら16人に対して，陸軍刑法第25条第1号（首魁），第2号（謀議参与，群衆指揮）により死刑を言い渡した。12年8月，軍法会議は，**北一輝，西田税**の2人に対して，陸軍刑法第25条第1号（首魁），刑法第65条第1項，第60条により死刑を言い渡した。2人については，皇軍を利用して国家革新の具に供せんと企図し，青年将校に急進矯激なる思想を注入して，統帥権を破壊する結果を招来した罪責を重大だとして，死刑としたのである。

　東京陸軍軍法会議の長官は陸軍大臣である。北，西田の裁判については，寺内陸軍大臣や陸軍省が，首魁の幇助と捉える裁判長の吉田悳（陸軍少将）らに圧力をかけた。事件の後，統制派で固めた陸軍上

*221*

層部は、皇道派の暴発の根源を陸軍の外に求めて、2人を首謀者に仕立てあげたのである。

### 違警罪の即決

明治日本が西欧式の法典を編纂した最初のものは、明治13年7月公布の**刑法**（太政官布告36）と**治罪法**（同37）である。どちらもボアソナアドが原案を起草したことから、刑法の定める罪種は、フランス刑法と同じように重罪、軽罪、違警罪の三種があり、治罪法は刑法に対応して、重罪裁判所、軽罪裁判所、違警罪裁判所をおいた。

この治罪法は、法定の裁判所と実在の裁判所が一致しないという欠点があった。治罪法は、実在する治安裁判所（明治9年9月設置の区裁判所の改称）が違警罪裁判所として、その管轄区域内の違警罪を裁判すると定めた。しかし、政府は、14年9月、違警罪は当分3府（東京、京都、大阪）5港（横浜、神戸、長崎、函館、新潟）の市区を除いて、府県警察署・警察分署が裁判すると公布し（太政官布告48）、12月には、第48号布告を改正して、違警罪は当分の内、府県警察署・警察分署が裁判すると公布した（同80）。これにより、治安裁判所を以て違警罪裁判所とする治罪法第49条は画餅に帰した。15年1月の刑法、治罪法の施行後、違警罪は府県警察署・警察分署が裁判したのである。

違警罪は拘留か科料の刑に処する。1日以上10日以下の拘留、5銭以上1円95銭以下の科料、というごく軽い刑を、軽微な罪に科する。明治18年9月、政府は、太政官布告第31号により、14年第44号布告（違警罪の裁判言い渡しは上訴を許さない、その他）、第80号布告の2つを廃止して、**違警罪即決例**を制定した。即決例は、警察署長、分署長がその管轄区域内の違警罪を即決する（被告人の陳述を聞き証憑を取り調べ、直ちに即決の言い渡しをする）と定めるとともに、即決の言い渡しに対して、被告人は違警罪裁判所に正式の裁判を請求できると定め

た (第1条, 第2条, 第3条)。期限内 (3日内) に裁判を請求しないときは, 即決の言い渡しを確定のものとするのである (第7条)。

この違警罪即決例の施行後は, 即決の言い渡しは正式裁判の判決ではなく, 警察署長らが違警罪の裁判権をもったわけではない。これは裁判以前の仮処分であり, 警察署長らは仮処分の権限をもったのである。ただ, 10人が10人正式裁判を請求することがなかったから, 事実上, 警察署長らは軽微な罪について裁判を行ったこととなる。

明治40年刑法は, 13年刑法の重罪, 軽罪を何ら区別なく刑法の中におく一方, 違警罪を刑法から外した。刑法の施行にあわせ, 内務省は, 違警罪にあたるものとして, 拘留, 科料の刑を科する**警察犯処罰令**(明治41内務省令16) を公布した。そして, 刑法施行法 (41法29) 第31条「拘留又ハ科料ニ該ル罪ハ他ノ法律ノ適用ニ付テハ旧刑法ノ違警罪ト見做ス」により, 警察犯処罰令の違反は, 13年刑法時代と同じく, 依然として警察署長らが違警罪即決例を以て即決したのである。なお, 40年刑法も, 警察犯処罰令も, どちらも上限をひきあげ, 拘留は1日以上30日未満, 科料は10銭以上20円未満と改めたことが目をひく。

警察犯処罰令は, 60近い数の軽微な罪を定めていた。その中に, 第1条第3号「一定ノ住居又ハ生業ナクシテ諸方ニ徘徊スル者」(30日未満の拘留) という規定がある。これは徘徊罪とか浮浪罪とか称する罪で, 違警罪即決例の存在の下, 警察部内では警察の正宗とよんで重宝したという。すなわち, 大正期から昭和前期, 特高警察が左翼の運動家やその周辺の人々を抑圧する, 恰好の法的手段となった。消費組合員の一家が, 夜中玄関の戸を外して侵入した刑事の手で警察署に連行され, 徘徊罪で拘留された例すらあるという。

明治18年の違警罪即決例は,太平洋戦争の敗戦後まで命脈を保った。昭和憲法の施行の日,裁判所法施行法 (昭和22法60) がこれを廃止した (第1条)。

### 特許局審判官の審判

　明治21年12月,政府 (黒田内閣) は,工業所有権の保護のため,特許条例 (勅84),意匠条例 (勅85),商標条例 (勅86) を公布した。その後,32年3月,政府 (山県内閣) は,第13議会で**特許法** (法36),**意匠法** (法37),**商標法** (法38) を成立させた (旧3条例を廃止した)。**実用新案法**の成立は,少し遅れた (明治38法21)。

　明治27年7月調印の日英通商航海条約の附属議定書は,第3条で「日本国政府ハ日本国ニ於ケル大不列顛国(グレートブリテン)(イギリス)領事裁判権ノ廃止ニ先タチ工業ノ所有権及版権ノ保護ニ関スル列国同盟条約ニ加入スヘキコトヲ約ス」と定めていた。この条約は5年後,32年7月実施が予定されたから,政府は,32年4月,万国工業所有権保護同盟条約,万国著作権保護同盟条約に加盟した。これに伴って,工業所有権や著作権に関する国内法の整備が必要となり,政府は,第13議会で特許法など3法律や著作権法 (明治32法39) の成立に努めたのである。政府は,他の欧米諸国ともほぼ同じ内容の条約を締結したが,29年4月調印の日独通商航海条約が第25条で,批准の日 (29年11月) より工業所有権保護の条項を実施すると定めたため,ドイツにはその日より実施した。ドイツを有利とする条約締結に驚いた政府 (松方内閣) が,駐独公使の青木周蔵を召還する一幕があった。

　明治42年の改正法律 (法23,法24,法25,法26) をへて,工業所有権保護の法制が整備されたのは,大正中期のことである。大正10年4月,政府 (原内閣) は,第44議会で成立させた**特許法改正法律** (法96),**意匠法改正法律** (法98),**商標法改正法律** (法99),および**実用新案法改正**

**法律**（法97）の4つを公布した（11年1月施行）。

この特許法改正法律をみると、各事件について特許局長官の指定する**特許局審判官**（3人の合議制）（第90条）は、①利害関係人、審査官の請求により、特許・許可の無効の審判を行い、②利害関係人の請求により、特許権の範囲の確認の審判を行い（第84条）、審理の終結後、審決を言い渡す（第105条）。査定、または審決に不服のある者は、抗告審判を請求できる（第109条）。抗告審判の合議は審判官3人、または5人を以てする（第110条）。抗告審判の審決に不服がある場合は、大審院に出訴できる（第115条）。

政府（高橋内閣）は、特許法改正法律など4法律の施行にあわせて、**特許局官制**（大正11勅2）を公布した。特許局官制は、特許局が特許権、実用新案権、意匠権、商標権に関する係争について、合議制により審判することを定めた。すなわち、実用新案法、意匠法、商標法の定める工業所有権の係争についても、特許権に関する係争と同じように、特許局審判官が審判を行ったのである。特許局は農商務省の外局で、大正14年1月、同省から商工省が分離すると、商工省の外局となった。

### 領事官の裁判

近代日本は、欧米諸国の領事裁判権に苦しみながら、朝鮮（後、大韓帝国）、清国（後、中華民国）の2国に対して、領事裁判権をもった。明治32年7月、陸奥条約により国内の領事裁判権を廃止した後も、国外2国にはそれをもち続けた。朝鮮の領事裁判権は、43年8月の韓国併合の結果、意味を失った。さらに、政府（桂内閣）は、諸外国に併合条約を通告するさい、韓国と諸外国の条約が無効に帰する（領事裁判権を廃止する）ことを宣言したのである。これに対して、中華民国の領事裁判権は、太平洋戦争の敗戦まで残存した。昭和18年1月、政

府（東条内閣）は，汪兆銘政府と租界還付及治外法権撤廃等に関する日本国中華民国間協定を締結したが，治外法権（領事裁判権）の廃止が実現しなかったためである。

　明治9年2月，黒田清隆が砲艦外交で締結した**日朝修好条規**は，第10款で日本の領事裁判権（日本国官員の審断権）を認めた。4年7月，伊達宗城が天津で李鴻章と調印した**日清修好条規**は，第8条，第13条で相互に制約つきの領事裁判権（一方の理事官と他方の地方官の会審裁判）を認めた。29年7月，政府（伊藤内閣）は，戦勝国として，**日清通商航海条約**を結んで，清国に不平等条約をおしつけた。すなわち，第20条在清日本人の身体・財産に関する裁判管轄権は日本国官吏（領事官）に専属し，第21条第1項在清日本人に対する民事訴訟は日本国官吏が審理判決し，第22条第1項清国で犯罪の被告となった日本人は日本法律により日本国官吏が審理し処罰する，というのである（昭和3年7月，国民政府は，日清通商航海条約の廃棄を通告してきた。日中間の折衝が重ねられ，5年5月，中国側は関税自主権を回復した）。

　明治32年（陸奥条約実施の年）3月，政府（山県内閣）は，第13議会で成立させた，**領事官の職務に関する法律**（法70）を公布した。この法律は，領事官は「地方裁判所及区裁判所ノ職務ヲ行フ」が，死刑，無期，短期1年以上の禁錮（明治40年刑法の懲役・禁錮のこと）にあたる罪は予審を行い（第7条），公判は長崎地方裁判所へ移送すると定めた。地方裁判所の権限に属する事項について領事官の行った裁判に対する控訴，抗告は長崎控訴院に提起し，区裁判所の権限に属する事項について行った裁判に対する控訴，抗告は長崎地方裁判所に提起すると定めた（第12条）。その後，明治32年法律第70号中改正法律（大正14法3）は，領事官の行った裁判の上告は大審院に提起すると定めた（第12条改正）。

なお，満州に於ける領事裁判に関する法律（明治41法52）は，満州で領事官が行った裁判については関東都督府（後，関東庁）高等法院，間島（かんとう）に於ける領事裁判に関する法律（明治44法51）は，満洲間島で領事官が行った裁判については朝鮮総督府覆審法院，南部支那に於ける領事裁判に関する法律（大正10法25）は，中国南部（福建，広東，広西，雲南）で領事官が行った裁判については台湾総督府高等法院覆審部へ，それぞれ上訴すると定めた。これら3法律の施行により，長崎地方裁判所，長崎控訴院の管轄区域は中国の北部，中部に限られた。なお，昭和12年11月の満州国に於ける治外法権の撤廃及南満州鉄道附属地行政権の移譲に関する日本国満州国間条約は，12月より領事裁判権を廃止した。

### 参考文献

行政裁判所編『行政裁判所50年史』（昭和16年）

小野博司「昭和戦前期における行政裁判法改正作業」（甲子園大学紀要36，平成20年）

大江志乃夫『戒厳令』（岩波書店，昭和53年）

続現代史資料『軍事警察—憲兵と軍法会議』（みすず書房，昭和57年）

瀧川叡一『日本裁判制度史論考』（信山社，平成3年）

Bridgebook

# 第11章

## 調停制度・陪審制度

**LEAD** 近代日本の司法制度は、裁判所構成法により確立された。この法律は、全国に裁判所を体系的に配置し、各裁判所に検事局を附置した。裁判所の民事、刑事の裁判における訴訟手続は、民事訴訟法（明治23法29）、刑事訴訟法（明治23法96）を中心とした。前者の主要な部分は大正15年の民事訴訟法中改正法律（法61）により改正されたし、後者は大正11年の刑事訴訟法（法75）により全面改正された。

第一次大戦後の社会の変動の中で、それまでの裁判のやり方を修正する試みが行われた。①借地借家調停法（大正11法41）を嚆矢とする調停制度は、裁判所が紛争を法的に裁断する通常の訴訟手続とは異なり、調停機関の下で当事者が互譲により解決を目指すものである。②少年法（大正11法42）に根拠をおく少年審判制度は、裁判所の刑事処分とは別に、少年審判所に非行少年の保護処分を行わせるものである。③陪審法（大正12法50）の定める陪審制度は、通常の訴訟手続に陪審手続を加えるものである。3者はカテゴリーを異にするが、本章は便宜上一章に括って、制度を中心として順に説明する。

## 1 調停制度

### 豊田正子の「家賃」

　三宅正太郎は，大正2年東京地方裁判所判事を振り出しとし，大審院部長，司法次官を歴任して，大阪控訴院長を最後に昭和21年退職した司法官である。多くの秀逸な随筆を発表したことで，広くしられる。中でも，昭和17年発行の『裁判の書』は，法律関係者のみならず，一般の読書人に長く愛読されてきた。

　この書物の中に，豊田正子の「家賃」という文章がある。正子は，小学生時代，教師の指導の下で生活を文章に綴った。正子の文章と教師の指導記録を纏めたのが『綴方教室』(昭和12年)である。この『綴方教室』は，少女のありのままの生活記録として社会的に注目された。『続綴方教室』(14年)の方は，正子が小学校を卒業して会社に勤め始めた時期のものらしい。三宅が『裁判の書』で引用したのは，『続綴方教室』の収める「家賃」という短編である。

　ここで，この短編の話の筋を記すと，ある日，正子の父に裁判所から封筒に入った文書が届いた。4，5枚の紙には細い続け字で何か書いてある。父は字がよめず，正子によめというが，正子も家賃滞納分50何円，5月末日までに，くらいしかわからないので，父が怒り，正子はぶたれるかと思った。その夜，両親は借家を立ち退かなければならないと思い，大喧嘩した。翌日，誰かによんでもらったらしく事情がわかった。文書はずっと前の調停裁判の通知で，滞納分を家賃8円に50銭増して月8円50銭ずつ払うこととしたのを，裁判所の都合で3カ月も遅れて通知してきた，というのである。三宅は，この話の筋を紹介した上で，裁判所が国民から遊離していることを嘆いた。せめて裁判所がその文書を易しい字で記していたら，

殺生な喜劇は起らなかったとして，三宅は，裁判所の用語を易しくし，文章を口語体とし，書体を易しくするべきだと主張したのである。

### 借地借家調停法の成立

豊田正子の「家賃」に登場する調停裁判という言葉は，裁判所（区裁判所）の**調停委員会**が行う調停のことを簡単に表現したものだろう。家賃（や地代）の紛争は**借地借家調停法**が正しく調停の対象としたものであり，調停委員会はこの法律が調停機関として設置を定めたものである。

第一次大戦の大戦景気の下で，東京，大阪など大都市では，国民は住宅難に晒された。地主，家主は，所有権を楯に明け渡しをちらつかせて，法外な地代，家賃を貪った。両者の解約権を制約する（借地については，その前に明治42法40建物保護に関する法律があったが）ため，政府（原内閣）は，第44議会で**借地法**（大正10法49），**借家法**（法50）の2法律を成立させた。そのさい，貴族院は，借地借家の紛争について，訴訟以外のやり方により解決を図る制度を創設するよう政府に求めた。そこで，政府（高橋内閣）は，第45議会で借地借家調停法を成立させた。そして，借地借家調停法の施行期日及施行地区に関する件（大正11勅338）を公布して，大正11年10月1日より，東京府，京都府，大阪府，神奈川県，兵庫県の3府2県に調停制度を発足させた。なお，借地借家調停法の施行期日及施行地区に関する件（大正14勅126）は，愛知県を施行地区に加えた。

調停制度の必要性は，2つあった。①借地人，借家人は，時間と経費の点で通常の訴訟手続より，早く安く解決する制度を求めていた。②裁判による一刀両断の解決は，喧嘩別れを招きやすく，借地，借家という継続的関係に破綻を来す恐れがあった。当事者は，借地

人，借家人も，地主，家主も，円満に解決できる制度を求めていた。

### 関東大震災

大正12年9月1日，正午2分前，南関東を大地震が襲った。震源地に近い小田原市や横浜市は多数の家屋が倒壊し，火災により市内のほとんどを焼いた。東京市は本所，深川一帯の家屋が倒壊した。風の強い日で，あちこちからでた火は，京橋，日本橋から神田，浅草，本所，深川まで下町を舐め尽した。大震災による死者は9万人をこえ，行方不明者は1万人をこえた。家屋の全焼は44万戸，全壊は12万戸を数えた。首都への交通，通信は不通となり，罹災地では電気，水道が止まった。

9月25日，東京区裁判所は，借地借家調停委員会の出張所を市内12箇所におき，裁判官約20人，調停委員約100人が出張して，借地，借家の紛争の解決にあたった。翌13年7月まで約10カ月間，これら出張所は1万2000件をこえる事件を受理し，約9000件の調停を成立させた。

翌13年7月，政府（護憲三派内閣）は，大震災で混乱を来した借地関係，借家関係について，借地人，借家人を保護する観点から，第49議会で借地借家臨時処理法（法16）を成立させた。そして，この法律を13年8月15日より，東京府，神奈川県のうち借地法・借家法施行地区に施行した（勅174）。

ちなみに，借地法の施行地区は，当初は東京市，大阪市，両市の隣接地区の一部，京都市，横浜市，神戸市に限られた。借家法の施行地区も，借地法のそれと同じである。

### 借地借家調停の手続

調停事項は，土地または建物の貸借，地代，家賃，その他借地借家関係の争議である（第1条）。当事者は区裁判所に調停の申し立て

をする（当事者の合意があれば，地方裁判所に申し立ててもよい）（第1条）。調停機関は，裁判所および調停委員会である。①区裁判所では単独判事（地方裁判所では判事3人を以て組織する部）が調停にあたる（第6条以下）。事件を受理した裁判所は，自ら調停にあたっても，調停委員会を開いてもよいが，当事者双方の申し立てがある場合は，調停委員会を開かなければならない（第14条）。立法趣旨を考えると，ごく単純な事件を除き，当事者の申し立てがなくても，調停委員会を開くのが原則だろう。②事件を受理した裁判所は，通常の場合，調停委員会を開く。調停委員会は調停主任（判事）1人，調停委員（特別の知識経験ある者か，当事者の合意により選定された者）2人以上を以て組織する（第15条，第16条）。

　①②どちらも，当事者（申立人，相手方）は自分が出席する。調停の手続は非公開である（第7条，第8条）。②調停委員会では，調停主任が調停の手続を指揮する（第19条）。委員会は，当事者や利害関係人の陳述をきく。必要なら，民事訴訟法を準用して証拠調べができる（第23条）。もっとも，証拠調べは伝家の宝刀で，まずしない。

　調停が成立すると，調停委員会は調停条項を調書に記載し，調停主任が裁判所にそれを報告する（第26条）。調停が成立しないときは，調停委員会は調停条項を裁定し，調書を当事者に送付する。当事者が異議をのべないときは，調停に服したものと見做す（第24条）。調停が成立するか，当事者が調停に服したものと見做されると，裁判所は調停主任の報告をきいて，調停の認可，不認可の決定を行う（第26条）。そのさい，裁判所は，調停が著しく不公正な場合でないと，不認可の決定ができない（第27条）。①裁判所の調停は裁判上の和解と同一の効力を有する（第12条）が，②調停委員会の調停は，認可決定がある場合に限り，裁判上の和解と同一の効力を有する（第28条）。

## 1 調停制度

### 施行地区の拡張

昭和14年12月,政府(阿部内閣)は,借地借家調停法の施行期日及施行地区に関する件(勅865)を公布して,広島県,山口県下関市,福岡県の2県1市に施行を拡張し,翌15年9月,同じく借地借家調停法の施行期日及施行地区に関する件(勅622)を公布して,埼玉県をはじめ,29の道県に施行を拡張した。16年3月,政府(近衛内閣)は,借地法,借家法及借地借家調停法の施行期日及施行地区に関する件(勅201)を公布して,これら3法律を16年3月10日より,内地のうち未施行の地区,および樺太の全地区に施行した。

借家法・借家法と借地借家調停法はそれぞれ別個の法律で,前2者と後者は内容上相互に関係がないし,施行期日,施行地区も相互に関係がない。日中戦争のさ中,太平洋戦争の開戦の年,昭和16年勅令第201号により,3月10日より施行地区が拡張された(内地全域に及んだ)ことで,前2者の施行地区と後者のそれが一致したのである。

### 借地借家調停法の準用

大震災後の東京の借地借家調停委員会の活躍は,調停制度の評価を高めた。そのためもあって,**小作調停法**(大正13法18),**商事調停法**(大正15法42),**金銭債務臨時調停法**(昭和7法26),**人事調停法**(昭和14法11)が,借地借家調停法に続いた。なお,労働争議調停法(大正15法57)の調停は,司法調停ではなく,行政調停である。

近代日本の調停制度は,借地借家調停法が基礎をおいた。他の調停法は,特別の規定をおかない限り,借地借家調停法の規定を準用した。①小作調停法は,調停機関として裁判所と調停委員会の2つをおき,まず裁判所が自ら調停にあたる場合を定め,次に調停委員会が調停にあたる場合を定めること,借地借家調停法の規定の仕方

と同一である。ただ，都市の借地借家争議と農村の小作争議の性格の違いから，小作調停法は借地借家調停法の規定を準用せず，全部別に規定した。②商事調停法は，商事調停について，借地借家調停法を準用すると定めた。③金銭債務臨時調停法も，金銭債務の調停について，同じく借地借家調停法を準用すると定めた。④人事調停法も，家族・親族間の紛争など一般に家庭に関する事件の調停について，同じく借地借家調停法を準用すると定めた（商事調停法第2条，金銭債務臨時調停法第4条，人事調停法第8条）。

### 小作調停法

大正9年3月，戦後恐慌が始まると，農産物の価格が下落する一方，人員整理にあい，都市から農村に帰る人々が増加した。それとともに，各地で**小作争議**が頻発した。9年の争議数408件は，10年1680件，12年1917件，14年2206件へと増加していき，農商務省は小作人を保護する観点から小作法案を作成したが，地主側が強く反対したばかりか，農民組合側がより大きな保護を求めたため，立案だけに終った。そこで，政府（加藤内閣）は，小作法案の代わりに，第46議会に小作調停法案を提出したが，衆議院で審議未了に終った。第二次護憲運動の後，政府（護憲三派内閣）は，第49議会でようやく**小作調停法**を成立させたのである。

小作調停法の公布後，政府は，小作調停法の施行期日及施行外地区指定の件（大正13勅228）を公布して，大正13年12月1日より，東北地方（6県），長崎県，鹿児島県，沖縄県の9県を除く府県に調停制度を発足させた。その後，施行地区を拡張し，昭和13年8月1日，最後の沖縄県にも施行した。

調停事項は，小作料，その他小作関係の争議である（第1条）。調停機関は裁判所と調停委員会の2つながら，小作調停法は「裁判所調

停ノ申立ヲ受理シタルトキハ調停委員会ヲ開クコトヲ要ス但シ争議ノ実情ニ鑑ミ之ヲ開カスシテ調停ヲ為スコトヲ得」として，調停委員会の調停を原則とする規定をおいた(第10条第1項)。さらに一方で，調停補助機関として**小作官**をおいた。小作官は，調停委員会や裁判所に意見をのべ，その嘱託をうけて事実の調査をする(第19条，第20条)。なお，小作調停においては，調停委員会や裁判所は，調停に入る前，適任者がいるときはその人に委託して勧解(和解のこと)をさせることができる(第11条)。

　日中戦争が勃発し，それが長期化するに及んで，政府(近衛内閣)は，国家総動員法(昭和13法55)を成立させた第73議会で，**農地調整法**(法67)を成立させた。この法律は農業生産力の維持増進を目的としたが，小作争議に関する重要規定を含んでいた。中でも，第12条第1項は，「小作調停法ニ依ル調停委員会ニ於テ調停成ラザル場合ニ裁判所相当ト認ムルトキハ職権ヲ以テ小作官及調停委員ノ意見ヲ聴キ双方ノ利益ヲ衡平ニ考慮シ一切ノ事情ヲ斟酌シテ調停ニ代ヘ小作関係ノ存続，小作条件ノ変更其ノ他争議ノ解決上必要ナル裁判ヲ為スコトヲ得此ノ裁判ニ於テハ小作料ノ支払，小作地ノ引渡其ノ他財産上ノ給付ヲ命ズルコトヲ得」として，**調停に代わる裁判**を行うことを認めた。

### 商事調停法

　第一次大戦後の経済発展により各種会社の事業が活発となり，商事紛争の迅速な解決のため，通常の訴訟手続に代わる，別のやり方が必要となった。そのため，政府(若槻内閣)は，第51議会で**商事調停法**を成立させ，商事調停法の施行期日及施行地区に関する件(大正15勅322)を公布して，大正15年11月1日より，東京府，京都府，大阪府，神奈川県，兵庫県，愛知県の3府3県に商事の調停制度を発足

させた。なお，施行地区の人は施行地区外の人に対しても調停の申し立てができる（附則第3項）。

商事調停法は，第4条第1項で「調停委員会ハ当事者ノ合意アル場合ニ於テハ第1条ノ争議ニ付民事訴訟法ニ依ル仲裁判断ヲ為スコトヲ得」と定めた。これは，当事者の合意により，調停委員会を仲裁人とする仲裁契約を結ぶことを前提としている。仲裁手続は，民事訴訟法（明治23法29）第8編の仲裁手続の規定による。

### 金銭債務臨時調停法

ニューヨークの株式市場が大暴落して間もない昭和5年1月，政府（浜口内閣）は，それが大恐慌に発展すると予測できずに，金解禁を実施した。そのため，金が国外へ流出し，物価が下落し，国内は深刻な不況に陥った（翌6年12月，金輸出再禁止）。都市では中小企業や商店が潰れ，失業者が増加し，農村では農産物の価格が下落し，零細な農民（小作農・自小作農）の生活は惨状を呈した。政府（斎藤内閣）は，救済立法として，第63議会で**金銭債務臨時調停法**を成立させた。そして，金銭債務臨時調停法施行期日の件（昭和7勅249）を公布して，昭和7年10月1日より，3年間の限時法として施行した（附則第2項）。その後，第65議会で成立した（衆議院議員提出の）金銭債務臨時調停法中改正法律（昭和9法41）は，附則第2項を「本法ハ当分ノ内其ノ効力ヲ有ス」と改めて，臨時法を半恒久法としたのである（昭和9勅93で，9年4月21日より施行）。

金銭債務臨時調停法は，調停委員会における調停が不調の場合，裁判所の**調停に代わる裁判**を認めた最初のものである。すなわち，第7条第1項で「調停委員会ニ於テ調停成ラザル場合ニ裁判所相当ト認ムルトキハ職権ヲ以テ調停委員ノ意見ヲ聴キ当事者双方ノ利益ヲ衡平ニ考慮シ其ノ資力，業務ノ性質，既ニ債務者ノ支払ヒタル利

## 1 調停制度

息手数料内入金等ノ額其ノ他一切ノ事情ヲ斟酌シテ調停ニ代ヘ利息,期限其ノ他債務関係ノ変更ヲ命ズル裁判ヲ為スコトヲ得此ノ裁判ニ於テハ債務ノ履行其ノ他財産上ノ給付ヲ命ズルコトヲ得」という規定をおいた。調停に代わる裁判は,調停事件の繋属(けいぞく)する裁判所が非訟事件手続法(明治31法14)により行う(第8条)。

### 人事調停法

大正中期,臨時法制審議会は,諮問第1号民法中わが国の淳風美俗に関する改正の件について審議したさい,主査委員会の「家事審判に関する綱領」の決議(大正10年7月)により,政府に対して民法改正の先決問題として,道義に基づき温情を以て家庭に関する事項を解決するため,特別の制度を設けることを提案した。その後,民法の本体についても,臨時法制審議会が民法親族編中改正の要綱34項目(大正15年5月),民法相続編中改正の要綱17項目を決議した(昭和2年12月)ことは,広くしられる。

日中戦争が長期化するに及んで,政府(平沼内閣)は,銃後の備え(国内の国民生活の安定)を強化し,戦死者の恩給・扶助料を巡る遺族間の紛争を解決するため,第74議会で人事調停法を成立させ,人事調停法施行期日の件(昭和14勅361)を公布して,昭和14年7月1日より施行した。この法律は,臨時法制審議会が提案した家事審判制度のうち,調停制度をぬきだしたものである。そのため,第2条は「調停ハ道義ニ本ヅキ温情ヲ以テ事件ヲ解決スルコトヲ以テ其ノ本旨トス」と定めた。

調停委員会は調停主任(判事)1人,調停委員2人以上を以て組織する(第8条による借地借家調停法第15条,第16条第1項の準用)。調停委員は徳望ある者か当事者の合意により選定された者で,女性も前者として,地方裁判所長により選任された。女性が調停委員に選任された

237

のは，幾つか調停があるうち，人事調停が最初である。

### 🌀 戦時民事特別法

太平洋戦争開戦後，戦時態勢（裁判所の人的資源の不足や，戦時下における紛争の簡易迅速な解決）に即応するため，それまでの調停に加え，広く民事事件一般について調停を行う必要性が高まった。そこで，政府（東条内閣）は，第79議会で裁判所構成法戦時特例，戦時刑事特別法とともに，**戦時民事特別法**（昭和17法63）を成立させ，戦時民事特別法施行期日の件（勅168）を公布して，昭和17年3月21日より施行したのである（昭和20法46戦時民事特別法廃止法律により廃止）。

戦時民事特別法は，第4章として，調停の一章をおいた。①民事に関して紛争を生じたときは，当事者は区裁判所に調停の申し立てができる（当事者の合意があれば，地方裁判所に申し立ててもよい）（第14条）。②受訴裁判所は，適当と認めるときは，事件を調停に付し，自ら調停により事件を処理することができる（第16条）。これは，受訴裁判所に自己調停を認めるもので，その場合は，訴訟手続は当然調停手続に移行する。③調停委員会における調停が不調の場合，裁判所は調停に代わる裁判を行える。すなわち，裁判所が相当と認めるときは，職権を以て，調停委員の意見をきき，当事者双方の利益を衡平に考慮し，一切の事情を斟酌して調停に代わる裁判を行うことができる（第18条による金銭債務臨時調停法第7条第1項の準用）。調停に代わる裁判は，調停事件の繋属する裁判所が非訟事件手続法により行う（同じく第8条の準用）。

## 2　少年審判制度

### ジゴマ式不良少年

明治44年11月，浅草の金竜館がフランス映画（当時活動写真という）の「ジゴマ」を上映した。ジゴマは神出鬼没の悪党で，その犯罪場面が評判となったため，和製のジゴマ映画が幾つも製作され，その手口を模倣する犯罪が生じたし，子供のジゴマごっこが流行した。45年10月，警視庁は，一切のジゴマ映画の上映を禁止した。

それでも，初上映後から大正2年頃にかけて，ジゴマ式の不良少年が跋扈した。金500円を多聞橋の北詰一本松の根本に何日何時までに埋めよ，でないと家を焼き払うぞという恐喝を以て，不良少年が金員を獲得することがあった。この模倣版は，すぐに全国に波及したのである。

さらに，同じ頃から，都会地で不良少年が暴行・脅迫を以て通行人から金品などを強奪する，タカリ行為がふえてきた。不良少年のジゴマもタカリも，日露戦争後の長期の不況を背景としていた。不良少年の各種の犯罪は，第一次大戦中，戦後の社会変動を通して，決して終息することがなかった。

### 少年法の成立

このようにして，経済と社会の変動の中で，少年犯罪（特に累犯）が増加した。そこで少年保護法制の整備が必要となった。政府（原内閣）は第42議会に少年法案を提出したが，法案は衆議院で審議未了に終った。政府は第43議会，第44議会に二度三度提出したが，どちらも衆議院で可決，貴族院で審議未了に終った。法案が両院を通過したのは四度目の第45議会で，大正11年4月，政府（高橋内閣）は，**少年法**（法42）を公布した。第42議会から少年法と運命を共にして

きた矯正院法（法43）も，同時に公布した。

その後，政府（加藤内閣）は，11年11月，少年法，矯正院法及大正11年法律第44号（感化法中改正の件）施行期日の件（勅487）を公布して，これら3法律を12年1月1日より施行した。また同時に，少年法の保護処分を行う，少年審判所設置の件（勅488）を公布した。これは東京市，大阪市に**少年審判所**を設置し，東京少年審判所は東京府，神奈川県を，大阪少年審判所は大阪府，京都府，兵庫県を管轄することを定めた。すなわち，少年法中，保護処分の部分の施行は，当初東京府，大阪府を中心とする地域に限られた。

### 保護処分

少年法は，18歳未満の者を少年と称して，同法の対象とした。少年審判所の保護処分の対象となるのは，①犯罪少年（14歳以上），②触法少年（14歳未満），③虞犯少年（14歳の区切りなし）である。①のうち，死刑，無期または短期3年以上の懲役・禁錮にあたる罪を犯した者，または16歳以上で罪を犯した者は，検事より送致をうけなければ審判に付さないし（第27条），②は，地方長官（知事）より送致をうけなければ，これも審判に付さない（第28条第2項）。

少年審判所は，少年に対して保護処分を行う官庁で，司法大臣の監督に属する（第15条，第17条）。少年審判所は，少年審判官（判事），少年保護司，書記で構成される（第18条）。少年審判官は単独で審判を行い，少年保護司は少年審判官を輔佐して審判資料を供し，観察事務を掌る（第19条，第23条）。

この保護処分は，①訓戒，②学校長の訓戒，③改心の誓約書，④条件を付する保護者への引き渡し，⑤寺院，教会，保護団体への委託，⑥少年保護司の観察，⑦感化院送致，⑧矯正院送致，⑨病院への送致・委託，の9種類である。少年審判官は，これらを別個に，

あるいは，適宜併せて言い渡すことができる（第4条）。

### 刑事処分

少年法は保護処分とともに，刑事処分を定めた。①犯罪時16歳未満の少年には死刑も無期刑も科さず，どちらかで処断するときは10年以上15年以下の範囲内で懲役か禁錮を科す（第7条）。②少年に対して長期3年以上の有期の懲役か禁錮を以て処断するときは，その刑の範囲内で短期，長期を定めて不定期刑を言い渡す（第8条）。

施行地域を限られた保護処分の部分と異なり，この刑事処分の部分は，大正12年1月1日より全国に施行された。もっとも，前者も次第に施行地域が拡張され，昭和17年に全国に施行された（この少年法は，広くしられるように，昭和23年全面改正された。法168）。

## 3 陪審制度

### 法の日

何ら法令上の根拠はないが，10月1日は「法の日」として，裁判所をはじめ司法関係者が記憶する記念日となっている。この日を記念日としたことの起源を，昭和3年10月1日の陪審法（大正12法50）の施行に求める説がある。すなわち，国民が司法に参加したことを記念して，政府が翌4年から10月1日を「司法記念日」とした。陪審法の停止に関する法律（昭和18法88）の公布後も，この日は司法記念日だったが，昭和憲法の公布後になって，それを法の日と改称したというのである。

司法記念日は確かに陪審法の施行と関係があるが，この説の見方は誤っている。陪審法施行の昭和3年10月1日，昭和天皇が初めて麹町西日比谷の大審院，東京控訴院，東京地方裁判所に行幸した。

前2者の法廷,後者の陪審法廷を見学した後,司法裁判は国家の休きゅう戚せきに繋つながる,陪審法施行の期に会して一層恪かっ勤きん奮励せよ,という勅語を下した。明治・大正年間を通じて天皇が裁判所に行幸したことは一度もなく,昭和天皇を迎えて司法部の感激は大きかった。翌4年10月1日,司法部はこの日を司法記念日と定めて,司法省をはじめ全国の各裁判所で祝賀会を催し,講演会その他の方法により司法を宣伝することとしたのである。

### パリの陪審

　岩倉使節一行は,明治6年1月,パリの中心部シテ島にある裁判所を見学した。裁判所は,夫殺しの妻の公判の最中だった。正面に裁判官5人が並び,その前にジュリー（陪審員）が席をしめた。一行の米欧回覧を記録した久米邦武は,このジュリーが罪人の犯情の真偽を審聴し,その允諾をえて,裁判官が罪状を定めるから,冤えん枉おう（無実の罪）がない,と記した。日本でジュリーの制度をとっても,ジュリーは官を恐れて唯い々いするにすぎず,そうでない者を選んでも法理に暗く互いに争論するにすぎない,とも記した。

　ボアソナアド起草の原案を基礎として,司法省が治罪法（後の刑事訴訟法）草案を編纂し,政府に提出したのは,明治12年9月である。政府は部内に審査委員会を設置して,草案を修正させた。13年2月,治罪法審査修正案530条ができ上った。草案も,修正案も,重罪の公判に陪審10人の参加を定めた。しかし,政府は法制官僚の井上こわし毅の意見を採用し,修正案から陪審規定50条を全面削除して元老院に回した。その結果,13年7月公布の治罪法（太政官布告37）は,陪審制度を採用しないものとなった。

### 陪審制度設立の建議

　第26議会で政友会は,陪審制度設立に関する建議案を提出した。

これは，人権擁護の見地から，政府（桂内閣）に刑事裁判について陪審制度の法律案を起草し議会に提出するよう求めたものである。明治43年3月，建議案は全会一致で衆議院を通過し，衆議院は政府に「**陪審制度設立に関する建議**」を提出したが，政府はこれを黙殺した。

政友会の指導者たる**原敬**は，建議案の通過した日の日記に，近来人権を重んぜざる風習（風潮）があり，無実の裁判をうける者も少なからざるように思うと記した。原は，日糖事件の検挙があった42年4月の日記に，代議士の腐敗に対して今回の検挙は将来の良薬たらんもしるべからずと記した。しかし，第一審，第二審判決のあった42年7，8月の日記の中では，政友会代議士で無罪となった者や執行猶予のついた者から検事局の甘言や威嚇を以てする取り調べの様子をきき，そのやり方に憤慨した。この建議案が原の発意で政友会の党議により提出された背景には，このような事情があった。日糖事件で検挙者をだした憲政本党や大同倶楽部が賛意を表したことは，当然のことである。

その後，原は，43年12月の日記にも陪審制度の必要性を記した。第26議会の建議案提出は日糖事件が原因だと中傷する者があり，日糖事件に関係なくはないと記しながら，陪審制度の設立はより根源的な必要性があるとして，次の2つをあげた。①衆議院議員や府県会議員らが検事・警察官に訳もなく勾引され，一たび勾引されると必ず有罪の判決をうけるし，地方細民（下層の人々）や細民でなくとも資金に乏しい者が警察官・司法官に無理往生に処罰されるのは，みるに忍びず，是非とも陪審制度を設置したい。②大逆事件（43年11月予審終結し，12月公判）の被告人らが皆縷々無実を主張しているというが，事実認定まで天皇の名を以てするのは不当である（事実認定を誤れば，誤判の責任が天皇に波及しかねない。立憲君主制を安定させるためにも，陪審制

度により国民を裁判に参加させ，責任を分有させなければならない)。

### 臨時法制審議会

　大正8年7月，政府(原内閣)は，陪審制度を立法化するため，**臨時法制審議会**を設置した。総裁は穂積陳重(枢密顧問官)，副総裁は平沼騏一郎(検事総長)。委員として**一木喜徳郎**(枢密顧問官)，横田国臣(大審院長)，鈴木喜三郎(司法次官)，美濃部達吉(東京帝国大学教授)ら25人を任命した。

　臨時法制審議会は，政府から陪審制度採用の可否(および可とする場合その綱領如何)の諮問をうけると，8年10月の総会において，これについて具体的に審議する主査委員会を設置した。この主査委員会は一木を委員長として，委員10人で構成された。横田，美濃部ら在官者5人が消極論者で，磯部四郎(貴族院議員)，花井卓蔵，鵜沢総明(以上，衆議院議員)，江木衷，原嘉道，5人が積極論者である。在官者に対して，後者は5人とも弁護士である。

　主査委員会では，美濃部や倉富勇三郎が陪審制度は**憲法違反**ではないか，という疑問を提起した。美濃部は，①明治憲法には陪審について何ら規定がない。これは起草者が陪審の採用を容認しなかったためである。②陪審は，その決定に拘束力があるなら，第57条第1項「司法権ハ天皇ノ名ニ於テ法律ニ依リ裁判所之ヲ行フ」の定める司法権独立に抵触する。③陪審は，一般国民が参加する点で，第24条「日本臣民ハ法律ニ定メタル裁判官ノ裁判ヲ受クルノ権ヲ奪ハルヽコトナシ」に抵触する，というのである。美濃部は陪審を諮問機関としてはどうかと提案し，倉富は(陪審が事実認定を誤り被告人の不利益となる場合新たな陪審に付する)ドイツやイタリアの刑事訴訟法のように，終局は裁判官が決定するやり方を提案した(倉富の提案が，後の「陪審制度に関する綱領」をへて陪審法第95条となる)。

これに対して，江木や花井は陪審は事実を認定するに止まり，司法権を行使するものではないと主張した。すなわち，司法権を行使するのは裁判所であり，陪審制度を設置しても憲法違反にならないという論理である。この主張の底流には，陪審が事実認定を誤っても国民が責任をおうことで，天皇不可侵を盤石（ばんじゃく）にしたいという思想があった。

　横田大審院長や，東京控訴院長の富谷鉎太郎は，陪審制度の採用自体に強く反対を表明した。さらに，消極論者と積極論者が激しく感情的に対立した。紆余曲折の末，大正9年6月，主査委員会は陪審制度に関する綱領を纏め，穂積総裁に提出した。これは，①陪審制度を単行法として立法化すること，②陪審を刑事事件に採用すること，③小陪審を採用すること，の3点が柱となっていた。同じ6月，臨時法制審議会の総会は，この陪審制度に関する綱領を全会一致で可決した。

### 枢密院の妨害

　政府（原内閣）は，臨時法制審議会の答申（陪審制度に関する綱領）をうけ，大正9年7月，司法省に陪審法調査委員会をおき，17人の委員に任命して，法律案の起草に着手した。実際に執筆したのは，小山松吉（大審院検事）ら司法省の委員だった。それを陪審法調査委員会で審議し，閣議をへて，9年12月，政府案が成立した。

　10年1月，政府は，陪審法案を枢密院に諮詢（しじゅん）する手続をとった。枢密院は，審査委員として，**伊東巳代治**（委員長），金子堅太郎，南部甕男（元大審院長），岡部長職（おかべながもと）（元司法大臣），一木，倉富ら9人を任命した。多くは陪審制度に批判的な人々であり，審査委員会が始まると，有松英義（ありまつひでよし）（元法制局長官）を急先鋒として，**憲法違反**論が噴出した。

　伊東委員長の遅延戦術により審査委員会が長々と会議を続けるう

ち，第44議会が閉会した。そのため，政府は一まず諮詢案を撤回したが，10年6月，僅かに字句修正を施した（第二次）諮詢案を枢密院に諮詢する手続きをとった。枢密院は前回と同一の委員を以て審査委員会をおいたが，この審査委員会は第一回の会議を開いただけで，第二回の会議を開かなかった。その後，第45議会に提出する刑事訴訟法改正案（これが，大正11法75刑事訴訟法となる）との調整が必要となり，10年10月，政府はこの（第二次）諮詢案を撤回し，翌日（第三次）諮詢案を諮詢する手続をとった。11月，原総理大臣が東京駅で少年に刺殺された。

　大正11年2月，審査委員会は（第三次）諮詢案を修正し，賛成5人，反対4人で可決した。審査委員会の修正は，裁判所の職権による陪審付議を削ったことや，大審院の特別権限に属する罪を陪審から外したことなど，陪審に付する事件の縮小だった。同じ2月，枢密院の本会議は，諮詢案修正案を可決した。

### 帝国議会の審議

　政府（高橋内閣）は，枢密院を通過した陪審法案を，第45議会に提出した。陪審法案は，衆議院で可決されたが，貴族院では審議未了に終った。

　大正11年6月の政変の後，政府（加藤内閣）は，陪審法案を枢密院に諮詢する手続をとった。四度目で，今回は枢密院を容易に通過した（11年12月）。

　そこで政府は，この陪審法案を，第46議会に提出した。衆議院では，枢密院の修正を政府案に戻そうという修正案がでたが，原案どおり可決された。貴族院では，まず本会議で陪審制度反対論者の議事引き延ばしにあい，特別委員会を通過した後の本会議でも反対論者の激しい抵抗にあった。中でも，若槻礼次郎（茶話会）は原敬への

敵意から、4時間に及ぶ反対演説を行い、演説時間の記録を作った。記名投票による採決の結果、陪審法案は貴族院で可決された (12年3月)。

### 陪審法の施行

大正12年4月18日、政府は、**陪審法** (法50) を公布した。第46議会衆議院で、政府は、その施行には判事・検事約250人の補充と準備期間が必要なので、施行時期を大正17年4月としたいと説明した。これは昭和に直すと、昭和3年4月である。実際には陪審法 (の主要な箇所) が3年10月1日より施行された (勅165) ことは、前にみた。ただ、施行の前提となる、陪審員資格者名簿の調整や、陪審員候補者名簿の調整などの箇所は2年6月1日より施行された (勅144)。

さらに、施行準備として、陪審法廷や陪審員宿舎の建設が必要だった。このため、大正15年、16年 (昭和2年) 2カ年度継続費約360万円があてられた。全国の地方裁判所で建設に着手し、全部完成したのは昭和3年8月である。この事情で、陪審法の施行が3年10月にずれこんだ。

### 陪審法の内容

陪審法は、刑事事件について、地方裁判所が公判で陪審をして事実の判断をさせることを本質とする (第1条)。もっとも、裁判所は、被告人が「公判又ハ公判準備ニ於ケル取調ニ於テ公訴事実ヲ認メタルトキハ」事件を陪審の評議に付することができない (第7条)。この「公判準備ニ於ケル取調」というのは、刑事訴訟法 (大正11法75) 第2編第4章第1節の公判準備中、直接には第323条の裁判所による期日前の被告人訊問のことをさしている (なお、陪審法第42条以下も参照)。

陪審に付する事件は、死刑または無期の懲役・禁錮にあたる事件 (**法定陪審事件**) と、長期3年をこえる有期の懲役・禁錮にあたる事件

で地方裁判所の管轄に属するもの(請求陪審事件)である。大審院の特別権限に属する事件(大逆罪,皇族危害罪,内乱罪,皇族の犯罪),刑法第2編第1章ないし第4章,および第8章の罪(皇室に対する罪,内乱罪,外患罪,国交に対する罪,騒擾罪),治安維持法の罪などは,陪審不適事件として,陪審に付さない(第2条,第3条,第4条)。

陪審員となるのは,2年以上同一市町村内に居住し,同じく2年以上直接国税3円以上を納付し,読み書きができる,30歳以上の男性である(第12条)。衆議院議員選挙法中改正法律(大正14法47)が納税資格を廃し,25歳以上の男性に均しく選挙権を与えたから,陪審員の資格はそれより狭かった。陪審に付する事件の公判期日がきまると,地方裁判所長が各市町村の陪審員候補者名簿より抽籤で36人を選定し,除斥・忌避の手続をへて,非公開の公判廷が陪審を構成する12人の陪審員を決定する(第27条,第29条,第62条以下)。陪審員は,裁判長から陪審員の心得を諭告された後,宣誓書により宣誓を行う(第69条)。

さて,公判が開かれると,証拠は原則として「裁判所ノ直接ニ取調ヘタルモノニ限ル」という直接審理主義により,裁判官が被告人らの訊問や証拠調べを行うが,陪審員も裁判長の許可をえて被告人や証人らを訊問できる(第70条,第71条)。証拠調べが終ると,検察官,被告人,弁護人は犯罪の構成要素に関する事実上,法律上の問題について意見を陳述する(第76条第1項)。これら弁論が終ると,裁判長は陪審に対して「犯罪ノ構成ニ関シ法律上ノ論点及問題ト為ルヘキ事実並証拠ノ要領ヲ説示シ犯罪構成事実ノ有無ヲ問ヒ評議ノ結果ヲ答申スヘキ旨」を命じるが,この裁判長の問いは主問(公判に付された犯罪構成事実の有無)と補問(評議させる必要がある場合,公判に付されたものと異なる犯罪構成事実の有無)の区別があり,どちらについても,陪審が「然

り」か「然らず」と答申できる文言を以て行う（第77条，第79条）。

　陪審の評議は評議室で交通を遮断して行う。陪審が犯罪構成事実を肯定するには陪審員の過半数の意見により，過半数に達しなければ否決したものとする。結論がでると，陪審は「然り」か「然らず」の語を以て答申書を作成する。裁判長はそれをうけとると，公判廷で書記に問いと答申を朗読させる（第82条，第83条，第88条，第91条，第93条）。

　裁判所は陪審の答申を採択して判決を言い渡す場合，陪審の評議に付して事実の判断を行ったことを表示する。この判決に対しては，控訴することができないが，上告することはできる（第97条，第101条，第102条）。一方，裁判所が陪審の答申を不当とするときは，決定を以て他の陪審の評議に付することができる（第95条，陪審の更新）。

　法定陪審事件の被告人は陪審に付することを辞退できる（請求陪審事件の被告人も請求を取り下げられる。第6条）点で，陪審法は明治憲法第24条に違反しないし，裁判所が陪審の答申に拘束されない（第95条）点で，第57条第1項にも違反しない。このようにして，陪審法は精密な造りとなった。

### 施行の実態と陪審法の停止

　陪審法の約15年の施行中，陪審の評議に付された事件数は484件である。これは陪審裁判をうけることができた（陪審適合）事件数の約1.9パーセントにすぎない。罪名中多いのは，殺人（強盗殺人などを含む）事件が215件，放火事件が214件である。判決の結果は，有罪が378件，無罪が81件，陪審の更新が24件，公訴棄却が1件で，無罪率が16.7パーセント。陪審裁判の公判日数は，1日が180件，2日が192件，3日が88件，4日以上が24件で，最長のものが7日である。

陪審適合事件数が25,000件をこえるのに,実際に陪審裁判を行ったのが僅かだったというのは,法定陪審事件の被告人の多数が辞退し,請求陪審事件の被告人のごく少数しか請求しなかったためである。不振の原因の中で,陪審法自体の問題点としては,①陪審の答申を採択した判決に対しては,事実誤認を理由とする上訴ができない。②裁判所が陪審の答申を不当とするときは,他の陪審の評議に付することができる。③請求陪審の場合,陪審費用（陪審員の旅費,日当,止宿料など）の全部または一部が被告人の負担とされる（第107条）。これらに加えて,被告人は陪審裁判を危ぶんだし,弁護人は時間的・精神的負担の大きさから二の足をふんだ。

その後,太平洋戦争の軍事的劣勢と国民生活の破綻の下で,政府（東条内閣）は,第81議会に陪審法の停止に関する法律案を提出した。これが成立し,政府は,昭和18年4月1日,この法律（法88）を公布した。これにより,陪審法の施行は停止となり,20年8月,停止のまま敗戦を迎えた。今は,裁判所法（昭和22法59）第3条第3項に痕跡を残すにすぎない。

**参考文献**

池田寅二郎『仲裁と調停』（岩波書店,昭和7年）

小野木常『調停法概説』（有斐閣,昭和17年）

鈴木賀一郎編『東京少年審判所十年史』（日本少年保護協会東京支部,昭和10年）

陪審制度を復活する会編『陪審制の復興』（信山社,平成12年）

三谷太一郎『政治制度としての陪審制』（東京大学出版会,平成13年）

最高裁判所事務総局編『裁判所百年史』（大蔵省印刷局,平成2年）

## column 6

**平沼騏一郎**　慶応3年（1867年）—昭和27（1952年）

　津山藩（岡山県）藩儒平沼晋の次男。明治21年帝国大学法科大学を卒業し，司法省に入り参事官試補となった。判事畑を歩んだ後，32年東京控訴院検事に転じ，以後は検事畑を歩み，38年大審院検事となった。40年法律取り調べのため，鈴木喜三郎（東京控訴院部長）と一緒に，1年近くイギリス，ドイツ，フランスへ出張した。

　42年大審院次席検事兼司法省民刑局長，44年兼刑事局長となり，日糖事件や大逆事件の捜査を指揮して，司法部内の地位を固めた。44年9月司法次官となり，大正元年12月検事総長に就任した（在職9年）。2年の司法部大改革のさい全国規模の平沼人事を行い，シーメンス事件や大浦事件でも辣腕を振い，司法部内の検察権力の主導権を確立した。

　大正10年10月大審院長，12年9月司法大臣，13年2月枢密顧問官を歴任して，15年4月枢密院副議長となり，司法部・枢密院に大きな影響力をもった。13年右翼系の国本社社長となり，司法部，軍部などから多数の会員を集めて，国民精神作興を謳う大きな団体に育てた。

　5・15事件後の中間内閣期に数度首班候補にあがりながら，平沼の右翼的体質を嫌う西園寺元老が推薦を渋り，平沼内閣は実現しなかった。昭和11年3月枢密院議長に就任し，国本社社長を辞任，14年1月総理大臣に就任した。平沼内閣は（陸軍の突き上げで）三国防共協定を強化して三国軍事同盟を締結することを模索していたが，14年8月ドイツが独ソ不可侵条約を締結したため，数日後「欧州の天地は複雑怪奇なる新情勢を生じた」という言葉を残して総辞職した。

　15年12月第二次近衛内閣の改造で内務大臣，16年7月第三次近衛内閣で国務大臣（副総理格）。この時期，陸軍の一部から親英米派と目され敵視された。16年8月岡山の神主（西山直）を応接間に通したところ，拳銃で5発咽喉から胸に撃ちこまれ，75歳の身体に重傷を負った。1発は舌の真ん中を貫通した。

　20年4月再度枢密院議長に就任し，太平洋戦争の終結に尽力した。21年4月A級戦犯として，巣鴨プリズンに収監された。23年11月極東軍事裁判で終身禁錮を言い渡された。27年8月慶応病院で死亡した。若き日の肺結核のため，生涯独身を通した。若き日の失恋のためともいう。

Bridgebook

# 第12章

## 外地の司法制度

**LEAD** 　一般に，明治憲法の施行時に既に日本領土だった本州，四国，九州，北海道，沖縄，小笠原島を内地とよび，これに対して，その施行後に新たに領土となった台湾，樺太，関東州，朝鮮，南洋群島を外地とよんだ。関東州は租借地で，南洋群島は委任統治区域である。

　政府は台湾，樺太，朝鮮に明治憲法の効力が及んでいるという建前をとったが，実際には効力はほとんど及んでいなかった。憲法の定める統治の一般原則や法律，勅令などの内地法は，内地では当然行われたが，外地では原則として行われなかった。外地ではそれぞれの地域で，統治のやり方や法令が内地とは異なった。このことを法域を異にすると表現した。近代日本は，内地をはじめ，台湾，樺太，関東州，朝鮮，南洋群島という，6つの法域をもった。このうち，樺太は，住民の大部分が内地人で，北海道に準じる地域であり，統治のやり方も法令も最も内地に近かった。以上のことを考えて，本章は，外地の司法制度として，台湾（最初に獲得した領土）の司法制度と，朝鮮（外地中，最大の領土）の司法制度について，およそのことを説明する。

# 1　台湾の司法制度

## 六三問題

　明治28年4月の日清講和条約により、日本は台湾（・澎湖諸島）を領有した。政府（伊藤内閣）は台湾を統治するため、海軍大将の樺山資紀を総督に任命して台湾へ派遣した。台湾の人々は巡撫の唐景松を総統として台湾民主国を建国し、藍地に黄虎の国旗を掲げて日本に反抗した。日本軍は台湾民主国の軍隊を潰走させ、兵を島内に進めて、10月末ほぼ全島を占領した。しかし、その後も、台湾の人々の反抗がゲリラ活動の形で長く続いたため、総督府は匪徒刑罰令（明治31律令24）などにより厳しくそれを鎮圧した。

　翌29年3月、政府は、台湾総督府の統治のやり方を、軍政から民政へ転換させようとした。そのため、第9議会で民政に必要な、**台湾に施行すべき法令に関する法律**（法63）を成立させた。この法律は、第1条で総督に「其ノ管轄区域内ニ法律ノ効力ヲ有スル命令ヲ発スルコトヲ得」と定めて立法権を委ねた。衆議院は、議会の協賛なく総督に法律事項を命令（律令という）を以て定める権限を与えるのは**憲法違反**だと反対した。紆余曲折の末、法律案は3年の施行期限をふして（第6条）成立したのである。

　第9議会で成立した台湾に施行すべき法令に関する法律を、**六三法**という。政府は六三法の施行期限を、第13議会、第16議会、第21議会で3度更新した（明治32法7、明治35法20、明治38法42）が、その都度、議会（特に衆議院）が六三法を憲法違反と非難した。すなわち、非難があるから、施行期限をふした。施行期限の間に台湾の統治事情に何ら変化がないから、六三法を延長するしかない。延長しようとすると、憲法違反の非難がでる、という具合である。この憲法問

題を，六三問題という。

その後，政府（西園寺内閣）は，第22議会で同名の台湾に施行すべき法令に関する法律（明治39法31）を成立させた。これを**三一法**という。三一法は，第1条「台湾ニ於テハ法律ヲ要スル事項ハ台湾総督ノ命令ヲ以テ之ヲ規定スルコトヲ得」と定めて，六三法と同じように総督に立法権を委ねた。そのため，貴族院は，第5条として，律令は「台湾ニ施行シタル法律及特ニ台湾ニ施行スル目的ヲ以テ制定シタル法律及勅令ニ違背スルコトヲ得ス」の一条をおき，律令より内地法が優越することを定めるとともに，附則として，5年間有効とする期限をふした。政府は三一法の施行期限を，第27議会，第37議会で2度更新した（明治44法50，大正5法28）。

朝鮮の3・1独立運動後，政府（原内閣）は総督武官制を廃止し，外地統治政策の変更にのりだした。政府はその1つとして，第44議会でこれも同名の台湾に施行すべき法令に関する法律（大正10法3）を成立させた。これを**法三号**という。法三号は内地法延長主義の下，施行勅令により法律を台湾に施行し，特例勅令により特例を設けて法律を台湾に施行する（第1条）。ただ，第2条「台湾ニ於テ法律ヲ要スル事項ニシテ施行スヘキ法律ナキモノ又ハ前条ノ規定ニ依リ難キモノニ関シテハ台湾特殊ノ事情ニ因リ必要アル場合ニ限リ台湾総督ノ命令ヲ以テ之ヲ規定スルコトヲ得」るのである。このようにして，法三号（大正11年1月1日より施行）は，総督の立法権を大きく制約した。

### 台湾の司法制度 (1)——法院条例

明治29年5月，六三法により樺山総督が最初に公布した律令は，**台湾総督府法院条例**（律令1）である。この法院条例は，第1条で「台湾総督府法院ハ台湾総督ノ管理ニ属シ民事刑事ノ裁判ヲ為スコトヲ掌ル」と定めて，台湾の司法制度が裁判所構成法によらないことを

示した。

法院条例は法院を地方法院，覆審法院，高等法院にわけて，3級3審制を採用した(第2条)。地方法院は(台北県など3県の)県庁，支庁，(澎湖島の)島庁の所在地におき，民事・刑事の第一審および刑事の予審を行う。覆審法院，高等法院はどちらも総督府所在地(台北)におき，前者は地方法院の裁判を覆審し，後者は覆審法院の審判にして適法にあらざるものを破毀し匡正する(第3条)。各法院には総督が補職する判官をおく(第4条第1項，第2項)。地方法院は1人，覆審法院は3人，高等法院は5人の判官を以て審問，裁判する(第6条第1項)。一方，各法院には同じく総督が補職する検察官をおく(第7条第1項，第2項)。

判官の任用資格は裁判所構成法の定める判事たる資格を有する者に限られるが，当分のうち地方法院の判官はこの限りではない(第4条第3項)。一方，検察官の任用資格は法院条例に規定がない。法院条例に規定があるのは，第7条第5項の「地方法院検察官ノ職務ハ警部長及警部ヲシテ便宜之ヲ代理セシムルコトヲ得」にすぎない。

なお，明治29年7月，六三法により桂総督が公布した**台湾総督府臨時法院条例**(律令2)は，緊急律令としては最初のものである。この臨時法院条例は，朝憲を紊乱する目的の犯罪者や，総督府の施政に対して暴動を起す目的の犯罪者がでたときに，総督が便宜の場所に臨時法院を開設してその犯罪者を審判させるものである(第1条)。臨時法院は高等法院の判官，または覆審法院の判官たる資格を有する，5人の判官が審問，裁判する(第2条)。臨時法院の裁判は第一審にして終審である(第6条)。

ここで臨時法院条例が土匪の武装蜂起に狼狽した総督府が急遽公布したものだろうことは，容易に想像される。現に29年8月，総督

府は臨時法院を北斗に開設し，雲林，台中，彰化の附近に法廷をおいて土匪を裁判させた。土匪は単なる群盗・匪賊でなく，一般住民に基盤をおき，ゲリラ活動などにより総督府の施政に反抗する人々をさした。土匪の裁判のため，同じ8月，桂総督は緊急律令を以て台湾に於ける犯罪処断の件（律令4）を公布した。これは「台湾ニ於ケル犯罪ハ帝国刑法ニ依リ之ヲ処断ス但其条項中台湾住民ニ適用シ難キモノハ別ニ定ムル所ニ依ル」というだけのものながら，民事，商事及刑事に関する律令（明治31律令8），台湾刑事令（41律令9）の先駆たるものである。

### 犯罪即決例

総督府は，台湾に於ける犯罪処断の件により明治13年刑法を使う（これを，明治13年刑法を依用するという）こととしたため，違警罪の裁判を，内地の違警罪即決例（明治18太政官布告31）と同じ扱いとすることとした。すなわち，明治29年10月，桂総督は，**拘留又は科料の刑に該るべき犯罪即決例**（律令7）を公布した。

犯罪即決例は，警察署長，分署長，その代理たる官吏，憲兵隊長，分隊長，下士が管轄地内の10日以下の拘留，1円95銭以下の科料の刑にあたる犯罪を即決することを定めた（第1条）。即決は略式を以て行い，被告人の陳述をきき，証憑を取り調べて言い渡す（第2条）。言い渡しに対しては，地方法院に正式裁判を請求できる（第3条）。

明治37年3月，児玉総督は，**犯罪即決例**（律令4）を公布して，拘留又は科料の刑に該るべき犯罪即決例を廃止した。この即決例は①それまでの拘留，科料の刑にあたる罪に加えて，②3月以下の重禁錮，100円以下の罰金，科料の刑に処する賭博罪，拘留，科料の刑に処する暴行罪，③3月以下の重禁錮，拘留，100円以下の罰金，科料の刑に処する行政諸規則違反の罪に即決する対象を拡大した（第1条）。

なお，第1条には「庁長ハ其ノ管轄区域内ニ於ケル左ノ犯罪ヲ即決スルコトヲ得」とあるが，犯罪即決例施行手続 (明治37台湾総督府訓令122) をみると，庁長の職務は庁では庁警視，庁警部，支庁では支庁長，庁警部が代理すると定めている (第1条)。

### 高野事件

明治30年10月，政府 (松方内閣) は，台湾総督府高等法院長の高野孟矩（たかのたけのり）を非職とした。高野は憲法上の地位の保障 (第58条第2項) を主張し，非職辞令を政府へ返送し台湾へ帰任して，高等法院に登庁したため，乃木総督は警察力を以て高野を院長室から退去させた。12月，政府は，高野を懲戒免官とした。この前後，加藤重三郎 (覆審法院長)，川田藤三郎 (台北地方法院長) らが高野に殉じて辞職した。そればかりか，総督府法院の判官の多くは高野を支持していたという。

法院条例は判官の任用資格を定めた (第4条第3項) が，判官の地位を保障する規定をおかなかった。判官の地位は，一般に総督府の行政官吏のそれより低かった。そのような前提の下で，明治30年7月，乃木は頻発する疑獄事件の一掃を狙い，総督府幹部を刷新するため，水野遵（みずのじゅん）(民政局長)，山口宗義 (財務部長)，伊沢修二 (学務部長) らを非職とした。このとき，高野院長も非職としようとしたが，高野が拒んだ (このとき高野は兼務する法務部長を非職となった) ことから，発令が10月にずれこんだのである。

### 台湾の司法制度 (2)——地方法院と覆審法院

明治31年7月，児玉総督は，**台湾総督府法院条例** (律令16) を公布して，明治29年の同名の台湾総督府法院条例を廃止した。大きな改正は，高等法院を廃止し，地方法院と覆審法院の2級2審制とした (第2条) ことと，判官の地位の保障として，第15条，第16条第1項をおいたことである。

257

判官の地位の保障は，第15条「判官ハ刑法ノ宣告又ハ懲戒ノ処分ニ由ルニアラサレハ其意ニ反シテ免官転官セラルヽコトナシ」と，第16条第1項「判官身体若ハ精神ノ衰弱ニ因リ職務ヲ執ルコト能ハサルニ至リタルトキハ台湾総督ハ覆審法院ノ総会ノ議決ヲ経テ之ニ退職ヲ命スルコトヲ得」である。後者は裁判所構成法第74条と同じで，退職の発令権者を台湾総督としている。前者は裁判所構成法第73条第1項に近似しながら，免官，転官を記すに止まり，反意の転所，停職，減俸の禁止を保障していない。保障が不十分なことに加え，法院条例は第17条第1項で「台湾総督ハ必要ト認ムルトキハ判官ニ休職ヲ命スルコトヲ得」と定めて，総督に任意の休職発令権を認めた。これは裁判所構成法の中にみあたらず，判官の地位の保障を弱めるものである。法院条例は裁判所構成法の内容を導入する一方で，総督の権限を明記したのである。

その後，大正8年8月，**台湾総督府法院条例中改正**（律令4）が明治31年の台湾総督府法院条例を改正した。総督は明石元二郎である。大きな改正は，覆審法院を廃し，高等法院を復して，高等法院に覆審部と上告部をおいたことである（第2条）。2級制ながら，3審制に復帰したのである。

## 2　朝鮮の司法制度

### 司法権の接収

日露戦争の後，明治38年11月，日本は韓国と第二次日韓協約を結び，韓国の外交権を接収して保護国とした。12月，政府（桂内閣）は，統監府及理事庁官制（明治38勅267）により，京城の公使館を統監府に改め，各地の領事館を理事庁に改めた。39年2月，統監府およ

び各理事庁が開庁し、事務を開始した。3月、初代統監の**伊藤博文**が着任した。

40年7月には、伊藤は、ハーグ密使事件を利用して、皇帝高宗に退位を強制し、韓国政府と第三次日韓協約を結んで、韓国の内政権を接収した。この協約は、第3条で「韓国ノ司法事務ハ普通行政事務トヲ区別スルコト」と記した。さらに協約実行に関する覚書は、第1条で日韓両国人を以て組織する裁判所の新設として、大審院(院長・検事総長は日本人)1箇所、控訴院(院長・検事長は日本人)3箇所、地方裁判所(所長・検事正は日本人)8箇所、区裁判所(判事1人は日本人)113箇所を記していた。

政府(西園寺内閣、桂内閣)は統監府を通して、年々経常費300万円や臨時費を韓国政府に交付したが、大して実績があがらなかった。そこで韓国の司法事務、監獄事務を接収し経費を負担することとして、42年7月、伊藤と曽禰統監の2人が韓国政府に迫って、**韓国司法及監獄事務委託に関する覚書**を交し、韓国の司法権を接収した。10月、政府(桂内閣)は、統監府裁判所令(勅236)、統監府裁判所司法事務取扱令(勅237)、統監府司法庁官制(勅242)を公布して、韓国の司法制度の整備に着手した。

42年11月には、曽禰は、**統監府裁判所設置の件**(統監府令28)を公布して、裁判所の名称、位置、管轄区域を定めた。この統監府令は、高等法院を京城、控訴院を京城、平壌、大邱(3箇所)、地方裁判所を京城、公州、咸興、平壌、海州、大邱、釜山、光州(8箇所)、区裁判所を京城など103箇所に、それぞれ設置するとした。もっとも、区裁判所は、統監府が統監府未開庁区裁判所事務取扱に関する件(統監府令30)により23箇所を当初から未開庁としたため、80箇所の設置を予定した。

## 韓国併合

　明治43年8月29日，政府（桂内閣）は韓国併合に関する条約を公布し，韓国の国号を朝鮮と改称した。政府は，38年11月以来の統監府による保護制度を撤廃し，朝鮮総督府（10月1日設置）による統治にきりかえた。同日，統監府は京城をはじめ各地を軍事力で制圧して，韓国の人々に併合条約と国号廃止を発表した。

　8月29日，政府は緊急勅令により朝鮮に施行すべき法令に関する件（勅324）を公布して，朝鮮における法制度の構築にとりかかった。この緊急勅令は，台湾の三一法（明治39法31）を敷き写したものである。これは緊急勅令だったから，政府は他の緊急勅令，緊急財政処分の勅令11件と一緒に，第27議会の承諾を求めた。他の11件は両院が承諾したが，肝腎の勅令第324号は衆議院が一時棚上げとした。それは，花井卓蔵（無所属）が何らかの思惑の下に政府にすりより，第324号と同じ内容の法律案を衆議院に提出していたためである。政府と情意投合する政友会がこれに乗じた。衆議院も貴族院も，この法律案を可決した。その結果，衆議院は，不要なりという理屈をつけて第324号の承諾議案を否決したのである。朝鮮に施行すべき法令に関する件は，朝鮮に施行すべき法令に関する法律（明治44法30）と形を変えて，総督府崩壊まで効力を有した。

## 朝鮮の司法制度 (1)——裁判所令

　併合時の緊急勅令第324号は，台湾の三一法と同じように，総督に立法権を委ねた。第1条「朝鮮ニ於テハ法律ヲ要スル事項ハ朝鮮総督ノ命令ヲ以テ之ヲ規定スルコトヲ得」るのである。律令と区別して，これを制令と称した（第6条）。明治43年10月，初代総督の寺内正毅（陸軍大将で，本官は陸軍大臣）は，制令第5号で統監府裁判所令中改正の件として，朝鮮総督府裁判所令を公布した。この制令は，42

年の統監府裁判所令を残した上で，元の勅令の中の統監を朝鮮総督，韓国を朝鮮，韓国法規を旧韓国法規，韓国刑法大全を刑法大全と読み替えを行い，統監府裁判所・検事局の職員の定員（判事329人，検事85人，その他）を定める第24条を削除したものである。

　この裁判所令は，まず，第1条で「朝鮮総督府裁判所ハ朝鮮総督ニ直属シ朝鮮ニ於ケル民事刑事ノ裁判及非訟事件ニ関スル事務ヲ掌ル」と定めて，朝鮮の司法制度が裁判所構成法によらないことを示した。しかし，区裁判所，地方裁判所，控訴院，高等法院という4級3審制を採用し，各裁判所の職務を裁判所構成法の定める区裁判所，地方裁判所，控訴院，大審院のそれとし，区裁判所は判事が単独で，地方裁判所・控訴院は3人，高等法院は5人の判事からなる部が合議して裁判すると定めた（第2条，第3条，第7条）。

　裁判所の名称と位置は，43年10月の朝鮮総督府裁判所の名称，位置及管轄区域（朝鮮総督府令9）が統監府の裁判所を踏襲して，高等法院を京城，控訴院を京城，平壌，大邱（3箇所），地方裁判所を京城，公州，咸興，平壌，海州，大邱，釜山，光州（8箇所），区裁判所を京城など68箇所に，それぞれ設置した。区裁判所は減数となった。

　一方，裁判所令は，各裁判所に「朝鮮総督ノ管理ニ属シ朝鮮ニ於ケル検察事務ヲ掌ル」検事局を並置した（第9条）。これは，裁判所構成法の場合とほぼ同じである。もっとも，区裁判所の検事の職務を警視，警部，裁判所書記をして行わせることができる（第26条）点は，台湾の法院条例の扱いに近い。

　裁判所令の中には，判事，検事の任用資格の規定がなかった。それは，裁判所令の公布と同時に，寺内が制令第6号で朝鮮総督府判事及検事の任用に関する件を公布したからである。この制令は朝鮮総督府の判事，検事は裁判所構成法により判事，検事，司法官試補

たる資格を有する者の中から任用するとしながら，附則で本令施行のさい統監府の判事，検事の職にある者は朝鮮総督府の判事，検事に任用できると定めた。併合の年（明治43年）の12月，判事は254人，検事は60人で，このうち朝鮮人の判事は71人，検事は6人である。ちなみに，大正4年の朝鮮総督府裁判所職員定員令（勅45号）は，総督府の判事，検事の定員をそれぞれ197人，64人としている。

なお，裁判所令は，第25条で朝鮮人の判事，検事は民事では原告，被告どちらも朝鮮人の場合，刑事では被告人が朝鮮人の場合に限りその職務を行う，と定めた。台湾の法院条例には，このような露骨な差別規定はみあたらない。3・1独立運動後のいわゆる文化政治の下で，朝鮮総督府裁判所令中改正の件（大正9制令3）がこれを削除した。

### 犯罪即決例

明治43年12月，寺内総督は**犯罪即決例**（制令10）を公布した。これは，軽微な犯罪について警察署長，またはその職務を取り扱う者が即決するものである。対象となるのは，①拘留，笞刑，科料の刑にあたる罪，②3月以下の懲役，100円以下の罰金，科料の刑に処する賭博罪，拘留，科料の刑に処する暴行罪，③区裁判所の事件で，3月以下の懲役の刑に処する刑法大全第5編第9章第17節，第20節の罪，④区裁判所の事件で，3月以下の懲役，禁錮，禁獄，拘留，笞刑，100円以下の罰金，科料の刑に処する行政法規違反の罪である（第1条）。このうち，①の笞刑，④の笞刑と，③の刑法大全の罪を除くと，台湾の犯罪即決例（明治37律令4）の場合に近似している。

45年3月，寺内は犯罪即決例中改正の件（制令12）を公布して，①の笞刑，④の笞刑と，③の刑法大全の罪を削除し，区裁判所を地方法院に改めた。総督府が笞刑を廃止したのでなく，制令第12号と

同時に公布した**朝鮮笞刑令**（制令13）が3月以下の懲役，拘留に処する者，100円以下の罰金，科料に処する者を情状により笞刑に処することができると定めた（第1条，第2条）ためである。笞刑は「朝鮮人ニ限リ之ヲ適用ス」るのである（第13条）。なお，3・1独立運動は，朝鮮笞刑令廃止の件（大正9制令5）を招来した。

### 朝鮮の司法制度 (2)——裁判所令の見直し

第23議会で刑法改正案の成立（明治40法45）を見届けた倉富勇三郎は，明治40年9月，東京控訴院検事長から韓国政府法部次官に転じ，韓国へ渡った。統監府が韓国の司法権を接収すると，42年11月，次に統監府司法庁長官に転じ，43年10月，総督府の開庁とともに，初代の朝鮮総督府司法部長官となった。倉富が法制局長官に転じ内地に戻るのが大正2年9月である。その間，統監府裁判所令も，朝鮮総督府裁判所令も，倉富の関与ないしは指導により制定されたとみて，まず誤りはないだろう。

総督府は，統監府裁判所から総督府裁判所への切り替えをのりきると，朝鮮総督府裁判所令の見直しを始めた。まず，44年5月には，朝鮮総督府裁判所令中改正の件（制令4）を公布して，判事に関する規定を5カ条追加した。すなわち，第26条の3「判事ハ禁錮以上ノ刑ニ処セラレタルトキハ当然其ノ官ヲ失フ」や，第26条の4「判事ハ前条ノ場合又ハ懲戒ノ処分ニ依ル場合ヲ除クノ外其ノ意ニ反シテ其ノ官ヲ失フコトナシ」が，それである。これは反意免官の禁止を保障するだけで，台湾総督府法院条例の反意転官の禁止を保障しないし，裁判所構成法第73条第1項の保障と比べると不十分である。さらに，第26条の6は，台湾と同じように，総督に任意の休職発令権を認めた。

続いて，45年3月には，**朝鮮総督府裁判所令中改正の件**（制令4）を

公布して，裁判所の体系の改正を行った。すなわち，43年10月の裁判所令の定める，区裁判所，地方裁判所，控訴院，高等法院という4級3審制を，地方法院，覆審法院，高等法院の3級3審制に改めた（第2条第1項）。3つの裁判所の名称と3級3審制は，29年5月の台湾総督府法院条例と同じである。この改正令は第3条で，地方法院は民事，刑事の第一審の裁判，および非訟事件，覆審法院は地方法院の裁判に対する控訴，抗告，高等法院は覆審法院の裁判に対する上告，抗告について裁判を行うと定めた。高等法院はさらに裁判所構成法の定める大審院の特別権限に属する職務を行うことも定めた。

改正令は一見区裁判所を廃止したようにみえる。実際には，それまでの区裁判所を地方法院支庁と改称して残した（第5条）。その上で，地方法院は判事が単独で，覆審法院は3人，高等法院は5人の判事からなる部が合議して裁判すると定めた（第4条）。この改正により，総督府はかなりの数の判事を減じることができただろう。

もっとも，改正令は，地方法院，地方法院支庁の単独制を定めながら，3人の判事からなる部が合議して裁判する場合を定めた。①訴訟物価格が1000円を超過する民事事件，②人事訴訟事件，③破産事件，④不敬罪事件，⑤死刑，無期または短期1年以上の懲役，禁錮にあたる事件，および④⑤の共犯事件，がそれである。

改正令が各裁判所に検事局を並置したことは43年10月の裁判所令と同じで，地方法院支庁を設置したときはその支庁に検事分局を並置した（第9条第1項）。区裁判所の検事の職務を警視，警部，裁判所書記をして行わせることができると定めた第26条は，区裁判所を地方法院支庁と改めた。

**参考文献**

台湾総督府編『台湾法令輯覧』（帝国地方行政学会，大正7年）

朝鮮総督府編『朝鮮法令輯覧』（巌松堂書店，大正4年）

朝鮮総督府編『朝鮮ノ保護及併合』（龍渓書舎復刻版，平成7年）

小柳春一郎＝蕪山嚴『裁判所構成法』（信山社，平成22年）

● 第4編 ●

# 昭和憲法下の司法制度

太平洋戦争（第二次大戦）の敗戦により，日本は連合国軍の占領下におかれた。総司令部（GHQ）の強い指導により，昭和21年11月，政府は**日本国憲法**（昭和憲法ともいう。以下，単に憲法という）の公布にふみきった。これにより，全国各地焦土となった天皇制国家は，平和主義を標榜する民主主義国家として再生することとなった。

　明治憲法と裁判所構成法（明治23法6）を基礎とする近代日本の司法制度は，22年5月以降，憲法第6章「司法」と**裁判所法**（昭和22法59）を基礎とする新しい司法制度へ転換することとなった。本編は，まず，憲法第6章「司法」の成立事情を簡単に説明した後，裁判所法の定める司法制度について説明する。

Bridgebook

# 第13章

## 憲法第6章の成立

**LEAD** 本章は，占領下の政府の憲法改正作業（あるいは，新たな憲法制定作業）により，司法に関する規定がどのような内容で登場したかについて説明する。憲法改正作業（憲法制定作業）の詳細な経緯は，それを追究した他の教科書・研究書に譲る。本章は専ら，司法に関する憲法の改正に重点をおく。

### 憲法問題調査委員会

昭和20年10月，政府（幣原内閣）は，松本国務大臣を委員長とする**憲法問題調査委員会**を設置した。美濃部達吉らを顧問とし，宮沢俊義（東京大学教授），河村又介（九州大学教授），清宮四郎（東北大学教授），楢橋渡（法制局長官），入江俊郎（法制局第一部長），佐藤達夫（法制局第二部長）らを委員とした。

21年1月19日の第13回調査会の後，宮沢委員が松本委員長私案を要綱の形で纏めたものが甲案，同じく宮沢が各委員の意見を纏めたものが乙案である。どちらも，2月2日の第7回総会（憲法問題調査委員会最終の会議）に提出された。甲案は全37項中，明治憲法第5章「司法」については，第27項「行政事件ニ関ル訴訟ハ別ニ法律ノ定ムル所ニ依リ司法裁判所ノ管轄ニ属スルモノトスルコト」をおくだ

けである。乙案も明治憲法全76条を並べて，第5章「司法」については，第57条の第2項として「行政事件ニ関ル訴訟ハ別ニ法律ニ定ムル所ニ依リ裁判所ノ管轄ニ属ス」を追加し，第58条，第59条，第60条の3カ条はそのままとし，第61条は削除する，と記している。

　甲案，乙案からわかるが，憲法問題調査委員会は，行政裁判所を司法裁判所に統合することだけをきめた。①第57条第1項の「天皇ノ名ニ於テ」も，②第60条の特別裁判所の規定も，改正する必要がないというのである。もっとも，②については，軍法会議が不要となったから，特別裁判所の制度を廃止しようという意見もあった。

### マッカーサー草案

　昭和21年2月1日，毎日新聞が「憲法問題調査委員会の憲法改正試案」というものを掲載した。これは，毎日新聞が憲法問題調査委員会の事務局の草案の1つ（宮沢の私案）をスクープしたものである。GHQは，これを極めて保守的だとみて，日本政府に憲法を改正する熱意がないと判断した。

　その頃GHQは，モスクワ協定（20年12月27日）が日本の統治機構の根本的変革についてマッカーサーを掣肘する**極東委員会**の設置（ワシントンで21年2月26日開会）を決定したため，日本の憲法改正を急いでいた。そこで，2月3日，マッカーサーは，民政局長のホイットニーに自ら**3原則**（天皇制の保持，国権の発動たる戦争の廃止，封建制度の廃止）を示し，これに基づく憲法草案を作成するよう命じた。4日，民政局は憲法草案の起草にかかった。**ケーディス**（民政局次長），**ハッシー**，**ラウエル**が中心となり，20人ほどのスタッフが昼夜兼行作成にあたり，10日に脱稿した。スタッフの中には，第24条を起草する22歳の女性ベアテ・シロタもいた。

GHQは，民政局が密室で起草作業を行っているのを隠して，日本政府に憲法改正案の提出を求めた。2月8日，松本国務大臣は，政府の試案として，憲法改正要綱（甲案）と説明書を英訳して提出した。13日，ホイットニーがケーディスらと一緒に外務大臣官邸に吉田茂を訪ね，松本の提出した改正案は受諾できないので，GHQが作成したといって，民政局作成の草案15部を吉田，松本の2人に渡した。日本側はこれを**マッカーサー草案**とよんだ。

### マッカーサー草案の第6章

　マッカーサー草案は原則も内容も明治憲法と全く異なっていたが，章立ては明治憲法を踏襲していた。もっとも，第1章の次に戦争廃棄を宣言する第2章をおいたため，司法の章を第5章から第6章へくりさげた。章立ての踏襲は，GHQがハーグ陸戦条約附属規則（1907年）の第43条（占領者の占領地法律の尊重）に僅かに配慮したのである。GHQは日本政府に強く働きかけている憲法改正を，新たな憲法を制定するのではなく元の憲法を改正するのだという立場をとっていた。

　マッカーサー草案は，**第6章「司法」**に8カ条をおいた。冒頭の第68条をみると，第1項「強力ニシテ独立ナル司法府ハ人民ノ権利ノ保塁ニシテ全司法権ハ最高法院及国会ノ随時設置スル下級裁判所ニ帰属スル」，第2項「特別裁判所ハ之ヲ設置スヘカラス又行政府ノ如何ナル機関又ハ支部ニモ最終的司法権ヲ賦与スヘカラス」，第3項「判事ハ凡ヘテ其ノ良心ノ行使ニ於テ独立タルヘク此ノ憲法及其レニ基キ制定セラルル法律ニノミ拘束セラルヘシ」とあり，この時点で，全項憲法第76条の3項の内容と同じである。

　続く第69条最高法院の規則制定権，第70条判事の地位の保障，第71条最高法院判事の任命，定年（70歳），国民審査，報酬，第72条

下級裁判所判事の任命,任期(10年)・再任,報酬,定年(70歳),第75条裁判の公開は,憲法の第77条,第78条,第79条,第80条,第82条の各条の内容とほぼ同じである。マッカーサー草案の第73条は,最高法院による法律,命令,規則,官憲の行為の憲法適合性の審査を定めた。そして同条は,国会が最高法院の判決を再審し,全国会議員(マッカーサー草案は1院制である)の3分の2の賛成を以てそれを破棄できると定めた。第74条は,外国の外交官に関する事件を最高法院の専属管轄とすることを定めた。

### 憲法改正草案要綱

21年2月22日,政府はマッカーサー草案をうけいれた。松本が法制局の入江(次長),佐藤(第一部長)と日本案を作成し,3月4日の朝から5日夕方まで,佐藤がGHQとの徹夜の交渉の矢面にたった。2月27日ある新聞が東久邇宮の話として,昭和天皇の退位の可能性を報じたことから,マッカーサーは日本案の発表を急いでいた。3月6日,政府は「**憲法改正草案要綱**」を発表した。新聞の掲載は翌日のこととなった。この要綱に対して,マッカーサーは声明を発して,全面的に賛意を表した。

憲法改正草案要綱は,第6「司法」に7つの項をおいた。冒頭の第72をみると,第1項「司法権ハ凡テ最高裁判所及法律ヲ以テ定ムル下級裁判所之ヲ行フコト」,第2項「特別裁判所ハ之ヲ設置スルコトヲ得ズ行政機関ハ終審トシテ裁判ヲ行フコトヲ得ザルコト」,第3項「裁判官ハ凡テ其ノ良心ニ従ヒ独立シテ其ノ職権ヲ行ヒ此ノ憲法及法律ニ依ルノ外其ノ職務ノ執行ニ付他ノ干渉ヲ受クルコトナキコト」とあり,佐藤の尽力の結果,翻訳臭が希薄になっていた。

憲法改正草案要綱は,内容についても,マッカーサー草案の第73条を第77「最高裁判所ハ最終裁判所トシ一切ノ法律,命令,規則又

ハ処分ノ憲法ニ適合スルヤ否ヲ決定スルノ権限ヲ有スルコト」として，国会の再審権を削除した。また，第74条の外国の外交官に関する事件の特例も，そっくり削除した。

### 日本国憲法の公布

憲法改正草案要綱は，細部はともかく，憲法第6章「司法」の構成，順序，内容を決定していた。これを法制局 (入江長官，佐藤次長) が字句を整理し条文の形とした。その上で，昭和21年4月17日，政府は「憲法改正草案」を発表した。この草案は，明治以来の法令としては初めて，平がな，口語体を採用していた。

この憲法改正草案は，枢密院，第90帝国議会 (衆議院，貴族院)，再度枢密院の審議をへて，明治節 (明治天皇の誕生日) にあたる21年11月3日，官報号外で，日本国憲法という名称で公布された。ここに記すまでもないが，日本国憲法は，公布の日から起算して6カ月を経過した22年5月3日施行された (第100条)。吉田総理大臣は当初8月11日公布，22年2月11日 (紀元節) 施行を考えたが，議会の会期が4回延長され，憲法改正案の議会通過が10月7日となったため，公布の日に意味をもたせたのである。

### 裁判所法の制定

21年7月3日，政府 (吉田内閣) は，第90帝国議会 (6月20日開会) の憲法審議と並行して，内閣に臨時法制調査会を設置した (勅348)。この調査会は憲法改正に伴う主要な法律の制定・改正について総理大臣の諮問に応じるためのもので，その第3部会が司法関係の法律を担当した。司法省も，7月9日，憲法改正に伴う司法制度の改正について，司法法制審議会を設置した。この審議会は調査会第3部会の委員，幹事を包摂し，第3部会と一体となって調査・審議・立案にあたることとなった。

臨時法制調査会第2回総会は各部会の審議の中間報告が行われた。8月22日，第3部会長の有馬忠三郎は，裁判所法案要綱について説明した。①最高裁判所はその使命が法令の審査と法令解釈の統一にあることを明確にして，構成について審議した。その結果，裁判官の定員を15人として，少なくとも10人は法曹あるいは法律学を専攻した人とし，残りは自由任用とする。自由任用の人をいれるのは，最高裁判所が憲法の解釈権をもつためである。②下級裁判所としては，ほぼ現在の控訴院にあたる高等裁判所，現在の地方裁判所と区裁判所の権限の一部を併せた地方裁判所（合議制，単独制の併用），新設の簡易裁判所の3つをおき，区裁判所は廃止する。簡易裁判所は，人権擁護の見地から違警罪即決処分を廃止して，この種の事件を裁判するために設置する。③司法行政の面では，司法大臣の監督権を廃止し，各裁判所に新設する裁判官会議が重要事項を決定する。有馬はさらに，④行政訴訟に関する特則要綱，⑤（最高裁判所の）裁判官国民審査法案要綱についても，ごく短い説明を加えた。

10月26日，臨時法制調査会長（吉田茂）は，裁判所法案要綱，検察庁法案要綱などの諸法案要綱を総理大臣（同じ吉田茂）に答申した。これらの要綱に基づき，司法省の民事局（局長，奥野健一）が裁判所法案と関係法令案，刑事局（局長，佐藤藤佐）が検察庁法案の立案を行った。

日本は連合国軍の占領下にあったから，政府の法律案は帝国議会へ提出する前にGHQのアプルーヴァル（承認）が必要だった。議会で法律案を修正する前にもアプルーヴァルが必要だった。そのため，裁判所法案をはじめ，司法制度に関する諸法律案は，その立案中からGHQの係官の審査をうけた。主たる係官は，GHQ民政局の**オプラー**（法制司法課長）と**ブレークモア**（課長補佐）の2人である。オプラーは元ドイツの裁判官で大陸法に精通し，ブレークモアは国務省出身

で日本法に精通していた。

　22年3月，政府は，裁判所法案をはじめ，司法制度に関する諸法律案を，開会中の第92議会に提出した。**裁判所法**は，3月26日成立した(検察庁法は，3月30日)。裁判所法は，4月16日公布され，憲法施行の日である5月3日から施行された(法61 検察庁法も，4月16日公布，5月3日施行)。

　裁判所法は，附則で，裁判所構成法，裁判所構成法施行条例，判事懲戒法，行政裁判法をすべて廃止した。裁判所法施行法(法60，裁判所法の経過法)は，第1条で，明治23年法律第106号(行政庁の違法処分に関する行政裁判の件)，大正2年法律第9号(裁判所管轄区域に関する法律)，昭和10年法律第30号(裁判所の廃止及設立に関する法律)，昭和13年法律第11号(裁判所の設立に関する法律)，違警罪即決例(明治18 太政官布告31)をすべて廃止した。

### 参考文献
古関彰一『新憲法の誕生』(中央公論社，平成元年)
内藤頼博『終戦後の司法制度改革の経過』第1巻，第2巻(信山社，平成9年)

Bridgebook

# 第14章

## 司法権と裁判所

**LEAD** 本章は、まず、明治憲法下の司法権と比べて、昭和憲法下の司法権の特性を簡単に説明する。次に、裁判所法の定める司法制度について、およその輪郭を説明する。本章が説明する範囲は、裁判所法の施行（昭和22年5月3日）から始め、家庭裁判所の発足（24年1月1日）までに限る。

## 1　司法権の範囲と司法権の独立

### 裁判所独立運動

　明治憲法と裁判所構成法の下で、裁判所は、大審院を頂点とする体系的司法機構を形成した。しかし、大審院のさらに上、全裁判所の上に、司法大臣の率いる司法省が監督者として存在した。すなわち、裁判所の体系的司法機構は自律性がなかった。各裁判所に附置される検事局とともに、全裁判所は司法省に隷属した。

　明治後期以後、検察権力の伸張の下で、検事や検事出身者が大臣、次官、局長など司法省の主要な官職に就任するのみならず、時代が下るとともに、大審院以下の裁判所の長、部長など主要な官職に就任することが多くなった。そのため、大正末期から昭和前期に、有

志の判事が**裁判所独立運動**を展開した。

　裁判所独立運動は，最終的には裁判所を司法省から独立させることや，裁判所と検事局を分離することなど，司法制度の根本的改革を含んでいた。もっとも，現職判事が運動の担い手だったから，運動のやり方も内容も穏健なもので，さしあたり，検事や司法行政官から裁判所上層部への転出の抑制を求めるに止まった。

　昭和前期には，弁護士会の中に，司法省の廃止を求める意見すら現出した。一方，弁護士出身の**原嘉道**が司法大臣のとき，司法省は裁判所と検事局を分離するため，裁判所構成法の改正を前提として裁判所法と検察庁法を立案し，枢密院の審議に回した（昭和4年2月）が，これは途中で挫折した。枢密院の審査のさい，行政官庁に属する検察機構の組織を法律で定めることは，明治憲法第10条の官制大権を侵害するという意見がでたためである。

　太平洋戦争の敗戦により，司法省と裁判所を巡る事情は一変した。司法省は，それにもかかわらず，裁判所と検事局を分離した上で，どちらも司法大臣の支配下におき，裁判所に対する監督権，人事権，予算権を保持しようとした。そのため，大審院は司法省と対立した。司法省の態度は硬く力は頑強で，**細野長良**(ほその ながよし)の率いる大審院は劣勢にたたされたが，それを救ったのがGHQである。ホイットニーやオプラーらが大審院を支持した。GHQの草案を基礎とする憲法改正手続の進展の下で，新たに制定される裁判所法は，裁判所を最高裁判所を頂点とする自律的司法機構として，監督権，人事権，予算権すべての点で司法省から独立させたのである。

### 司法権の範囲

　憲法は，第76条第1項「すべて司法権は，最高裁判所及び法律の定めるところにより設置する下級裁判所に属する」と定めた。第1

項は司法権の範囲(内容)については言及しないが，特別裁判所を設置しないし，行政機関に終審としての裁判を行わせないという第2項の存在からみて，第1項は，最高裁判所と下級裁判所に明治憲法下の特別裁判所，行政裁判所の裁判を行わせる，と宣言したものである。それを「すべて司法権は」(英文では the whole judicial power) という言葉を以て示したのである。

第76条第1項をうけて，裁判所法は，第3条第1項「裁判所は，日本国憲法に特別の定のある場合を除いて一切の法律上の争訟を裁判し，その他法律において特に定める権限を有する」という規定をおいた。一切の法律上の争訟を裁判するというのは，裁判所構成法が第2条で通常裁判所は特別裁判所の管轄に属さない民事事件・刑事事件を裁判すると定めたのと，大きな違いがある。なお，憲法に特別の定めのある場合というのは，議員の資格争訟の裁判(第55条)，裁判官の弾劾裁判(第64条)がそれにあたる。

第3条第1項の裁判所が一切の法律上の争訟を裁判するというのは，無論，行政事件の裁判を含んでいる。裁判所法は，行政裁判所設置の根拠法たる行政裁判法(明治23法48)を廃止した(附則)。さらに，裁判所法施行法は，裁判所法施行のさい行政裁判所に係属する行政訴訟事件を東京高等裁判所に係属するものとした(第2条第2項)。

### 法令審査権

裁判所は具体的な争訟を裁判するさい，法令を解釈しそれを適用する。そのさい裁判所が法令の制定手続に瑕疵がないか，法令の内容が上位の法令に抵触しないかを審査する権限をもてば，それを法令審査権という。明治憲法下では，裁判所に**形式的審査権**はあるが，実質的審査権はない，というのが通説だった(もっとも，議会の議決と天皇の裁可により成立した法律が憲法に抵触するかどうかの審査権はないが，命令が憲

法・法律に抵触するかどうかの審査権はある，というのが通説だった)。

これに対して，憲法は新たに，第 81 条「最高裁判所は，一切の法律，命令，規則又は処分が憲法に適合するかしないかを決定する権限を有する終審裁判所である」という一条をおいた。第 81 条は，最高裁判所に法律についても憲法適合性について審査権 (これを**違憲立法審査権**という) を付与した。そして，最高裁判所はその権限を有する終審裁判所だというのだから，前審としての下級裁判所も違憲立法審査権を含め，命令，規則，処分について審査権をもつ，というのが通説であり実際である。

このようにして裁判所が法令審査権をもつことは，裁判所がこの点で国会に対して優位にたつことを意味する。一方で，裁判所は行政事件の裁判権をもち，この点で行政機関に対しても優位にたっている。しかし，裁判所が法令審査権や行政裁判権を行使するさい，自ずと限界がある。これが統治行為の理論である。国民を直接に代表する国会の制定した法律や国会の意思により成立した内閣の行政行為などのうち高度に政治的なものについては，国民に責任をおわない裁判所が法的判断を下すことは，実は国民から一番離れた位置にいる少数の裁判官が政治的判断を下すことに繋がりかねない。憲法は，裁判官が政治の舞台に主役として登場することを予定していない。

### 司法権の独立

司法権の独立は，裁判所が他の国家機関 (あるいは，政党，労働組合，宗教団体などという，それに匹敵する政治的，社会的勢力) から独立するだけではたりない。司法権独立の本質は，個々の裁判官が一切の国家機関や一切の勢力から独立し，裁判所の上司からも独立して，どこからも，誰からも干渉されないことである。このことから，司法権の独立と

いうのは，制度としては裁判官の地位の保障（身分保障）と職務の独立を主要な内容とし，どちらが欠けても司法権独立はない。

憲法は，第76条第3項「すべて裁判官は，その良心に従ひ独立してその職権を行ひ，この憲法及び法律にのみ拘束される」という規定をおいた。これは裁判官の職務の独立を定めたものである。裁判所法はこれをうけて，第80条の司法行政監督権の規定に続き，第81条「前条の監督権は，裁判官の裁判権に影響を及ぼし，又はこれを制限することはない」という一条をおいた（一見してわかるように，これは裁判所構成法第143条をそのままひきついだものである）。

憲法はさらに，第78条「裁判官は，裁判により，心身の故障のために職務を執ることができないと決定された場合を除いては，公の弾劾によらなければ罷免されない。裁判官の懲戒処分は，行政機関がこれを行ふことはできない」という一条をおいた。これは裁判官の地位の保障を定めたものである。裁判所法はこれをうけて，第48条「裁判官は，公の弾劾又は国民の審査に関する法律による場合及び別に法律で定めるところにより心身の故障のために職務を執ることができないと裁判された場合を除いては，その意思に反して，免官，転官，転所，職務の停止又は報酬の減額をされることはない」という一条をおき，憲法の定める罷免（第78条），報酬の減額（第79条第6項，第80条第2項）に加えて，転官，転所，停職についても，裁判官その人の意思に反して行われないことを定めたのである（これも裁判所構成法第73条をひきついだものである）。

なお，裁判所法第48条の「別に法律で」という法律は，判事懲戒法（明治23法68）に代わり，昭和22年10月，政府（片山内閣）が公布した**裁判官及びその他の裁判所職員の分限に関する法律**（昭和22法127）のことである。この法律は，裁判官の免官・懲戒（これを分限事件という）

の裁判は最高裁判所，高等裁判所の裁判官については最高裁判所（大法廷），地方裁判所，簡易裁判所の裁判官については高等裁判所（5人の合議体）が行うことを定めた。

　明治憲法と裁判所構成法の下の裁判所と違い，裁判所が最高裁判所を頂点とする自律的司法機構として司法省から独立した。その上で，憲法と裁判所法が裁判官の地位の保障と職務の独立を整備した。司法権の独立は一見盤石のようである。しかし，裁判官は終身官でなくなり，下級裁判所の裁判官は「任期を十年とし，再任されることができる」（憲法第80条第1項）こととなった。この規定は任官後の無能者や不適任者を10年の単位で外すことを可能とする。その一方で，最高裁判所の使い方次第で裁判官の地位の保障を弱体化する恐れを孕んでいる（昭和46年4月，最高裁判所は宮本康昭裁判官の再任を拒否した。これを，地位保障の弱体化の例と捉える見方がある）。

## 2　裁判所法の施行

### 旧制度の改革

　裁判所法は，裁判所構成法時代の司法制度を大きく改革した。主たる改革点が，①裁判所が司法省から完全に独立した。裁判所が司法省の監督権，人事権，予算権をすべてその掌中に収めた。司法省は検察行政，監獄行政などを残して司法行政の大半を失い，昭和23年2月，法制局と併せて法務庁に改組された（24年法務府，27年法制局を分離し法務省となった）。②裁判所の独立とともに，最高裁判所の国法上の地位が大審院のそれに比べて著しく高められた。③裁判所と検事局が分離した。ＧＨＱのマニスカルコが検事公選制を主張したことがある（昭和21年3月）が，具体化しないで終った。検事局は改革の波

に洗われることなく，検察組織の実体は基本的に裁判所構成法時代と変わりがない。

　もっとも，これらの改革に対して，裁判所法は，裁判所構成法時代の4級3審制をほぼ踏襲した。ただ，簡易裁判所の権限を区裁判所のそれより縮小した。

### 最高裁判所

　最高裁判所は，全裁判所の頂点に位置する裁判所である。裁判所法は，これを東京都におくと定めた（第6条）。

　最上級の裁判所である点は大審院と異ならないが，大審院のもたなかった権限をもっている。①最高裁判所は，司法省に代わって，**司法行政権**を行使する。実際には，全裁判官で組織する裁判官会議がその権限を行使する（第12条）。②最高裁判所は，訴訟に関する手続，弁護士，裁判所の内部規律，司法事務処理に関する事項について，**規則を定める権限**をもっている（憲法第77条）。これも，裁判官会議が制定する。実は，制定した規則を実施する権限をもつべきだという意味で，この規則制定権が最高裁判所の司法行政権の根拠となっている（憲法には司法行政権の規定はない）。③最高裁判所は，**違憲立法審査権**をもっている（憲法第81条）。

　最高裁判所は，最高裁判所長官と14人の最高裁判所判事を以て構成される（憲法第79条第1項，裁判所法第5条第3項）。長官は内閣の指名に基づき天皇が任命し，他の判事は内閣が任命する（憲法第6条第2項，第79条第1項）。どちらも，衆議院議員総選挙のさい**国民の審査**にふされる（憲法第79条第2項〜第4項）。

　昭和22年6月，政府（片山内閣）は，裁判官任命諮問委員会を設置し，最高裁判所の長官と判事の人選を始めた。そのさい，長官の有力候補たる長官職務代行（前大審院長）細野長良の任命を阻止しようと，

旧大審院の主流派が怪文書の配布をはじめ猛烈な運動を行ったという。その結果，細野派は敗北し，初代参議院議長の松平恒雄の推薦で，元大審院判事の**三淵忠彦**が初代長官に就任した。8月4日，三淵長官と 14 人の判事の任命式，認証式が行われ，最高裁判所は皇居内の旧枢密院の建物で発足した。

　最高裁判所は，上告，および訴訟法の特に定める抗告について裁判権をもち (裁判所法第7条)，大法廷 (15人, 長官が裁判長)，または3つの小法廷 (5人) で審理・裁判する (第9条)。法律，命令，規則，処分の憲法適合性を判断する場合や，憲法，その他の法令の解釈適用について最高裁判所の判例を変更する場合は，大法廷を開かなければならない (第10条)。これらの場合を除き，事件を大法廷・小法廷のどちらで開くかは，最高裁判所裁判事務処理規則 (昭和22最高裁判所規則6) 第9条が規定している。

### 高等裁判所

　高等裁判所は，裁判所構成法時代の控訴院にあたる。下級裁判所の設立及び管轄区域に関する法律 (昭和22法63) は，控訴院を東京，大阪，名古屋，広島，福岡，仙台，札幌，高松においた。各高等裁判所を構成する裁判官は，高等裁判所長官と相応な員数の判事である (裁判所法第15条)。

　高等裁判所を最上級とする下級裁判所の裁判官としては，高等裁判所長官，判事，判事補，簡易裁判所判事の四種があり，最高裁判所の指名名簿により内閣が任命する (第40条)。簡易裁判所判事は，簡易裁判所判事選考委員会の選考をへて任命できる (第45条, 無論指名名簿によるが, 司法修習生・判事補の経歴を必要としない)。

　高等裁判所は，①地方裁判所の第一審判決に対する控訴，②地方裁判所の第二審判決に対する上告，簡易裁判所の判決に対する飛躍

上告，③地方裁判所の決定に対する抗告，④内乱罪に係る訴訟の第一審について裁判権をもつ（第16条）。原則として，3人の合議体で事件を取り扱う（第18条，④については5人）。

各高等裁判所の管轄区域が広いため，裁判所法は支部の設置を認めている（第22条）。高等裁判所支部設置規則（昭和23最高裁判所規則1）は，高等裁判所の権限のうち①③の控訴・抗告を取り扱う支部をおくこととし，広島高等裁判所松江支部，札幌高等裁判所函館支部をおいた。その後，高等裁判所支部設置規則改正規則により，名古屋高等裁判所金沢支部（23年5月），福岡高等裁判所宮崎支部（23年9月），広島高等裁判所岡山支部（23年10月），仙台高等裁判所秋田支部（24年3月）をおいた。

### 地方裁判所

地方裁判所は裁判所構成法時代の地方裁判所の後身ながら，民事の強制執行や非訟事件の権限をもつ点で，区裁判所を吸収した観がある。現に，元の区裁判所の所在地には地方裁判所支部がおかれている。原則的な第一審裁判所で，下級裁判所の代表である（裁判所法第25条参照）。下級裁判所の設立及び管轄区域に関する法律は，地方裁判所を都道府県庁の所在地，および函館，旭川，釧路の49箇所においた。各地方裁判所を構成する裁判官は，相応な員数の判事と判事補である（第23条）。

地方裁判所は，①内乱罪（高等裁判所の管轄），訴額5000円をこえない請求，罰金以下の刑にあたる罪に係る訴訟（どちらも，簡易裁判所の管轄）以外の訴訟の第一審，②簡易裁判所の判決に対する控訴，③簡易裁判所の決定に対する抗告について裁判権をもつ（第24条）。原則は（判事の）単独制で，例外として3人の合議体で事件を取り扱う（第26条第1項）。合議体で取り扱うのは，①刑事では死刑，無期もしくは短

期1年以上の懲役・禁錮にあたる罪に係る事件(審理が容易な,強盗罪や,昭和5法9の盗犯等の防止及処分に関する法律の罪を除く),②民事では簡易裁判所の裁判に対する控訴事件,抗告事件,③裁判官の除斥・忌避についての裁判(旧民事訴訟法第39条第2項,刑事訴訟法第23条第1項,第2項),付審判請求の裁判(刑事訴訟法第265条第1項)など,他の法律で合議審判が定められた事件,④合議体で審理・裁判する旨,合議体で決定した事件である(第26条第2項)。④は地方裁判所の裁量による合議事件で,単独制で取り扱える事件でも,複雑な事件,重要な事件を特に合議体で取り扱うのである。

地方裁判所についても,裁判所法は支部(・出張所)の設置を認めている(第31条)。地方裁判所支部設置規則(昭和22最高裁判所規則14)は,上訴事件,行政事件を除く,地方裁判所の権限に属する事務を取り扱う支部をおくこととし,甲号支部62,乙号支部165をおいた。乙号支部は単独制である。

### 簡易裁判所

簡易裁判所は最下級の下級裁判所で,少額・軽微な事件について第一審の裁判権をもつ裁判所である。違警罪即決例を廃止することにより,軽犯罪に対する簡易迅速な裁判所が必要となったのが,創設理由である。第92議会の裁判所法案の審議では,政府は,軽微な民事紛争の簡易な手続による解決を含め,**司法の民衆化**への貢献を標榜した。

裁判所法の施行時,下級裁判所の設立及び管轄区域に関する法律第3条の規定に基づく簡易裁判所の設立及び管轄区域を定める政令(昭和22)は,簡易裁判所を全国557箇所においた。各簡易裁判所には,相応な員数の簡易裁判所判事がおかれる(裁判所法第32条)。なお,簡易裁判所判事は選考任命があり,法曹資格を必要としない。

簡易裁判所は，①訴額が 5000 円をこえない請求 (行政処分の取り消し，変更の請求を除く)，②罰金以下の刑にあたる罪，選択刑として罰金が定められる罪に係る訴訟について第一審の裁判権をもつ (第33条第1項)。1 人の簡易裁判所判事が，事件を取り扱う (第35条)。

その後，裁判所法の一部を改正する法律が，簡易裁判所の事物管轄を拡大した。①昭和 25 法 287 は訴額を 3 万円と改め，昭和 29 法 126 は訴額を 10 万円と改めたし，②昭和 23 法 1 は窃盗罪，その未遂罪に係る訴訟加え，昭和 25 法 287 は常習賭博罪，横領罪，贓物罪に係る訴訟を加えた。

### 家庭裁判所

昭和憲法の施行に伴い，その基本原則に抵触する民法の改正 (中でも親族編，相続編の全面改正) が必要となった。政府 (片山内閣) は，第 1 国会で民法の一部を改正する法律を成立させ (法222)，昭和 22 年 12 月公布し，23 年 1 月 1 日施行した。これに併せて，政府は，**家事審判法**を成立させ (法152)，同じく 22 年 12 月公布し，23 年 1 月 1 日施行した。この法律の成立により，家事審判法施行法 (22法153) 第 3 条が人事調停法 (昭和14法11) を廃止した。

家事審判法は，家庭に関する事件について**家事審判所**が審判や調停を行うことを定めた (第2条)。そして，地方裁判所支部を家事審判所とし，その支部の裁判官を家事審判官とした (第2条)。審判は 1 人の家事審判官が参与員の協力をえて行い，調停は家事審判官と調停委員を以て組織する調停委員会 (前者1人，後者2人以上) が行う (第3条，第22条)。ちなみに，家事審判所の創設時，家事審判所たる地方裁判所支部は全国に 276 箇所に設置された。

しかし，このようにして創設された家事審判所は，ごく短期間でその看板をおろすこととなった。その後，政府 (吉田内閣) は，第 4 国

会で裁判所法の一部を改正する等の法律を成立させ (法260)，23年12月公布し，24年1月1日施行した。この改正法は，家事審判所と法務庁所管の少年審判所 (大正11法42少年法により設置) を統合し，家事事件と少年事件を総合的に取り扱う独立の裁判所を創設するため，裁判所法を改正したものである。これが**家庭裁判所**である。

家庭裁判所は，下級裁判所の設立及び管轄区域に関する法律の一部を改正する法律 (23法233) が，地方裁判所の所在地と同じ地 (都道府県庁の所在地と，函館，旭川，釧路の49箇所) においた。管轄区域も地方裁判所のそれと同じである。各家庭裁判所を構成する裁判官は，相応な員数の判事と判事補である (第31条の2)。

家庭裁判所は，①家事審判法の定める家庭に関する事件の審判，調停，②少年法 (昭和23法168) の定める少年の保護事件の審判，③少年法第37条第1項の掲げる罪 (少年の福祉を害する罪) に係る成人刑事事件の第一審の裁判の権限をもつ (第31条の3，第1項)。原則として，1人の裁判官が審判，裁判を行う (第31条の4，第1項)。

家庭裁判所についても，裁判所法の改正法は支部 (・出張所) の設置を認めている (第31条の5)。地方裁判所支部設置規則の一部を改正する規則 (23最高裁判所規則37) は，地方裁判所支部の所在地に家庭裁判所の支部をおくこととし，それらと同数の甲号支部，乙号支部をおいた。乙号支部は①家庭に関する事件の審判，調停のみを取り扱う。


**参考文献**

家永三郎『司法権独立の歴史的考察』(日本評論新社，昭和37年)

兼子一=竹下守夫『裁判法』〔第4版〕(有斐閣，1999年)

最高裁判所事務総局編『裁判所百年史』(大蔵省印刷局，平成2年)

## 2 裁判所法の施行

### ● 日本司法制度史年表 ●

| | | | 事　　　　項 | 日本と世界の動き |
|---|---|---|---|---|
| 慶応3年 | 1867 | 10.14 | 徳川慶喜大政奉還の上表を朝廷に提出 | |
| | | 12.9 | 王政復古の大号令 | |
| 慶応4年－明治元年 | 1868 | 1.17 | 三職分課（7掛）の制を制定（刑法事務掛設置） | 1.3～4　鳥羽・伏見の戦（戊辰戦争起こる）<br>7.17　江戸を東京と改称する。 |
| | | 2.3 | 三職八局の制を制定（刑法事務局設置） | |
| | | 3.14 | 五箇条の御誓文発布 | |
| | | 閏4.21 | 政体書を定める（太政官を設け、刑法官設置）（27日頒行）。 | |
| | | 9.8 | 明治と改元（一代一号の制を制定） | |
| | | 10.28 | 藩治職制制定 | |
| | | 11.— | 仮刑律制定 | |
| 明治2年 | 1869 | 4.8 | 民部官設置 | 5.18　榎本武揚ら降伏（戊辰戦争終わる） |
| | | 5.22 | 弾正台設置 | |
| | | 6.17 | 版籍奉還 | |
| | | 7.8 | 職員令（2官6省の制）制定（刑部省、民部省設置） | |
| | | 7.27 | 府県奉職規則制定 | |
| 明治3年 | 1870 | 5.25 | 獄庭規則（あるいは法庭規則）制定 | 7.19（西暦）普仏戦争起こる。<br>9.4（西暦）フランス第3共和制成立<br>9.20（西暦）イタリア統一完了 |
| | | 9.10 | 藩制制定 | |
| | | 11.28 | 府藩県交渉訴訟准判規程制定 | |
| | | 12.20 | 新律綱領制定 | |

*289*

第4編　第14章　司法権と裁判所

| | | | 事　　項 | 日本と世界の動き |
|---|---|---|---|---|
| 明治4年 | 1871 | 4.4 | 戸籍法（壬申戸籍）制定 | 1.18（西暦）ドイツ帝国成立 |
| | | 7.9 | 司法省設置（刑部省、弾正台廃止） | 5.10（西暦）独仏講和条約調印 |
| | | 7.14 | 廃藩置県 | 7.29　日清修好条規・通商章程調印 |
| | | 7.29 | 太政官職制制定（正院、左院、右院の三院制） | |
| | | 8.18 | 東京府所管の聴訟断獄事務を司法省が接収 | |
| | | 9.14 | 大蔵省所轄の聴訟事務を司法省に移管 | |
| | | 9.27 | 司法省に明法寮設置 | |
| | | 10.28 | 府県官制制定 | |
| | | 11.27 | 県治条例制定 | |
| | | 12.26 | 東京裁判所設置（12.27実施） | |
| 明治5年 | 1872 | 2.3 | 東京開市場裁判所設置 | 2.—　福沢諭吉「学問のすゝめ」初編刊行（〜'76.11第17編） |
| | | 2.16 | ブスケ来日 | 8.3　学制を頒布 |
| | | 4.27 | 江藤新平司法卿に就任 | 9.14　琉球国王尚泰を琉球藩主とし，華族とする。 |
| | | 5.29 | 新聞紙出版人に司法省裁判所、東京裁判所の民事裁判の傍聴を許可 | 11.28　徴兵の詔書・太政官告諭 |
| | | 7.5 | 明法寮中に法学生徒を置く。 | |
| | | 8.3 | 司法職務定制制定 | |
| | | 11.5 | 正副戸長に民事裁判の傍聴を許可 | |
| | | 11.9 | 太陽暦採用（12月3日を明治6年1月1日とする。） | |

## 2 裁判所法の施行

|  |  |  | 事　　　項 | 日本と世界の動き |
|---|---|---|---|---|
|  |  | 11.28 | 各人民より地方官、戸長の違法処分に対する出訴を許す。 |  |
| 明治6年 | 1873 | 2.13 | 東京開市場裁判所の断獄事務を東京裁判所に移管 | 7.28　地租改正条例布告 |
|  |  | 2.24 | 断獄則例制定（新聞紙発行人、戸長に刑事裁判傍聴許可） |  |
|  |  | 5.2 | 太政官制改正（正院に権力を集中） |  |
|  |  | 6.13 | 改定律例制定 |  |
|  |  | 7.17 | 訴答文例制定 |  |
|  |  | 11.15 | ボアソナアド来日 |  |
|  |  | 12.10 | 司法職務定制改正（司法卿による司法裁判所長兼任の廃止） |  |
|  |  | 12.14 | 同（司法省裁判所の裁判に対する司法省臨時裁判所への上訴を認める） |  |
| 明治7年 | 1874 | 1.28 | 検事職制章程司法警察規則制定（検部を廃す） | 1.17　民撰議院設立建白書提出<br>2.1　佐賀の乱起こる。<br>2.6　台湾征討を閣議決定 |
|  |  | 5.19 | 民事控訴略則制定 |  |
|  |  | 5.20 | 裁判所取締規則制定 |  |
|  |  | 9.2 | 人民ヨリ官府ニ対スル訴訟仮規則制定 |  |
|  |  | 10.3 | 司法警察事務を使府県に委任 |  |
| 明治8年 | 1875 | 2.12 | 司法省省員選挙の達 | 1.8　大阪会議（～2.11）<br>2.25　フランス第3共和国憲法採択<br>5.7　千島樺太交換条約調印 |
|  |  | 2.22 | 民事訴訟の一般公開 |  |
|  |  | 4.4 | 裁判所傍聴規則制定 |  |
|  |  | 4.14 | 漸次立憲政体の詔書 |  |

|  |  |  | 事　　　　項 | 日本と世界の動き |
|---|---|---|---|---|
|  |  |  | 左右院を廃し、元老院、大審院を設置 |  |
|  |  | 5.4 | 司法省明法寮廃止 |  |
|  |  |  | 1等〜7等判事・1級〜4級判事補制を設ける（正権大中少判事・解部制廃止）。 |  |
|  |  |  | 正権大中少検事・1級〜4級検事補制を設ける。 |  |
|  |  | 5.8 | 司法省検事職制章程制定 |  |
|  |  | 5.24 | 大審院諸裁判所職制章程、控訴上告手続制定、民事控訴略則廃止 |  |
|  |  | 6.8 | 裁判事務心得制定 |  |
|  |  | 7.10 | 東京開市場裁判所を東京裁判所に併合、外国掛を置く。 |  |
|  |  | 11.30 | 府県職制並事務章程制定 |  |
| 明治9年 | 1876 | 2.22 | 代言人規則制定 | 2.26　日鮮修好条規調印 |
|  |  | 4.24 | 糺問判事職務仮規則・司法警察仮規則制定 | 10.―神風連・秋月・萩の乱 |
|  |  | 6.10 | 改定律例第318条改正（「凡ソ罪ヲ断スルハ証ニ依ル」） | 11〜12.―　茨城県・三重県等各地の農民一揆 |
|  |  | 9.13 | 府県裁判所を改め地方裁判所23庁を設置 |  |
|  |  | 9.27 | 地方裁判所支庁、区裁判所設置 |  |
| 明治10年 | 1877 | 2.9 | 保釈条例制定 | 2.15　西南戦争起こる（9.24終わる）。 |
|  |  | 2.19 | 大審院諸裁判所職制章程等改正（地方官の判事兼任規定，巡回裁判規則，判事職制通則廃止） |  |

## 2 裁判所法の施行

|  |  |  | 事　　　項 | 日本と世界の動き |
|---|---|---|---|---|
|  |  | 3.5 | 司法省職制章程並検事職制章程改正 |  |
|  |  | 6.28 | 判事・判事補制を設ける（1等判事以下4級判事補制廃止） |  |
|  |  |  | 検事長・検事・検事補制を設ける（大検事以下4級検事補制廃止） |  |
| 明治12年 | 1879 | 10.8 | 拷問の廃止 | 4.4　琉球藩を廃し、沖縄県を置く。 |
|  |  | 12.27 | 検事長を廃し、勅任検事を置く。 |  |
| 明治13年 | 1880 | 5.13 | 代言人規則全部改正 |  |
|  |  | 7.17 | 刑法改定、治罪法制定（明治15年1月1日施行） |  |
|  |  | 12.2 | 各省使職制並事務章程改正 |  |
| 明治14年 | 1881 | 10.6 | 各裁判所の位置・管轄区画改正（控訴裁判所、始審裁判所、治安裁判所に改称、地方裁判所支庁廃止） | 10.11〜12　明治14年の政変 |
|  |  | 12.28 | 治安裁判所及び始審裁判所の民事権限制定 |  |
|  |  |  | 重罪裁判所管轄区域の制定 |  |
| 明治15年 | 1882 |  |  | 1.25　条約改正予備会議（〜7.27）<br>3.14　伊藤博文、憲法調査のため欧洲へ出発（'83.8.3帰国）<br>11.28　福島事件 |

293

| | | | 事　項 | 日本と世界の動き |
|---|---|---|---|---|
| 明治16年 | 1883 | 1.10 | 各裁判所の位置・管轄区画改正（始審裁判所に支庁設置） | |
| 明治17年 | 1884 | 6.24 | 勧解略則制定 | 3.17　宮中に制度取調局設置<br>6.23　清仏戦争起こる。<br>10.31　秩父事件 |
| | | 12.26 | 判事登用規則制定 | |
| 明治18年 | 1885 | 9.24 | 違警罪即決例制定 | 4.18　天津条約調印 |
| | | 12.22 | 太政官制を廃し内閣制度創設 | |
| 明治19年 | 1886 | 2.26 | 公文式公布 | 5.1　条約改正会議（〜'87.7.18） |
| | | 5.5 | 裁判所官制公布（控訴裁判所を控訴院と改称） | |
| | | 8.13 | 公証人規則公布 | |
| 明治20年 | 1887 | 7.25 | 文官試験試補及見習規則公布 | 6.1　伊藤博文，憲法草案の検討開始<br>12.26　保安条例公布 |
| | | 7.30 | 官吏服務紀律改正改正 | |
| 明治21年 | 1888 | 4.30 | 枢密院設置 | 4.25　市制・町村制公布 |
| | | 6.18 | 枢密院，憲法草案審議開始 | |
| 明治22年 | 1889 | 2.11 | 大日本帝国憲法宣布（明治23年11月29日施行） | |
| | | | 皇室典範制立 | |
| 明治23年 | 1890 | 2.10 | 裁判所構成法公布（23年11月1日施行） | 5.17　府県制，郡制公布<br>7.1　第1回衆議院議員総選挙<br>10.30　教育勅語発布<br>11.29　第1議会開会 |
| | | 4.21 | 民法（財産編、財産取得編、債権担保編、証拠編）公布（不施行） | |
| | | 4.21 | 民事訴訟法公布（24年1月1日施行） | |
| | | 4.26 | 商法公布（一部につき26年7月1日施行） | |

## 2 裁判所法の施行

| | | | 事　　項 | 日本と世界の動き |
|---|---|---|---|---|
| | | 6.30 | 行政裁判法公布（23年10月1日施行） | |
| | | 8.21 | 判事懲戒法公布（23年11月1日施行） | |
| | | 10.7 | 刑事訴訟法公布（23年11月1日施行） | |
| | | 10.7 | 民法（財産取得編、人事編）公布（不施行） | |
| | | 11.1 | 裁判所構成法施行 | |
| | | 11.29 | 大日本帝国憲法（明治憲法）施行 | |
| 明治24年 | 1891 | 5.11 | 大津事件突発（5月27日大審院判決） | |
| | | 5.15 | 判事検事登用試験規則制定 | |
| 明治25年 | 1892 | 5.27 | 第3議会で法典論争始まる。 | |
| 明治26年 | 1893 | 3.4 | 弁護士法公布（26年5月1日施行） | 3.25　法典調査会設置 |
| 明治27年 | 1894 | 7.16 | 日英通商航海条約調印（治外法権の撤廃。以後各国と同様の条約に調印） | 8.1　清国に宣戦布告 |
| 明治28年 | 1895 | | | 4.17　下関条約調印<br>4.23　三国干渉 |
| 明治29年 | 1896 | 3.31 | 台湾に施行すべき法令に関する法律（六三法）公布 | |
| | | 4.27 | 民法（総則、物権編、債権編）公布（31年7月16日施行） | |

295

| | | | 事　　項 | 日本と世界の動き |
|---|---|---|---|---|
| | | 5.5 | 台湾総督府法院条例公布 | |
| 明治31年 | 1898 | 6.21 | 民法（親族編、相続編）公布（31年7月16日施行） | 4.25　米西戦争始まる。<br>6.30　隈板内閣成立 |
| | | 6.21 | 人事訴訟手続法公布（31年7月16日施行） | |
| | | 6.21 | 非訟事件手続法公布（31年7月16日、32年6月16日に分けて施行） | |
| 明治32年 | 1899 | 3.9 | 商法（旧法中、第3編「破産」を除き全部廃止）公布（32年6月16日施行） | |
| 明治33年 | 1900 | | | 6.21　北清事変始まる。<br>9.15　立憲政友会発足 |
| 明治35年 | 1902 | | | 1.30　日英同盟成立 |
| 明治37年 | 1904 | | | 2.10　日露戦争始まる。 |
| 明治38年 | 1905 | | | 9.5　ポーツマス条約調印<br>11.17　第2次日韓協約調印 |
| 明治40年 | 1907 | 4.24 | 刑法（旧法の全部改正）公布（41年10月1日施行） | |
| 明治41年 | 1908 | 9.29 | 警察犯処罰令公布（41年10月1日施行） | |
| 明治42年 | 1909 | | | 4.11　日糖事件発覚 |
| 明治43年 | 1910 | 8.29 | 朝鮮に施行すべき法令に関する件（緊急勅令）公布 | 5.25　大逆事件検挙始まる。<br>8.22　日韓併合条約調印 |
| | | 10.10 | 統監府裁判所令改正の件（朝鮮総督府裁判所の設置）公布・施行 | |

## 2 裁判所法の施行

| | | | 事　　　　項 | 日本と世界の動き |
|---|---|---|---|---|
| 明治44年 | 1911 | 1.18 | 大逆事件大審院判決（1月24日、25日死刑執行） | 3.29　工場法公布（大正5.9.1施行） |
| | | 3.25 | 朝鮮に施行すべき法令に関する法律公布・施行 | 10.10　辛亥革命勃発 |
| 明治45年 | 1912 | | | 2.12　清朝滅亡 |
| 大正2年 | 1913 | 4.7 | 裁判所構成法中改正法律（部の員数の削減）公布（2年4月21施行） | 2.11　大正政変 |
| 大正3年 | 1914 | 4.15 | 裁判所構成法中改正法律（大審院長＝親任判事と改正）公布（3年5月1日施行） | 1.23　シーメンス事件発覚<br>7.28　第1次大戦始まる。<br>8.23　日本も参戦 |
| 大正4年 | 1915 | | | 1.18　対華21カ条要求提出<br>6.27　大浦事件検挙 |
| 大正6年 | 1917 | | | 3.15　ロシア2月革命，ロマノフ朝滅亡<br>11.7　10月革命，ソビエト政権成立 |
| 大正7年 | 1918 | 1.18 | 高等試験令（司法科試験を含む）公布（7年3月1日施行） | 8.2　シベリア出兵を宣言<br>8.3　米騒動始まる。<br>9.29　原内閣成立 |
| 大正8年 | 1919 | | | 3.1　朝鮮3・1運動<br>5.4　中国5・4運動<br>6.28　ヴェルサイユ条約調印<br>7.9　臨時法制審議会設置 |

| | | | 事　項 | 日本と世界の動き |
|---|---|---|---|---|
| 大正10年 | 1921 | 5.18 | 裁判所構成法中改正法律（定年制の導入、および検事総長＝親任検事と改正）公布（10年6月1日施行） | 4.8　借地法，借家法公布<br>12.13　日英同盟廃棄 |
| 大正11年 | 1922 | 4.12 | 借地借家調停法公布（11年10月1日施行） | 2.6　ワシントン会議で海軍軍縮条約，9カ国条約調印<br>12.30　ソビエト社会主義共和国連邦成立 |
| | | 4.17 | 少年法公布（12年1月1日施行） | |
| 大正12年 | 1923 | 4.18 | 陪審法公布（昭和3年10月1日施行） | 9.1　関東大震災<br>12.27　虎の門事件 |
| 大正13年 | 1924 | 7.22 | 小作調停法公布（13年12月1日施行） | |
| 大正14年 | 1925 | 4.22 | 治安維持法公布（14年5月12日施行） | 1.20　日ソ基本条約調印<br>5.5　普通選挙法公布 |
| 大正15年 | 1926 | 3.30 | 商事調停法公布（15年11月1日施行） | |
| | | 12.1 | 皇室裁判令制定 | |
| 昭和2年 | 1927 | | | 3.15　金融恐慌始まる。 |
| 昭和3年 | 1928 | 10.1 | 陪審法施行 | 2.20　最初の普通選挙 |
| 昭和4年 | 1929 | | | 10.24　世界恐慌始まる。 |
| 昭和5年 | 1930 | | | 4.22　ロンドン海軍軍縮条約調印 |
| 昭和6年 | 1931 | | | 9.18　満州事変勃発 |
| 昭和7年 | 1932 | 9.7 | 金銭債務臨時調停法公布（7年10月1日施行） | 3.1　満州国建国<br>5.15　5.15事件 |
| 昭和8年 | 1933 | | | 3.27　国際連盟脱退 |

## 2 裁判所法の施行

| | | | 事　　項 | 日本と世界の動き |
|---|---|---|---|---|
| 昭和10年 | 1935 | 4.4 | 裁判所構成法中改正法律（地方裁判所の民事・刑事別管轄）公布（10年5月1日施行） | |
| 昭和11年 | 1936 | | | 2.26　2・26事件 |
| 昭和12年 | 1937 | | | 7.7　日中戦争始まる。 |
| 昭和13年 | 1938 | 4.2 | 農地調整法公布（13年8月1日施行） | 4.1　国家総動員法公布 |
| 昭和14年 | 1939 | 3.17 | 人事調停法公布（14年7月1日施行） | 9.1　第2次大戦始まる。 |
| 昭和15年 | 1940 | | | 9.27　日独伊三国同盟調印<br>10.12　大政翼賛会発足 |
| 昭和16年 | 1941 | | | 4.13　日ソ中立条約調印<br>12.8　太平洋戦争始まる。 |
| 昭和17年 | 1942 | 2.24 | 裁判所構成法戦時特例公布（17年3月21日施行） | |
| | | 2.24 | 戦時民事特別法公布（17年3月21日施行） | |
| | | 2.24 | 戦時刑事特別法公布（17年3月21日施行） | |
| 昭和18年 | 1943 | 4.1 | 陪審法の停止に関する法律公布・施行 | 6.1　東京都制公布（7.1施行） |
| 昭和20年 | 1945 | 8.15 | 太平洋戦争終結 | 7.26　ポツダム宣言発表 |
| | | 9.20 | ポツダム宣言の受諾に伴い発する命令に関する件（緊急勅令）公布・施行 | 10.4　GHQ，治安維持法・特高警察の廃止を指令<br>10.24　国際連合成立 |

| | | | 事　項 | 日本と世界の動き |
|---|---|---|---|---|
| 昭和21年 | 1946 | 4.17 | 政府の憲法改正草案の発表 | 1.4　GHQ, 軍国主義者の公職追放を指令<br>4.10　新選挙法による第1回総選挙（女性議員39人）<br>5.3　東京裁判開廷<br>10.21　第2次農地改革始まる。 |
| | | 11.3 | 日本国憲法（昭和憲法）公布（22年5月3日施行） | |
| 昭和22年 | 1947 | 4.16 | 裁判所法公布（22年5月3日施行） | 4.17　地方自治法公布（5.3施行）<br>8.14　パキスタン独立<br>8.15　インド独立 |
| | | 4.16 | 検察庁法公布（22年5月3日施行） | |
| | | 5.3 | 日本国憲法施行 | |
| | | 5.3 | 裁判所法施行 | |
| | | 5.3 | 最高裁判所発足 | |
| | | 8.4 | 最高裁判所長官・同判事の任命式、認証式 | |
| | | 11.20 | 裁判官弾劾法公布・施行 | |
| | | 11.20 | 最高裁判所裁判官国民審査法公布・施行 | |
| | | 12.6 | 家事審判法公布（23年1月1日施行） | |
| 昭和23年 | 1948 | 2.15 | 司法省廃止、法務庁発足 | 4.1　ベルリン封鎖始まる。<br>8.13　大韓民国成立<br>9.9　朝鮮民主主義人民共和国成立 |
| | | 12.21 | 裁判所法の一部を改正する等の法律（家庭裁判所の設置）公布（24年1月1日施行） | |
| 昭和24年 | 1949 | 1.1 | 家庭裁判所発足 | 10.1　中華人民共和国成立 |

# 事項索引

## 〔あ行〕

違警罪裁判所 ……………… 73, 78, 81, 83, 84, 92, 94, 222
違警罪即決例 ……………… 91, 222-224, 275
違憲立法審査権 …………………… 3, 279, 282
意匠法 …………………………………… 224, 225
右　院 ………………………………………… 34, 36
英　語 ……………………………………… 127-129
王政復古 …………………………………………… 14
大阪会議 …………………………………………… 54
大津事件 ……………………………………… 169-171
凡罪を断するは口供結案に依る …… 75
凡罪を断するは証に依る …………… 75

## 〔か行〕

概括主義 ……………………… 211, 212, 213, 215
概括的列記主義 ……………………………… 215
海軍軍法会議法 ……………………………… 218
会計法 ………………………………………… 130, 131
外国人（籍）裁判官 …… 128, 129, 130, 137
改定律例 ……………………………… 13, 23, 75
各区裁判所 ……………………………………… 45
各区裁判所章程 ………………………………… 36
各裁判所傍聴規則 ……………………………… 63
家事審判所 ……………………………… 286, 287
仮刑律 …………………………………………… 23
仮刑律的例 …………………………………… 23
勧　解 …………… 57, 58, 77, 95, 217, 235
勧解前置 ………………………………………… 77
勧解吏 …………………………………………… 98
勧解略則 ………………………………………… 78

韓国司法及監獄事務委託に関する
　　覚書 ……………………………………… 259
官職売買 ……………………………………… 151
関東大震災 …………………………………… 231
規則制定権 ……………………………… 271, 282
旧刑法 ……………… 23, 33, 74, 79, 80, 223
糺問判事職務仮規則 ………………………… 75
行政裁判官 …………………………………… 206
行政裁判所 ………………… 9, 140, 143, 164, 204-216, 270, 278
行政裁判所長官評定官懲戒令 ‥ 207, 210
行政裁判法 ……………………… 107, 130-135, 204-216, 275, 278
行政裁判法及訴願法改正委員会
　…………………………………………… 215, 216
行政訴訟 …………… 12, 43, 104-107, 274
行政庁の違法処分に関する行政裁
　判の件 ………………… 205, 208, 211, 275
刑部省 ……………… 19-21, 23, 24, 29, 34, 35
局　長 ………………………………………… 97, 101
金銭債務臨時調停法 ……… 233, 236-238
吟味筋 …………………………………………… 23, 44
区裁判所 ………………… 58, 142, 176-178
区裁判所仮規則 ………………………………… 58
区裁判所廃止 …………………………………… 274
公事方御定書 …………………………………… 22
軍法会議 …………………… 164, 217-222, 270
軽罪裁判所 ‥ 73, 78, 81, 83, 84, 93, 94, 222
警察犯処罰令 …………………………………… 223
刑事控訴の禁止 ………… 56, 83, 84, 87, 94
刑事訴訟法（明治23年） ……… 84, 189
刑事訴訟法（大正11年） …………… 87

刑　法(明治13年)............ 23, 74, 222
刑　法(明治40年)............ 194, 223
刑法官............ 17, 18, 20, 22, 23
刑法事務科............ 16
刑法事務掛............ 16, 22
刑法事務局............ 16, 17, 23
警保寮............ 50, 65
検察官(の)一体性............ 49, 102, 190
検察と予審の分離............ 82
検事局............ 48, 65, 87, 101, 142, 146, 189, 190, 194, 201
——局の付置............ 189
検事，検事補の2職制............ 69
検事試補............ 98, 101
検事職制章程............ 48, 64-66, 69
検事の司法警察官吏「総摂」............ 65
検尊判卑............ 198
県治条例............ 29, 37
検　部............ 49, 65
憲法改正草案............ 273
憲法義解............ 105, 141, 204, 209
憲法問題調査委員会............ 269
元老院............ 30, 55, 242
5・15事件............ 219, 220, 251
合　議............ 4, 5, 7, 103, 126, 171, 261
合議制............ 58, 68, 84, 145, 274
合議体............ 4, 61, 102
合議の非公開............ 103
合議の秘密............ 99, 149
公式令............ 31
皇室裁判所............ 164, 216, 217
皇室裁判令............ 217
公証人............ 103
控訴院............ 96, 143, 144

控訴裁判所............ 73, 76, 78, 84, 96
控訴上告手続............ 55, 56, 60, 67, 69
高等試験令............ 117, 173
高等法院............ 71, 73, 79, 84, 96, 175, 227, 255, 259
公文式............ 31
神戸事件............ 16
拷　問............ 71, 75
国事犯............ 61
獄庭規則............ 24
国民審査............ 271, 274, 282
国民の裁判参加............ 8
小作調停法............ 233, 234
御沙汰............ 28-30
国家訴追主義............ 49, 87
コンセイユ・デタ............ 53, 151

〔さ行〕

裁判官及びその他の裁判所職員の
　分限に関する法律............ 280
裁判官会議............ 7, 274
裁判管轄条約案............ 128, 129
裁判官検察官裁判所書記の官名及
　裁判官休職に係る件............ 182
裁判官任命諮問委員会............ 282
裁判官の職務上の独立............ 40, 62, 96, 99, 168, 207, 280
裁判官の代理順序............ 101, 143, 144
裁判官の地位の保障（身分保障）
　.. 167, 168, 183, 207, 257, 258, 263, 280
裁判官の独立............ 124
裁判官の配置............ 100, 143, 144
裁判支庁仮規則............ 57
裁判事務心得............ 24, 25, 31, 62
裁判事務の分配............ 100

事項索引

裁判所官制······ 12, 63, 73, 76, 96-103, 166
裁判所構成法·········· 12, 63, 76, 86, 96, 100, 102, 121, 161, 165-168, 170, 173, 175, 182, 185, 188, 195, 197, 203, 210
裁判所構成法施行条例············ 149
裁判所構成法戦時特例········ 179, 238
裁判所構成法戦時特例中改正法律
·············179
裁判所処務規程············ 103
裁判所独立運動············ 276, 277
裁判所取締規則·············· 46
裁判所の統括・監督········ 41, 64, 100, 101, 149
裁判所付属代言人············· 89
裁判所法·· 102, 164, 165, 268, 273, 278-287
裁判所法施行法············ 91, 224
裁判所法の一部を改正する法律
············ 286, 287
裁判体の構成············ 63, 85, 102
裁判の公開·········· 32, 33, 46, 62, 86, 148, 159, 272
左　院············ 34, 38, 105
堺事件·············· 16
参　議·············· 34, 54
三権分立制·············· 15
三職分課·············· 16
始審裁判所···· 73, 76, 78, 93, 96, 126, 151
始審裁判所の御用掛········ 98, 108, 113
支　庁············ 46, 57, 77
執行吏·············· 98
質問録·············· 52
実用新案法············ 224, 225
司法官試補······ 7, 98, 108, 116, 173, 182, 202, 261
司法官の淘汰············ 182-185

司法官の同盟罷業············ 181, 186
司法卿·············· 35
司法行政権············ 168, 282
司法行政事務············ 6, 101
司法警察仮規則·············· 75
司法警察事務の府県等への委任····· 65
司法権の独立········ 5, 6, 15, 33, 36, 40, 128, 168-171, 207, 279-281
司法権の優越性··············· 2
司法事務（明治5年）········ 39, 40
司法修習生··············· 2, 7
司法省裁判所············ 41, 44, 106
司法省省員の「選挙」············ 109
司法省の設置············ 12, 34
司法省付属代言人·············· 70
司法省法学校········ 53, 108, 110, 112, 114, 116, 166
司法省法律取調委員会············ 135
司法省臨時裁判所············ 41, 42
司法職務定制········ 32, 37, 41-53, 55, 61, 62, 75
司法書士··············· 8
司法の近代化········ 12, 32-34, 76
司法の伝統··············· 5, 6
司法の民衆化·············· 285
借地借家調停法······ 228, 230-232
重罪裁判所···· 73, 76, 78, 79, 83, 84, 92, 95, 96, 222
自由党福島事件·············· 71
出張裁判所············ 41, 44
巡回（刑事）裁判············ 59, 67
上級審指導型············ 62, 68
商事調停法············ 233, 235, 236
証書人·············· 103
上訴手続············ 32, 62

# 事項索引

上等裁判所············ 55, 58-60
訟庭課長················· 63
少年審判············ 240, 287
少年法··········· 228, 239, 287
商標法············· 224, 225
条約改正··········· 74, 84, 113,
　　　　　　120-126, 129, 130, 137, 185
昭和憲法······· 3, 9, 15, 31, 268-275
書　記··················· 98
書記官··················· 98
職員令··················· 20
私立法律学校·········· 108, 112
人事調停法········ 233, 237, 286
壬申戸籍················· 26
新律綱領············ 13, 23, 28
枢密院······ 133-135, 197, 198, 245, 251
正　院··········· 34, 54, 105, 106
征韓論··················· 54
政体書············ 17, 24, 27
政　党········ 125, 147, 176, 191
西洋事情················· 18
戦時刑事特別法············· 179
戦時民事特別法········ 179, 238
訴願法············ 205, 208, 213
訴訟手続の指揮権············ 63
訴答文例················· 51

〔た行〕

大逆事件······ 175, 192-194, 243, 251
代言人········· 51, 66, 88-90, 199
　──の免許············ 66, 88
代言人規則········ 52, 66, 70, 88
代言人組合············ 88, 200
第三審············ 61, 82, 83
代書人··················· 51

大審院············ 12, 32, 54-64, 70, 73,
　　　　　　78-80, 82, 84, 96, 144-146
大審院諸裁判所職制章程········ 55, 67
大審院長及び上等裁判所判事長に
よる随時の訟庭課長執務········ 63
大政奉還·········· 12, 14, 22, 24, 27
大日本帝国憲法·········· 15, 31, 86,
　　　　　　100, 107, 130-135
代　人············ 67, 88
台湾総督府法院条例······· 254, 257, 258
台湾に施行すべき法令に関する法
律················ 253, 254, 260
台湾の司法制度·········· 253-258
太政官········ 17, 20, 27, 30, 34, 42, 54, 75, 96
断獄則例················· 75
弾正台············ 13, 21, 34, 35
単独制········ 56, 81, 84, 142, 274
治安裁判所····· 73, 76-78, 81, 93, 96, 151
治安判事············· 151-153
治外法権······ 14, 74, 84, 86, 113, 225
地　券··················· 26
治罪法···· 8, 12, 73-95, 186, 203, 222, 242
地方官による裁判········ 29, 32, 56
地方官の解部兼任············ 47
地方官の判事兼任·········· 56, 67
地方官の判事補兼任··········· 56
地方裁判所···· 2, 4, 57, 142, 143, 174, 284
地方裁判所支部及管轄区域····· 166, 175
地方の裁判権············ 13, 28, 36
朝鮮総督府裁判所令········ 260, 263
朝鮮に施行すべき法令に関する法
律················· 260
調停委員············ 8, 231, 237
調停委員会········ 230-233, 235
調停制度········ 8, 164, 228-238

304

## 事項索引

調停に代わる裁判 …………… 236, 238
帝国裁判所 …………… 124, 125, 155-158
帝国大学 …… 111, 116, 180, 184, 200, 251
出入筋 …………………………… 27, 44
転所の保障 ………………… 99, 147, 148
ドイツの司法制度 ……………… 155-160
統監府裁判所令 …………… 259, 261, 263
東京開市場裁判所 …………………… 36
東京裁判所 …………………………… 36
東京大学 …………… 70, 111, 112, 114,
　　　　　　　　116, 121, 123, 160, 162
解　部 ………………… 20, 47, 48, 63
瀆職法 ……………………………… 192
土地永代売買禁止解除 ……………… 26
特許局審判官 ………………… 224, 225

〔な行〕

内閣制度 …………………………… 96
内地法延長主義 …………………… 254
内乱罪 ………………… 72, 145, 175, 284
日糖事件 …………… 191, 194, 243, 251
2・26事件 …………………… 220-222
日本国憲法 ………… 3, 15, 31, 268-275
農地調整法 ………………………… 235

〔は行〕

陪　審 ………………… 8, 33, 83, 85, 125,
　　　　　　154, 158, 161, 164, 241-250
陪審法 ………… 8, 197, 228, 241, 247-250
陪審法の停止に関する法律 …… 241, 250
廃藩置県 ………… 12, 13, 27, 28, 30, 35
判　官 ………………… 255, 257, 258
藩刑法 ……………………………… 22
萬国公法 …………………………… 18
犯罪即決例 ………………… 256, 262

判　士 ………………………… 218, 219
判事検事官等俸給令 …………… 166, 180,
　　　　　　　　　181, 183, 184, 187
判事検事登用試験規則 ………… 117, 173
判事検事の定年退職制 …… 188, 197, 203
判事試補 ………………… 7, 98, 108, 115
判事職制通則 ………………… 63, 67, 75
判事懲戒法 ……… 166, 168, 189, 207, 275
判事登用規則 …… 98, 108, 113-116, 166
判事判事補の2職種制 ……………… 69
藩　制 ……………………………… 29
版籍奉還 ………………… 12, 13, 19, 27
評　議 ……………… 4, 5, 63, 171, 247-249
評　決 …………………………… 4, 5, 103
評定官 ………………… 97, 98, 205, 206
不可動性 ………………………… 152
府県官制 …………………………… 29, 37
府県裁判所 ……………… 32, 41, 44, 45, 55
府県職制竝事務章程 ……………… 56
府県奉職規則 ……………………… 29
不告不理 ………………… 49, 87, 196
部総括裁判官 ……………………… 4, 6, 7
部　長 ……………………………… 7
府藩県交渉訴訟准判規程 ……… 25, 29
府藩県三治の制 …………………… 18, 27
フランスの司法制度 ……… 150-155, 205
プロイセン ……………………… 123-126
文官試験試補及見習規則 ……… 98, 108,
　　　　　　　　　　　　　　115-117
弁護士 ……………… 8, 167, 199-202
弁護士法（昭和8年） ……………… 201
弁護士法（明治26年） ……………… 200
弁護人 ……………………………… 89
法学教育 ………………… 32, 51, 108-117
法三号 …………………………… 254

| | |
|---|---|
| 法曹一元 | 8 |
| 法典調査会 | 176, 185, 186, 212 |
| 法の日 | 241 |
| 法務官 | 218, 219 |
| 法律取調委員会 | 127-129 |
| 補　欠 | 63, 147, 148, 160 |
| 保釈条例 | 75 |
| 補充裁判官 | 102 |

〔ま行〕

| | |
|---|---|
| マッカーサー 3 原則 | 270 |
| マッカーサー草案 | 270-272 |
| 身分保障 | 40, 64, 99, 100, 125, 131-135, 147, 148, 152, 156, 160, 206 |
| 明法寮 | 39, 41, 50, 53, 108, 110 |
| 民刑裁判所の合一 | 80 |
| 民事訴訟法（明治 23 年） | 78, 97 |
| 民撰議院設立建白書 | 39 |
| 民部官聴訟司 | 24 |
| 民部省聴訟掛 | 25 |
| 民法（明治 29 年・31 年） | 25 |
| 民法仮規則 | 39 |
| 民法決議 | 39 |
| 明治憲法 | 15, 31 |
| 名誉進級 | 183 |

〔や行〕

| | |
|---|---|
| 予　審 | 73, 78, 81, 82, 87, 93, 171, 177, 178, 190, 220 |
| ――と公判の分離 | 81 |

〔ら行〕

| | |
|---|---|
| 陸軍軍法会議法 | 218 |
| 利息制限法 | 26 |
| 領事官の裁判 | 225 |
| 領事官の職務に関する法律 | 226 |
| 領事裁判権 | 127-129, 225-227 |
| 臨時法制審議会 | 214, 244 |
| 列記主義 | 208, 213 |
| 聯邦志略 | 18 |
| 弄花事件 | 171, 172 |
| 六三法 | 253 |

## 人名索引

### 〔あ行〕

青木周蔵 ………………… 123, 124
アペール ………………… 111
池田章政 ………………… 19
磯部四郎 ………………… 167, 172, 244
板垣退助 ………………… 54
一木喜徳郎 ……………… 212, 244, 245
一瀬勇三郎 ……………… 166, 187
伊藤悌治 ………………… 130, 168, 187
伊藤博文 ………… 54, 105-113, 115,
　　　　　129-135, 141, 204, 216, 259
伊東巳代治 ……………… 130, 245
井上　馨 ………… 39, 54, 84, 126-129
井上　毅 ……… 85, 129-138, 147, 242
入江俊郎 ………………… 269, 272, 273
岩倉具視 ………………… 38, 84
梅謙次郎 ………………… 186
江木　衷 ………………… 244, 245
江藤新平 … 32, 35, 38, 39, 54, 105, 128, 182
大木喬任 ………………… 182
大久保利通 ……………… 38, 54
大隈重信 ………………… 136-137, 196
大塚正男 ………………… 71
大村益次郎 ……………… 21
岡野敬二郎 ……………… 214
奥宮正治 ………………… 187, 194
尾佐竹猛 …… 188, 190, 196, 198, 203, 205
小原　直 ……… 192, 193, 195, 198, 221
オプラー ………………… 274, 277

### 〔か行〕

桂　太郎 ………… 192, 243, 255, 256, 258, 259
樺山資紀 ………………… 253
加太邦憲 ………………… 53, 166, 181
管野スガ ………………… 193
岸良兼養 ………………… 70
北　一輝 ………………… 221
木戸孝允 ………………… 54
木下哲三郎 ……………… 167, 171, 172
清浦奎吾 ………………… 74, 191, 203
倉富勇三郎 ……… 176, 187, 244, 245, 263
幸徳秋水 ………………… 175, 193
河野広中 ………………… 71
児島惟謙 ………………… 169-172
小林芳郎 ………………… 166, 191
小山松吉 ………………… 198, 245

### 〔さ行〕

西郷隆盛 ………………… 54
坂本龍馬 ………………… 21
佐々木高行 ……………… 19, 35, 182
佐藤達夫 ………………… 269, 272
鮫島尚信 ………………… 52
三条実美 ………………… 38
宍戸　璣 ………………… 35
昭和天皇 ………………… 241, 272
鈴木喜三郎 ……… 196-198, 244, 251
曽禰荒助 ………………… 184, 259

### 〔た行〕

高木豊三 ………………… 166, 171

高野孟矩（たけのり）……………257
玉乃世履………………36, 55, 70-72
津田眞一郎（眞道）…………14, 71, 90
堤　正己……………………170, 171
鶴丈一郎………………………193
テヒョー…………………………97
寺内正毅……………………260, 262
寺島宗則…………………………84
テリー…………………………123
徳川慶喜………………12, 14, 22
ド・ロケット……………………86
富谷鉎太郎………………197, 245

〔な行〕

中岡慎太郎………………………21
長島　毅………………………196
仲小路廉…………………181, 182
南部甕男（みかお）………206, 245
西周（周助）……………………14
西田　税…………………219, 221
西　成度………………………166

〔は行〕

パークス…………………………17
波多野敬直……………………191
花井卓蔵………………244, 245, 260
原　敬……………188, 195, 197, 203, 243-246
原　嘉道……………………199, 244, 277
平沼騏一郎………………177, 180, 191-198, 215, 244, 251
広沢真臣…………………………71
フェイセリング…………………14
福沢諭吉…………………………18
ブスケ……………………51-53, 111
ボアソナアド……8, 51-53, 73, 75, 81, 83, 85, 86, 111, 222, 242
ホイットニー……………270, 277
穂積陳重………………………244

〔ま行〕

槇村正直………………………205
松岡康毅…………171-172, 180, 210, 211
マッカーサー……………270, 272
松平容保…………………………19
松田正久…………………177, 194
松室　致………………………192
松本烝治……………196, 264, 269, 271, 272
松本　暢…………………………71
三島通庸…………………………71
箕作麟祥……………………38, 210
美濃部達吉…………215, 244, 269
三淵忠彦………………………283
三宅正太郎………………178, 229
宮下太吉………………………192
三好退蔵…………166, 170, 172, 186, 191
陸奥宗光………………………137
村田　保……………………74, 81
明治天皇……………133, 170, 193, 273
本尾敬三郎………………209, 210

〔や行〕

山田顕義……………97, 113, 129, 131, 133, 134, 170, 182
山脇　玄………………205, 210, 212-214
横井小楠……………………19, 20, 21
横田国臣……………184, 188, 191, 195, 203, 244, 245
吉田　茂…………………271, 274

## 〔ら行〕

ルードルフ ……………… 121-129, 175
ロエスレル ……………… 130, 131

若槻礼次郎 ……………… 184, 246
Bridgman ……………… 18
Wheaton ……………… 18

〈著者〉

新井　勉（あらいつとむ）
　　日本大学法学部教授

蕪山　嚴（かぶやまげん）
　　弁護士

小柳春一郎（こやなぎしゅんいちろう）
　　獨協大学法学部教授

---

ブリッジブック近代日本司法制度史
〈ブリッジブックシリーズ〉

2011（平成23）年4月15日　第1版第1刷発行　2336-0101

　　　　　　　　　新　井　　　勉
　　　著　者　　蕪　山　　　嚴
　　　　　　　　　小　柳　春　一　郎
　　　発行者　　今井貴・稲葉文子
　　　発行所　　信山社出版株式会社
　　　〒113-0033　東京都文京区本郷6-2-9-102
　　　　　　　　　電　話　03（3818）1019
　　　　　　　　　ＦＡＸ　03（3818）0344

Printed in Japan

Ⓒ 新井勉・蕪山嚴・小柳春一郎, 2011
　　　　　印刷／亜細亜印刷　製本／渋谷文泉閣
　　　ISBN978-4-7972-2336-1 C3332　2336-0101-010-002
　　　　　NDC 322.200 c032　司法制度・テキスト

### さあ，法律学を勉強しよう！

　サッカーの基本。ボールを運ぶドリブル，送るパス，受け取るトラッピング，あやつるリフティング。これがうまくできるようになって，チームプレーとしてのスルーパス，センタリング，ヘディングシュート，フォーメーションプレーが可能になる。プロにはさらに高度な「戦略的」アイディアや「独創性」のあるプレーが要求される。頭脳プレーの世界である。

　これからの社会のなかで職業人＝プロとして生きるためには基本の修得と応用能力の進化が常に要求される。高校までに学んできたことはサッカーの「基本の基本」のようなものだ。これから大学で学ぶ法律学は，プロの法律家や企業人からみればほんの「基本」にすぎない。しかし，この「基本」の修得が職業人の応用能力の基礎となる。応用能力の高さは基本能力の正確さに比例する。

　これから法学部で学ぶのは「理論」である。これには2つある。ひとつは「基礎理論」。これは，政治・経済・社会・世界の見方を与えてくれる。もうひとつは「解釈理論」。これは，社会問題の実践的な解決の方法を教えてくれる。いずれも正確で緻密な「理論」の世界だ。この「理論」は法律の「ことば」で組み立てられている。この「ことば」はたいへん柔軟かつ精密につくられているハイテク機器の部品のようなものだ。しかしこの部品は設計図＝理論の体系がわからなければ組み立てられない。

　この本は，法律の専門課程で学ぶ「理論」の基本部分を教えようとするものだ。いきなりスルーパスを修得はできない。努力が必要。高校までに学んだ「基本の基本」を法律学の「基本」に架橋（ブリッジ）しようというのがブリッジブックシリーズのねらいである。正確な基本技術を身につけた「周りがよく見える」プレーヤーになるための第一歩として，この本を読んでほしい。そして法律学のイメージをつかみとってほしい。

　さあ，21世紀のプロを目指して，法律学を勉強しよう！

　2002年9月

信山社『ブリッジブックシリーズ』編集室